Iris Osterried

Trixi

Ein Jahr in der Bretagne

eggker

1997

eggker-Verlag und Grafikdesign
Falkenstr. 42
71579 Spiegelberg

Titelbild: Heidemarie Steinegger

Gestaltung und Redaktion:
eggker-Verlag und Grafikdesign

Satz, Druck und Bindung:
Wilhelm Röck, Grafische Betriebe,
Weinsberg

ISBN: 3-9806008-0-7

Wie alles anfing

„Drr, drr! – Drr, drr!"

„Mama, Mama!"

„Anita, sei' still! Und geh' doch mal einer an's Telefon. Trixi – Telefon!" rief Agda Reuter ärgerlich und strich sich eine weißblonde Haarsträhne aus der Stirn. Trixi war wütend. Gerade hatte sie sich in dieses Pferdebuch vertieft, und jetzt wurde sie schon wieder gestört. „Kann man denn hier nie seine Ruhe haben?" knurrte sie böse, legte dann aber doch das Buch aus der Hand, sprang leichtfüßig die breite Treppe hinunter, spurtete durch die modern eingerichtete Diele zum Telefon und nahm atemlos den Hörer ab. „Beatrix Reuter. Guten Abend." Es war wie üblich für ihren Vater, der sich, als vielbeschäftigter Journalist, ständig irgendwo im Ausland befand. Zur Zeit war er in der Türkei, wo er an einer Reportage über den Islam arbeitete. Uninteressiert gab Trixi dem Anrufer die Nummer seines Hotels.

„Wer war's denn?" fragte Frau Reuter aus dem Badezimmer, wo sie gerade Florian und Fabian, die fünfjährigen Zwillinge, beim Zähneputzen beaufsichtigte, während die dreijährige Anita quengelte, sie sei noch überhaupt nicht müde. „Für Papa", entgegnete Trixi knapp und verzog sich schnell wieder in ihr Zimmer, bevor sie noch etwas helfen mußte. Da sie mit ihren 15 Jahren die Älteste war, mußte sie ihrer Mutter ohnehin oft genug mit den kleinen Geschwistern oder im Haushalt zur Hand gehen. Außerdem war ihr Vater ja nie da. Trixi seufzte. Manchmal wünschte sie sich auf eine einsame Insel oder, wenigstens in ihrem Zimmer einmal ihre Ruhe zu haben.

Am nächsten Tag, als Trixi ziemlich müde aus der Schule kam – Arbeitenendspurt wegen der kurz bevorstehenden Sommerferien, – bat ihre Mutter sie in die Küche, da sie mit ihr reden müsse. Trixi wunderte sich. Behende schwang sie sich auf einen der Barhocker, trank einen Schluck Saft, den Frau Reuter extra für sie hingestellt hatte, und sah ihre Mutter mit ihren dunkelblauen Augen erwartungsvoll an. Frau Reuter lief unruhig in der Küche hin und her und fuhr sich nervös über die Augen. Sie wußte offenbar nicht, wie sie beginnen sollte. Also mußte es etwas Ernstes sein, schloß Trixi und schob eine Strähne ihres langen, dichten, weißblonden Haares, die aus dem Pferdeschwanz gerutscht war, hinter das Ohr. Endlich setzte Frau Reuter sich ihrer Tochter gegenüber und sagte ernst: „Hör zu, Mäuschen, ich habe ein Problem. Der Mann, der gestern angerufen hat, der hatte einen neuen Auftrag für Vater. Er muß für ein Jahr nach China." „So lang!? Und dann noch nach China!?" fragte Trixi ungläubig. „Das ist ja eben das Problem!" seufzte ihre Mutter. „Wir möchten gerne zusammen hin. Die drei Kleinen können wir auch mitnehmen, aber was machen wir mit Dir? In China kannst Du schlecht in die Schule gehen, und ein Jahr aussetzen ist auch blöd. Du könntest vielleicht in ein Internat gehen oder, das war Vaters Idee, zur Julia, meiner alten Freundin, in die Bretagne. Du kennst sie doch noch, oder?" Trixi nickte. „Sie war mal zu Besuch, als ich ungefähr zehn war, stimmt's? Da mochte ich sie recht gerne, sie war so lustig." „Ja, genau. Kurz danach ist sie nach Frankreich gegangen und hat einen Franzosen geheiratet. Jetzt leben sie in einem kleinen Dorf an der Küste. Ich hab'schon mit ihr telefoniert, wenn Du kommen möchtest, freut sie sich auf Dich." „Also", überlegte Trixi, „dann will ich lieber noch zur Julia. Aber – was ist denn da mit der Schule?" „Das ist kein Problem. Französisch kannst Du ja ganz gut, und es gibt da in der Nähe eine gute Schule, die deutschsprachig ist." „Gut", Trixi schluckte tapfer, „dann gehe ich zur Julia." „Ich bin ja so froh, daß Du so vernünftig bist!" Frau Reuter nahm ihre Tochter in die Arme und drückte sie fest an sich.

Allerlei Vorbereitungen

Am nächsten Montag sollte es losgehen! Obwohl man Trixi nicht gerade unselbständig nennen konnte, wurde ihr bei dem Gedanken, für ein Jahr ganz allein zu fast fremden Leuten zu fahren, doch mulmig zu Mute, auch wenn sie sich inzwischen irgendwie darauf freute. Sie würde ihr Zeugnis schon diesen Freitag bekommen, damit sie rechtzeitig eine Woche vor Ferienbeginn losfahren konnte, während die anderen noch in der Schule sitzen mußten. Das war doch nicht zu verachten, denn Trixi ging nicht besonders gern zur Schule. Daß sie nach den Sommerferien in Frankreich in eine fremde Schule werde gehen müssen, daran wollte sie lieber nicht denken. Während Trixi ihre Reitsachen in eine Reisetasche stopfte, dachte sie kurz an gestern. Gestern war sie das letztemal in „ihrem" Reitstall geritten. Herr Winter, der nette Reitlehrer, hatte ihr zum Abschied noch einmal Fiona, ihr Lieblingspferd, gegeben. Sie waren mit der ganzen Fortgeschrittenengruppe ausgeritten. Es war so schön gewesen. Trixi wischte sich über die Augen. Der Abschied von Fiona, Herrn Winter und ihren Reiterfreunden fiel ihr wirklich schwer, doch sie hoffte, auch in Frankreich reiten zu können. Frankreich! Wieder schweiften ihre Gedanken zu der bevorstehenden Reise.

„Trixi?" Frau Reuter steckte den Kopf ins Zimmer. „Alles in Ordnung?" Trixi nickte und stellte die Reisetasche zu dem Gepäckhaufen in der Mitte ihres Zimmers. Drei Reisetaschen, ein Rucksack samt Geld, Ausweis und Sonnenbrille, den ihre Mutter noch mit Leckereien und Proviant füllen würde, zwei Koffer. „Ich glaub', ich hab' alles. Ach, Moment!" Rasch holte das Mädchen ein Familienfoto und – das Bild von Fiona von seinem Schreibtisch und legte beide noch in den großen, roten Lederkoffer.
Ein bißchen wehmütig sagte Trixi am letzten Abend Florian, Fabian und Anita „Gute Nacht"; schließlich würde sie die drei Kleinen ein Jahr nicht mehr sehen. Auch wenn sie sich oft über die „drei kleinen Nervensägen", wie sie ihre Geschwister insgeheim nannte, geärgert hatte, bedauerte sie jetzt doch, sich von ihnen trennen zu müssen.

Die Reise

Als ihre kleinen Geschwister im Bett lagen, machte Trixi sich endgültig reisefertig. Sie würde im Nachtzug von Ulm nach Paris fahren, wo Julia sie dann abholen wollte. Aufgeregt ging Trixi ins Bad, duschte und zog sich an: blaue Jeans, eine weiße, ärmellose Bluse, Stoffturnschuhe und eine leichte Jacke. Die weißblonden Haare band sie zum Pferdeschwanz. Einigermaßen zufrieden mit ihrem Aussehen- schließlich wollte sie bei Julia einen guten Eindruck machen- stieg sie die Treppe hinunter in die Küche. Ihre Mutter hatte ein gutes Abendessen hergerichtet, aber Trixi war so nervös, daß sie kaum einen Bissen hinunterbekam. Das große Gepäck hatte sie schon am Tag zuvor aufgegeben, so daß das Mädchen sich nur um seinen Rucksack kümmern mußte. Im Auto fuhr Frau Reuter ihre Tochter zum Ulmer Hauptbahnhof. Als die beiden ankamen, stand der „Orientexpress" Istanbul–Paris schon am Bahnsteig. „Das ist gut, da können wir Dir noch einen schönen Platz aussuchen", meinte Agda Reuter betont munter. Sie stiegen in den Zug und fanden auch ein Nichtraucherabteil, in dem nur eine freundliche, ältere Dame saß und noch ein Fensterplatz frei war, den Trixi sofort beschlagnahmte. „Na, wo geht die Reise denn hin, auch nach Paris?" fragte die Dame. Trixi nickte nur stumm. „Dann haben wir ja dasselbe Ziel, ich fahre nämlich zu meiner Tochter nach Paris. Da wird es uns beiden bestimmt nicht langweilig werden", fügte sie fröhlich hinzu. „Übrigens, ich heiße Vogt, Hermine Vogt." Trixi lachte, Frau Vogt gefiel ihr. Frau Reuter lachte auch. „Da bin ich aber erleichtert, daß meine Trixi bis Paris eine so gute Gesellschaft hat." „Ich werde schon auf Trixi achten, hab' selbst sieben Enkel in ihrem Alter", entgegnete Frau Vogt und blinzelte dem Mädchen verschmitzt zu. „So, Trixi, Geld und Ausweis hast Du? Hier ist noch der Gepäckschein, den mußt Du in Paris abgeben und bekommst Deine Koffer wieder." „Abfahrt des Orientexpress in einer halben Minute!" tönte der Lautsprecher. Agda Reuter umarmte ihre Tochter noch einmal fest, dann stieg sie aus dem Waggon. Durch das geöffnete Fenster gab sie Trixi noch allerlei Ermahnungen mit auf den Weg. „Sei höflich zu Julia und ihrem Mann, benimm Dich anständig, hilf ihnen mal. Und zieh' Dich immer warm genug an und ..." „Türen schließen!" Mit quietschenden Rädern verließ der Orientexpress den Bahnhof. Trixi stand noch lange am Fenster und winkte. Kleiner und kleiner wurde ihre Mutter, die ebenfalls winkend am Bahnsteig zurückblieb. Trixi zog die Nase hoch. Aber sie war so voll gespannter Erwartung, daß die Traurigkeit nicht lange anhielt. Außerdem begann Frau Vogt sogleich, ihr lustige Geschichten über ihre Enkel zu erzählen. Die beiden unterhielten sich noch so lange, bis Trixi, den Kopf an das Polster gelehnt, einschlief.

Paris

Trixi streckte sich und gähnte, sie war ganz steif von der langen Fahrt. „Wo sind wir denn?" fragte sie verschlafen. Doch als Frau Vogt sagte, sie würden in einer halben Stunde am „Gare de l'Est" ankommen, war Trixi auf einen Schlag hellwach. Aufgeregt sah

sie aus dem Fenster, der Zug rollte schon durch die Vororte von Paris. Alte, graue Häuser mit abbröckelnden Fassaden wechselten sich ab mit riesigen, hochmodernen Wolkenkratzern, in deren großen Fenstern sich die aufgehende Morgensonne spiegelte. „Du mußt unbedingt in eines der kleinen Straßencafés gehen", schwärmte Frau Vogt. „Die sind wunderschön." „Ja, Julia wollte einige Tage in Paris bleiben und mir alles zeigen. Sie ist Künstlerin und hat zur Zeit eine Ausstellung dort." Auf Paris freute Trixi sich wirklich, aber sie fürchtete sich schrecklich davor, so lange von ihrer Familie getrennt zu sein und bei fast fremden Leuten wohnen zu müssen. Ach, könnte sie doch nach ihrem Parisaufenthalt wieder nach Hause fahren, oder wenigstens nach den Sommerferien. Ihre Unterlippe zitterte. „Na, na, Trixi", sagte Frau Vogt aufmunternd, „wer wird denn traurig sein bei einer so tollen Reise?! Jetzt gehst Du Dich erstmal frischmachen und kämmst Dir die Haare. Wir sind nämlich gleich da!" Trixi lächelte dankbar. „Wenn ich wenigstens Sie mitnehmen könnte, Frau Vogt." „Das ist aber zuviel der Ehre für eine alte Frau wie mich", lachte Frau Vogt. „Jetzt aber Abmarsch, wir haben noch zehn Minuten!" Rasch stopfte Trixi ihre Sachen wieder in den Rucksack und verschwand in der Toilette. Als sie zurück in das Abteil kam, fuhr der Orientexpress gerade in den „Gare de l'Est" ein.
Der Zug hielt mit kreischenden Bremsen, ein Schaffner öffnete die Tür, Trixi half Frau Vogt die Stufen hinunter – und da standen sie nun auf „Pariser Boden". Etwas schüchtern betrachtete Trixi das riesige Bahnhofsgebäude und die vielen, hin und her hastenden Menschen. Ob sie sich hier wohl zurechtfinden würde? Sie war schon wieder halb am Verzweifeln. Doch da faßte Frau Vogt nach ihrem Arm, schob sie in Richtung Gepäckwagen und sagte: „Keine Sorge! Ich habe Zeit. Ich bleibe solange bei Dir, bis wir Deine Julia gefunden haben. Wo ist Dein Gepäckschein?" Hastig kramte Trixi in ihrem Rucksack. Rechte Seitentasche, linke Seitentasche, Vordertasche. Wo war der verdammte Schein? Sie begann zu schwitzen und hätte sich am liebsten irgendwo hingesetzt und einfach geheult. „Vielleicht ist er in Deiner Jackentasche?" meinte Frau Vogt freundlich. Und tatsächlich! Beschämt gab das Mädchen ihr den Schein. „Na, also!" Frau Vogt nahm Trixis Gepäck in Empfang und organisierte außerdem einen Gepäckwagen samt Träger. „Sie ist wirklich ein Goldstück, unbezahlbar!" dachte Trixi. „Da kann ich mich doch nicht auf-

führen wie das letzte Baby!“ Sie ärgerte sich über sich selbst, und schluckte so energisch den Kloß im Hals hinunter. Züge kamen an und fuhren ab, Menschen stiegen ein und aus ... Es gab hier überhaupt furchtbar viele Leute, fand Trixi. Nur niemand, der Mutters Beschreibung nach Julia sein könnte. „Wir hatten doch ausgemacht, daß sie mich abholt.“ Trixi war wütend. Wut war wesentlich besser als Traurigkeit, dachte sie sich. „Sie wird schon noch kommen.“ Beruhigend tätschelte Frau Vogt dem Mädchen die Hand. „Vielleicht wurde sie aufgehalten, Du kennst den Verkehr in Paris nicht!“ Plötzlich ertönte ein lautes, quäkendes Hupen. Die Leute spritzten auseinander, weil sich ein kleiner, alter, klappriger, gelber 2CV-Kastenwagen ziemlich unsanft einen Weg durch die Menge bahnte, um schließlich mit quietschenden Reifen genau vor der erschrocken wegspringenden Trixi zum Stehen zu kommen. Die Tür ging auf und eine kleine, zierliche Frau mit karottenrotem Schopf, Sommersprossen und grünen Augen stieg aus. Sie umarmte Trixi, Küßchen links, Küßchen rechts – das war hier wohl so üblich, dachte das perplexe Mädchen – und rief dann fröhlich: „Herzlich willkommen, Trixi! Mensch, bist Du gewachsen, siehst sowieso irre Deiner Mutter ähnlich!“ Sie sagte wirklich „irre“, so daß Trixi unwillkürlich lachen mußte. Überhaupt sah sie genauso aus, wie Trixi sich eine Künstlerin vorstellte. Nur die relativ elegante Kleidung wollte nicht so recht dazu passen.
Frau Vogt, die bei dieser – zumindest von Julias Seite – lebhaften Begrüßung lächelnd danebengestanden hatte, wandte sich nun an Trixi: „Dann kann ich mich ja jetzt verabschieden. Hier ist meine Adresse.“ Sie schob ihr einen Zettel zu. „Falls Du mal Probleme hast, kannst Du Dich bei mir melden, Trixi.“ Frau Vogt warf einen belustigten, aber etwas zweifelnden Blick auf Julia, bevor sie sich sehr herzlich von Trixi verabschiedete.
„So, jetzt müssen wir aber hier weg, sonst krieg' ich einen Strafzettel.“ Julia öffnete die Hecktüren ihrer Ente und wuchtete Trixis zahlreiche Koffer und Taschen hinein. „Steig ein!“
Vergeblich rüttelte das Mädchen an der Beifahrertür. „Gib Dir keine Mühe, die klemmt. Du mußt auf meiner Seite einsteigen und rüberkriechen.“ Endlich war alles verstaut und Julia brauste los. Langweilig würde es mit ihr bestimmt nicht werden, überlegte Trixi. Aber ob man wohl ernsthaft mit ihr reden konnte? „Hast Du Hunger?“ riß Julia sie aus ihren Gedanken. Jetzt erst merkte Trixi, die doch seit gestern Mittag nichts Richtiges mehr

gegessen hatte, wie sehr ihr der Magen knurrte. „Ja – und wie!" Geschickt lenkte Julia ihre Ente durch den starken Frühverkehr auf der „Rue la Fayette", am Bahnhof „St-Lazare" vorbei und über die „Avenue de Friedland", wie sie Trixi erklärte. Dann drehten sie eine Runde um den „Arc de Triomphe". Julia betätigte sich als Fremdenführer. „Er ist 1806 von Napoleon erbaut worden und 54 m hoch und 45 m breit. ... So, jetzt fahren wir aber in die ‚Avenue des Champs-Elysées' und gehen in ein nettes, kleines Straßencafé zum Frühstücken." Eiskalt parkte Julia ihr Auto in der zweiten Reihe und steuerte zielstrebig auf ein paar kleine Tischchen unter herrlichen, alten Bäumen zu. „Auf eine Beule mehr oder weniger kommt es ihr wohl nicht mehr an!" dachte Trixi und folgte ihr kopfschüttelnd. Julia hatte es sich währenddessen schon an einem Tischchen, von wo aus sie ihr Auto im Blickfeld hatte, bequem gemacht, bestellte ein Frühstück für zwei Personen und bezahlte gleich. Sie tranken beide eine große Tasse „Café au lait" und verspeisten mit gutem Appetit Schoko-Croissants und „Eclairs", wobei Julia Trixi in ihrer etwas konfusen Art von ihrem Mann Olivier und ihrem Haus in der Bretagne erzählte. Olivier Lapin war Tierarzt und hatte vor kurzem auf einem alten Hof, den er von entfernten Verwandten geerbt hatte, eine eigene Praxis aufgemacht, die offensichtlich noch in gewissen Anfangsschwierigkeiten steckte.

Julia sah auf die Uhr. „Oh, wenn du noch etwas von der Stadt sehen willst, müssen wir uns beeilen. Ich muß um 13 Uhr zu meiner Ausstellung. Also schlage ich vor, wir schauen uns erstmal alles rund um die Seine an." Trixi hatte nichts dagegen einzuwenden. So stiegen sie wieder ins Auto, fuhren die „Champs-Elysées" hinunter, überquerten den „Place de la Concorde" mit seinen zahlreichen Statuen und dem riesigen Obelisken, der Trixi sehr beeindruckte, und hielten schließlich auf dem Quai vor den „Tuileriengärten". Gemütlich spazierten sie durch die weitläufigen Gartenanlagen, wo die verschiedensten Blumen einen herrlichen Duft verströmten. Nachdem Trixi noch die „Geflügelten Pferde", ein großes, steinernes Standbild, fotografiert hatte, besichtigten sie den „Louvre"; aber aus Zeitmangel – zumindest vorerst – nur von außen. Dann fuhren die beiden flußaufwärts an der Seine entlang und über eine Brücke auf die „Ile de la Cité", um sich „Notre Dame" anzusehen. Die große, in bunten Farben leuchtende Glasrosette der gewaltigen Cathedrale faszinierte Trixi am meisten. Des-

halb mußte sie unbedingt zwei Postkarten kaufen; eine wollte sie zur Erinnerung behalten, die andere ihren Eltern schicken. Sie schlenderten noch kurz über den Bücherflohmarkt auf der anderen Seite der Seine, wo Trixi einen uralten – natürlich leider französischen – Wälzer über Pferde aufstöberte, mußten danach aber sofort weiterfahren, weil es schon kurz vor 12 Uhr war. Trixi war ohnehin schrecklich müde, und ihr schwirrte der Kopf von den vielen neuen Eindrücken. Deshalb brachte Julia sie – unter Mißachtung mindestens eines halben Dutzend Rotlichter – in ihr kleines Hotel „La Poste" in der Nähe der „Porte d'Italie", wo diese am billigsten waren, „ohne gleich üble Spelunken zu sein" – wie Julia eifrig versicherte. Der Portier lud Trixis Gepäck aus und brachte es auf ihr Zimmer, das Julia zuvor bereits bestellt hatte.
„Tut mir leid, Trix, daß ich Dich schon wieder verlasse. Ruh' Dich aus und amüsier' Dich gut, ich komme gegen Abend wieder, muß jetzt wiklich los!" – Und weg war sie! Trixi wunderte sich langsam über gar nichts mehr, zumindest nicht bei Julia.
Das Hotelzimmer war ziemlich klein und besaß ein schreckliches rosa Himmelbett und ebenso häßliche Gardinen. Trixi hatte keine Lust, irgendetwas auszupacken oder wegzuräumen. Deshalb zog sie nur ihre Kleider aus, warf sie auf einen Stuhl, und legte sich in Unterwäsche ins Bett. Völlig erschöpft schlief sie trotz der durchgelegenen Matratze sofort ein.

Als Trixi aufwachte, weil ihr der Magen kurrte, war es erst 17 Uhr. Da sie nicht wußte, ob man hier zu dieser Tageszeit etwas zu essen bekommen konnte, plünderte sie zuerst einmal ihren Rucksack. Danach fiel ihr absolut nicht ein, was sie anfangen sollte. „Amüsier' Dich gut!" – Julia hatte gut Reden! Überhaupt war sie irgenwie komisch! Zwar immer lustig, und man konnte mit ihr herumalbern wie mit einer Gleichaltrigen, aber Trixi bezweifelte stark, ensthaft mit ihr reden zu können. Sie war einfach total anders als ihre Mutter, dachte das Mädchen und fühlte sich mit einem Mal schrecklich einsam und verlassen. Hoffentlich war dieser Olivier nicht auch so sorglos und oberflächlich wie Julia. Und wie wohl das Haus aussah? Ein alter bretonischer Hof, hatte Julia gesagt. Sicher lag er igendwo ganz weit draußen! Trixi hatte zwar schon einmal davon geträumt, auf einem alten Bauernhof zu leben, war aber doch an die Bequemlichkeiten einer stadtnahen Neubausiedlung gewöhnt.

Wenn wenigstens Tiere da wären – Julia hatte zwar nichts davon verlauten lassen – aber ein paar Patienten würde es wohl geben! Außerdem konnte Trixi sich Julia nicht in einer Tierarztpraxis vorstellen, und als sie sich ausmalte, wie Julia in einer Küchenschürze mit dem Kochlöffel kämpfte, stieg ihre Laune beträchtlich.
Ohne anzuklopfen, stümte jemand ins Zimmer. Trixi zuckte erschrocken zusammen. „Trix, das muß gefeiert werden!" rief Julia fröhlich. Verständnislos sah Trixi sie an. „Irgendso ein Verrückter hat meine ganze Ausstellung aufgekauft!" lachte sie und schwenkte einen Scheck. „Komm, wir gehen jetzt ganz groß Essen und feiern meinen Erfolg!" „Herzlichen Glückwunsch! Aber es reicht doch, wenn wir unten im Hotel essen, das wird doch sonst viel zu teuer!" Julias Lachen war wie ausgeknipst. „Gut. Wie Du meinst. Ich geh schon mal vor." sagte sie knapp und verschwand. Trixi blieb verstört zurück. „Was hab' ich jetzt schon wieder falsch gemacht?" fragte sie sich. Auch ihre Laune war wieder auf dem Tiefpunkt. Das konnte ja heiter werden! Langsam stieg sie die Treppe hinunter und setzte sich Julia gegenüber an einen der Tische im Gastzimmer. Sie verbrachten die Mahlzeit ziemlich schweigend, und Julia zog sich bald zurück, da sie müde sei. „Morgen früh fahren wir nach Hause." sagte sie noch.
Trixi legte sich ins Bett, vergrub den Kopf im Kissen und weinte vor Heimweh und Verlassenheit, bis sie völlig erschöpft einschlief.

Aller Anfang ist schwer

Es goß in Strömen. Monoton prasselte der Regen auf das Dach der kleinen Ente. „Sie hält sich tapfer, was? Immerhin sind wir noch nicht weggeschwemmt worden!" scherzte Julia. „Was hast Du denn erwartet? Eine Ente ist eben eine Ente! " sagte Trixi trocken.
Sie fuhren nun schon seit fast acht Stunden, nur unterbrochen von kleinen Pausen. „Da ist schon unser Dorf, gleich sind wir da." Neugierig sah Trixi aus dem Fenster, konnte aber wegen des starken Regens kaum etwas von ihrer neuen Heimat erkennen. Julia fuhr eine schmale, ziemlich holprige Straße entlang und bog rechts in einen Feldweg ein. Wenige Minuten später hielt sie wild

hupend vor einer Gartentür. Ein tiefes Hundebellen ertönte. Dann öffnete sich die Haustür, und eine große Gestalt unter einem Regenschirm lief ihnen über den gepflasterten Gartenweg entgegen. Die Gestalt entpuppte sich als ein großer, kräftiger, breitschultriger Mann. Mit seinen dunklen Haaren, dem dunklen Schnauzbart und den freundlichen braunen Augen erinnerte er Trixi an den Riesenschnauzer einer alten Dame, den sie ab und zu hatte ausführen dürfen. „Salut, ihr zwei!" sagte er mit starkem Akzent, gab Julia einen Kuß und Trixi die Hand, was diese noch den Rest des Tages spürte. Dann schulterte er den Großteil von Trixis Gepäck und stapfte mit langen Schritten, ihnen voran, dem Haus zu. Als Trixi in die Diele trat, kam plötzlich ein großer, schlappohriger, sehr dicker Hund mit dichtem, schwarzen Fell bedrohlich knurrend auf sie zu. Trixi wußte, daß es ein Neufundländer war. Sie blieb ruhig stehen und zuckte mit keiner Wimper, als das Tier sie von unten bis oben prüfend beschnupperte, obwohl ihr dabei doch etwas mulmig zumute war. Olivier hatte die beiden aufmerksam beobachtet, weil er wissen wollte, wie Trixi reagieren würde. Er hatte nämlich ein „zimperliches Stadtpflänzchen" erwartet, aber dieses schlanke, langbeinige Mädchen, das sich vor seiner Hündin offensichtlich nicht fürchtete, gefiel ihm. „Sie 'eißt Umbrà." sagte er. Nachdem die „Schnuppervisite" zu Umbras vollster Zufriedenheit ausgefallen war, ließ sie sich kurz von Trixi streicheln, bevor sie sich in ihre Kiste, rechts neben der Eingangstür, verzog, wo sie sich gemütlich zusammenrollte.

„Kommt erstmal zu essen, maintenant, sonst Tante Mathilde ist très sauer", forderte Olivier Julia und Trixi auf. „ 'ier entlang, Beatrice!" Auf Trixis fragenden Blick erklärte er: „Mathilde ist unsere gute Seele – 'aus'älterin – parce-que mon Julia-Chérie a deux mains gauches – zwei linke 'ände."

Er gab seiner Julia einen Kuß auf die Wange und schob Trixi in die geräumige, mit hellem, verwittertem Holz ausgekleidete Küche. Am Herd stand eine ältere, etwas dickliche Frau mit grauem Dutt. Bei Trixis Eintreten drehte sie sich um, wischte sich die Hände an der weißgerüschten Schürze ab und begrüßte das Mädchen freundlich lächelnd. „Bonsoir, Mademoiselle Beatrice." „Bonsoir, Madame." „Non, non, Mademoiselle", sagte Mathilde bestimmt, „nix Madame, isch bin tante Mathilde." Energisch drückte sie Trixi auf die Eckbank in der rustikal-gemütlichen Eßecke. Auch Olivier und Julia nahmen an dem runden Holztisch mit der weißen Tischdecke Platz. Tante Mathilde trug das Essen auf. Zuerst gab es einen gemischten Salat mit Baguette und Salzbutter. Dann aßen sie gefüllte Tomaten mit Reis. „Wir sind Vegetarier", erklärte Julia Trixi, „Olivier bei seiner Tierliebe bringt es nicht über's Herz, auch nur das kleinste Stückchen Fleisch zu essen, und Mathilde und ich haben uns eben daran gewöhnt." Zum Nachtisch gab es zur Feier des Tages eine herrliche – natürlich selbstgemachte – Zitronencreme.

Als sie zu Ende gegessen hatten, meinte Olivier: „Isch zeige Dir jetzt Dein Zimmer und bringe gleisch Dein Gepäck mit." Durch eine zweite Tür verließen sie die Küche und standen in einem großen, ebenfalls holzverkleideten Wohnzimmer. Rechts, in der Ecke, befand sich ein riesiger, aus grauem Naturstein gemauerter, offener Kamin. Gegenüber stand ein alter verzierter Holzschrank. Auf dem Boden lagen Unmengen bunter Flickenteppiche – alles Erinnerungen an Julias bayrische Heimat – und an der rechten, hinteren Wand war eine Sofaecke mit Mexicomuster in Naturfarben. Trixi fand alles sehr gemütlich und geschmackvoll eingerichtet, obwohl es genau dem Gegenteil ihres Wohnzimmers zu Hause entsprach. „Da, links, es geht auf die Terrasse!" Olivier deutete auf eine zweiflüglige, mit hölzernen Fensterstreben versehene Glastür. „Den Garten und die Nebengebäude, Du kannst Dir morgen ansehen. Und isch muß Dir nosch zeigen meine Praxis." Sie gingen wieder in die Diele – Olivier schulterte Trixis Gepäck – und stiegen die knarrende alte Treppe hinauf. „Bist Du Frühaufsteher?" fragte er.

„Ja, warum?" „'ier, Du wirst geweckt von der Sonne!" lächelte Olivier. „Fein!" meinte Trixi. „Sag' mal, Olivier, ist Umbra eigentlich trächtig? " „Oui, c'est juste – rischtig. Sie wird werfen in einer knappen Wosche." Sie waren am Ende des schmalen Flures, in dem überall von Julia gemalte Bilder hingen, angekommen und Olivier öffnete die rechte Tür. „Oh!" rief Trixi überrascht; sie hatte es sich nicht so schön vorgestellt. Das Zimmer war zwar nicht allzu groß, aber sehr nett und gemütlich eingerichtet. Von der Tür aus sah man direkt auf eine Dachgaube, in der ein breiter Schreibtisch aus hellem Holz stand. Neben dem Schreibtisch war, abgetrennt durch ein schmales, halbhohes Regal, ein bequemer, dunkelblauer Sessel. An der linken Zimmerwand führte dieselbe Tür, wie unten auf die Terrasse, auf den kleinen, überdachten Giebelbalkon, auf dem zwei Korbstühle und

ein Tischchen standen. Des weiteren gab es in dem Zimmerchen noch einen Holzkleiderschrank und, in der – von den Zimmerwänden und dem Badezimmer gebildeten – Nische, ein ebenfalls hölzernes Bett mit einem flauschigen Vorleger. Auf den Holzbohlen des Fußbodens lagen weitere Exemplare von Julias Flikkenteppichen. Gleich neben der Zimmertür gelangte man in das winzige Bad, das ganz in schwarz, rot und weiß gehalten war, und eine Dusche, ein Waschbecken und eine Toilette besaß. „Gefällt es Dir?" fragte Olivier, der die ganze Zeit still daneben gestanden hatte. Trixi nickte. Es gefiel ihr wirklich gut, wenn diese Dachkammer auch ganz anders war als ihr Zimmer zu Hause. „Dann werde isch Disch allein lassen, maintenant, damit Du kannst auspacken in Ruhe." sagte Olivier und wandte sich zum Gehen. „Bonne nuit." „Olivier?" Er drehte sich noch einmal um. „Was ist?" „Wenn, wenn ...", druckste Trixi herum, „wenn es bei Umbra losgeht, darf ich dann dabei sein? Bitte!" Sie sah ihn flehend an. „Meinetwegen." brummte er.
„Bonne nuit." „Gute Nacht!" rief Trixi hinterher. „Und – danke!" Dann begann sie, ihre Koffer auszupacken. Es dauerte ziemlich lange, bis sie ihre ganze Kleidung – Wintersachen hatte sie natürlich ebenfalls bereits dabei – in dem großen Kleiderschrank verstaut hatte. Das Familienfoto und das Bild von Fiona stellte sie auf den Schreibtisch und die leeren Koffer und Taschen schob sie kurzentschlossen unter das Bett. Als Trixi endlich mit allem fertig war, war sie so müde, daß sie beschloß, gleich zu Bett zu gehen. Dennoch konnte Trixi lange nicht einschlafen, da ihr so viele Gedanken durch den Kopf gingen. Olivier war ihr recht symphatisch, und daß sie bei Umbras „Entbindung" dabei sein würde, freute sie riesig. Auch Tante Mathilde war sehr nett, wenngleich Trixi sie manchmal nur schwer verstehen konnte, da die alte Frau kaum deutsch sprach. Aber kochen konnte sie wirklich gut! Und das Haus war auch sehr schön und gemütlich. Und morgen würde Trixi noch die Praxis sehen, und den Garten, und ... Sie war nun doch eingeschlafen.

Trixi wachte auf, weil draußen die Vögel zwitscherten. Sonnenstrahlen drangen durch die Ritzen der Fensterläden und malten helle Lichtstreifen auf ihre blaugemusterte Steppdecke. Trixi reckte sich und gähnte. Dann stand sie auf, um aus dem Fenster zu schauen. Sie öffnete die Fensterflügel und die strahlend wei-

ßen Läden. Frische Luft strömte ins Zimmer. Von hier aus sah man auf einen gekiesten Hof und die Terrasse, auf der ein Tisch und vier Stühle standen.
Rechts und links gab es je ein Nebengebäude, wie das Wohnhaus aus grauem Naturstein gebaut. Dahinter erstreckten sich von Sonne und Wind gebleichte Wiesen. Vom Balkon blickte man auf eine Scheune aus verwittertem Holz, die direkt an die Hauswand angeschlossen war. Und weiter hinten, hinter sanft gewellten, mit hartem Gras und Strandhafer bewachsenen Dünen, konnte man tatsächlich das Meer sehen. Blaugrün rollten die Wellen an den Strand. Trixi war begeistert; sie hatte gar nicht gewußt, daß sie so nah am Meer wohnten!
Da es erst sieben Uhr war und die anderen bestimmt noch schliefen, beschloß Trixi, wegen des herrlichen Wetters joggen zu gehen. Sie schlüpfte in kurze Turnhosen und einen warmen Trainingspullover und schlich auf Strümpfen die Treppe hinunter, weil sie sich daran erinnerte, wie diese gestern geknarrt hatte. Umbra begrüßte Trixi schwanzwedelnd und legte dem Mädchen ihre Leine vor die Füße. Trixi lachte leise. „Du willst wohl mitkommen?" Umbra brummte. „Also los, dann komm!" Trixi öffnete die Haustür und half der schwerfälligen Hündin vorsichtig die Stufen hinunter. Rechts führte ein Gartenweg zu einem Anbau, in dem offensichtlich Oliviers Praxis untergebracht war. Vor dem weiß gestrichenen Gartenzaun wuchsen großblättrige blaue, weiße, rote und violette Hortensien in großen Büschen. Neben der Garage, die wie das Haus aus Naturstein gebaut und mit schwarzem Schiefer gedeckt war, stand eine große Hundehütte. Umbra stupste Trixi mit ihrer feuchten Nase an. „Ja, ja, wir gehen ja schon." Trixi nahm die Hündin an die Leine, da sie nicht wußte, ob Umbra ihr gehorchen würde, und schlug den Feldweg in Richtung Meer ein. Auf einem schmalen Grasstreifen erledigte Umbra brav ihr „Geschäft". Dann bogen sie in einen Pfad ein, der durch die Dünen führte. Hier wuchsen sogar Blumen! Rotviolette Erika und kleine, gelbe, sternförmige Blümchen, deren Namen Trixi nicht kannte. Von einer hohen Düne hatte man einen herrlichen Blick auf das Meer. Direkt unter ihnen lag der schöne Sandstrand, den Trixi von ihrem Balkon aus gesehen hatte. Obwohl gerade Ebbe war, gab es ziemlich starke Wellen. Auf der rechten Seite machte das Land einen Knick und bildete eine weitläufige Bucht mit winzigen, vorgelagerten Inselchen, in der klei-

ne alte Fischerkähne auf dem Trockenen lagen. Linkerhand wurde der Blick durch eine Anhöhe begrenzt. Vorsichtig kletterten sie die Düne wieder hinunter, und während Umbra sich zum Ausruhen in den Sand legte, joggte Trixi ein bißchen am Strand entlang.
Gegen halb neun waren die beiden wieder zu Hause. Umbra legte sich auf den weichen Teppich im Wohnzimmer, nachdem Trixi ihr frisches Wasser und ein paar Hundekuchen, die sie in der Küche gefunden hatte, gegeben hatte. Die verschwitzte Trixi ging erst einmal Duschen, bevor sie ihre roten Capri-Leggins und ein geblümtes T-shirt anzog. Gerade als sie aus dem Bad kam, klopfte es. „Herein!" rief Trixi fröhlich. Olivier trat ins Zimmer. „Du bist schon angezogen?!" fragte er erstaunt. „Ich war sogar schon mit Umbra am Strand. Aber keine Sorge, wir sind nur ganz langsam gegangen. Und dann bin ich gejoggt, und sie hat sich ausgeruht. Ein paar Hundekekse habe ich ihr auch schon gegeben, weil ich nicht wußte, was sie zum Frühstück kriegt." „Bien", Olivier gähnte, „dann isch muß nischt mehr gehen. Es gibt übrigens Frühstück, auf die Terrasse. – Du magst Pferde?" Er hatte Fionas Bild auf dem Schreibtisch entdeckt. Trixi nickte eifrig. „Oh! Dann bist Du so eine Pferdenarr wie isch! Isch wollte mir schon kaufen, aber ..." Er zuckte die Schultern. Auf dem Weg nach unten erzählte Trixi ihm begeistert von ihrem Reitstall zu Hause und ihrer Lieblingsstute Fiona. Nach einem reichlichen Frühstück zeigte Olivier ihr seine Praxis. Trixi begnügte sich aber nicht mit dem bloßen Ansehen, sondern ließ sich jeden Apparat und die Anwendung sämtlicher Medikamente und Spritzen genauestens erklären. Am Nachmittag sah das Mädchen zu, wie Olivier seine wenigen Patienten behandelte.

Minuit und Midi

Trixi saß auf den Stufen vor der Haustür und kraulte Umbras dikken Bauch. Wenn sie die flache Hand ganz ruhig auf eine bestimmte Stelle legte, konnte sie fühlen, wie die Welpen sich bewegten. Es war längst so weit, aber Umbra ließ sich Zeit mit ihrem ersten Wurf. Plötzlich hob die Hündin den Kopf und knurrte leise. „Was hast Du denn, Umbra?" Trixi konnte niemanden entdecken. Doch! Da, bei Umbras Hütte, bewegte sich etwas! Ein kleiner,

shwarzer Schatten huschte um die Ecke und schlich sich Schritt für Schritt an Umbras Freßnapf heran. Nachdem die dürre, kleine, schwarze Katze sich nochmals vorsichtig umgesehen hatte, begann sie, gierig die Reste auszulecken. Umbra hatte anscheinend nichts gegen Katzen, denn sie blieb ruhig liegen – ließ den Eindringling aber nicht aus den Augen. Leise lief Trixi ins Haus und holte eine Schüssel verdünnte Milch und ein Tellerchen mit zerkleinertem Hundefutter. In einiger Entfernung der Hundehütte ging das Mädchen in die Hocke, stellte die Schälchen vor sich hin und zog sich vorsichtig ein paar Schritte zurück. Die kleine Katze pirschte sich, den dürren Körper dicht am Boden, langsam an die Schüsseln heran. Erst als sie merkte, daß von der still dasitzenden Trixi keine Gefahr ausging, fing sie an, hungrig zu fressen. Dann trank sie die Milch bis zum letzte Tropfen aus, putzte sich ungerührt, strich an Trixis Beinen entlang und spazierte selbstsicher, mit hochgerecktem Schwanz, an Umbra vorbei. Trixi sah ihr verblüfft nach. So ein freches Luder!
„Olivier!" Er kam von hinten aus dem Garten, wo er Tante Mathilde beim Unkrautjäten geholfen hatte. „Was ist?" Trixi deutete auf die Katze, die es sich vertrauensvoll auf ihrem Schoß bequem gemacht hatte. „Wo kommt die denn her?" fragte Olivier erstaunt. „Sie hat sich einfach angeschlichen, und nachdem ich ihr was zum Fressen gegeben hatte, hat sie mich offensichtlich adoptiert." „Na, dann 'ast Du eine Katze, maintenant." lachte er. „'alt sie mal gut fest, damit isch sie kann untersuchen." Die Katze war zwar sehr dünn, aber kerngesund und außerdem – ein Kater. „Er ist etwa ein dreiviertel Jahr alt", meinte Olivier. „'ast Du schon einen Namen für ihn?" „Hm." Trixi kraulte den Kater unter dem Kinn, was ihm sehr zu behagen schien, da er ausgiebig zu schnurren begann. „Er ist ganz schwarz. Wie wär's mit ‚Minuit' (Mitternacht)?" „Oui. Très bien. Minuit – ein schöner Name!"
„Trixi!" rief Julia aus dem Fenster. „Kannst Du mal mit Tante Mathilde einkaufen gehen? Sie kann nicht alles allein tragen." „Ja. O.K." Trixi war zwar nicht sonderlich begeistert, aber so würde sie wenigstens den Ort näher kennenlernen. Tante Mathilde kam, mit zahlreichen Stofftaschen und zwei Einkaufskörben bewaffnet, aus der Haustür und drückte dem Mädchen einen der Körbe in die Hand. „Markttag ist 'eute, Mademoiselle Beatrice." bemühte sie sich auf Deutsch.
Die Marktstände waren auf dem Platz vor der kleinen Natur-

steinkirche aufgebaut. Tante Mathilde ging, von Trixi gefolgt, von einem Stand zum anderen, wählte sorgfältig aus und feilschte jedesmal lange, was Trixi sehr erheiterte. Die alte Frau kaufte frisches Obst und Gemüse, Milch, Eier, Butter, Mehl und Zucker. Bald war Trixis Korb randvoll. Zwischendurch traf Mathilde noch einen alten Bauern, mit dem sie sich aufgeregt zu unterhalten begann. Trixi stand daneben und wartete. Da unterbrach Mathilde kurz ihr Gespräch, schickte Trixi zum Bäcker und wandte sich erneut eifrig dem Bauern zu.

Trixi schlug den Weg ein, den Mathilde ihr angegeben hatte, und fand, nachdem sie sich noch einmal bei einer Passantin erkundigt hatte, die Bäckerei. Doch beim Rückweg wußte sie nicht mehr, von wo sie gekommen war. Da Trixi auch niemanden sah, den sie hätte fragen können, beschloß sie, auszuzählen. „. . . und Du bist weg! Also rechts!" Die Straße verschmälerte sich bald zu einem engen, dunklen, ziemlich unheimlichen Gäßchen. Trixi packte den Korb fester und ging mit langen, energischen Schritten weiter. Plötzlich hörte sie ein leises Wimmern. Ihr Herz klopfte, am liebsten wäre sie weggerannt. Da, schon wieder! Diesmal etwas lauter. Das kam doch aus einer der Mülltonnen, die dort in der Ecke standen! Die Neugier siegte über Trixis Angst. Vorsichtig hob sie den Deckel an. „Miiiiii!" ertönte es zaghaft. Das war doch . . . – Tatsächlich! Auf dem Boden der Tonne saß zitternd ein kleines Kätzchen. „Oh nein!" Entsetzt hob Trixi das völlig verdreckte Bündel heraus und setzte es nach kurzer Überlegung vorsichtig in eine der Stofftaschen, so daß nur noch sein Köpfchen hervorlugte. Dann rannte sie los. Da war ja die Kirche! Und dort stand auch die gute Tante Mathilde, die sie schon ungeduldig erwartete. Trixi zeigte ihr das Kätzchen und erklärte hastig, wo und wie sie es gefunden hatte. „Mon Dieu!" Mathilde war empört.

Als sie zu Hause angekommen waren, brachte Trixi das Kätzchen sofort zu Olivier in die Praxis. Ängstlich beobachtete sie sein besorgtes Gesicht. „Was ist? Wird es durchkommen?" „Diesmal, es ist wirklisch eine Katze." antwortete er ausweichend. Die Kleine sah aber auch wirklich schlimm aus. Sie war abgemagert bis auf die Knochen, ihr Fell dreckig und verfilzt und die Augen total verklebt. Nachdem Olivier das Tierchen gründlich untersucht hatte, meinte er: „Sie müßte es schaffen." Jubelnd fiel Trixi ihm um den Hals. „Oh la la, ma petite", brummte Olivier verlegen. Dann säuberte er mit einem Wattestäbchen vorsichtig die Äug-

lein des Kätzchens und gab ihm eine Aufbauspritze. Trixi feuchtete einen weichen Schwamm an, um den Schmutz aus dem Fell zu entfernen. Zu beider Überraschung war die kleine Katze in saubererem Zustand schneeweiß. „Wir könnten sie nennen ‚Midi' (Mittag), passend zu Minuit!" schlug Olivier vor. „O.K. Wo ist Minuit eigentlich?" „Er streift 'erum irgendwo in der Garten. – Zwei Katzen an eine Tag, das bringst fertig nur Du, ma petite!" Es klopfte. Tante Mathilde kam herein. In der Hand trug sie eine Thermoskanne mit warmer Milch. „Merci." Olivier mischte die Milch in einem Schüsselchen mit Wasser und Vitaminpulver. Dann gab er Trixi eine Pipette. „'ier, ma petite, probier's damit!" „O.K." Mit der rechten Hand öffnete sie vorsichtig Midis Mäulchen und ließ ein bißchen Milch hineintropfen. Midi nieste, bevor sie eifrig zu schlecken begann.
Später räumten Trixi und Olivier den Holzkorb neben dem Kamin leer, polsterten ihn weich aus und setzten Minuit und Midi hinein. Midi faßte gleich Vertrauen zu dem „großen Bruder", und Minuit war von dem niedlichen, kleinen Kätzchen schlichtweg hingerissen.

Hundekinderstube

Am Abend, als Trixi Umbra „Gute Nacht" sagte, bemerkte sie, daß die Zitzen der Hündin geschwollen waren. „Olivier!" rief sie aufgeregt. „Ich glaub', es geht los!" Olivier und Julia kamen die Treppe herunter. „Julia – Chérie, sag Mathilde Bescheid, sie soll sisch kümmern um die Katzen, und ..." „Katzen? Was für Katzen?" unterbrach Julia ihren Mann erstaunt. „Oh, das weißt Du nosch gar nischt!? Laß Dir erklären von Mathilde. – Trixi, Du kommst mit mir!" Olivier ging mit langen Schritten, Trixi voran, in die Praxis hinüber, öffnete die Tür zum kleinen Lagerraum, drückte ihr eine Tasche und ein großes Gummituch in die Hand und schulterte selbst einen Plastiksack. Umbra lief unruhig in der Diele hin und her. „Was macht sie?" fragte Trixi ängstlich. „Laß sie nur, das dauert nosch. 'ilf mir lieber mal!" Sie legten das Gummituch in Umbras Kiste und polsterten sie dick mit Stroh, das Olivier in dem Sack aufbewahrt hatte, aus. Dann rollten sie den Dielenteppich zusammen, und Trixi breitete alte Zeitungen aus, während Olivier über der Hundekiste einen abgenutzten

Vorhang befestigte, damit Umbra ihre Jungen in einer „Höhle" zur Welt bringen konnte – wie es sich für einen „anständigen" Hund gehörte. Umbra unterzog ihr Bett einer sorgfältigen Prüfung, bevor sie schwerfällig hineinkletterte und sich seufzend hinlegte. Plötzlich lief die erste Wehe wie ein Schauer über ihren Körper. Das Fruchtwasser ging ab, weitere Wehen kamen in rascher Folge. Olivier kniete dicht neben seiner Hündin, tätschelte ihr den Kopf und flüsterte ihr auf französisch beruhigende Worte zu, während Trixi auf der anderen Seite kauerte und gespannt auf Umbras „Hinterteil" starrte. Da! Etwas Dunkles erschien und glitt ins Stroh. Umbra richtete sich auf, schnuffelte kurz an ihrem Erstgeborenen, nahm es zwischen die Pfoten und begann es abzulecken, so daß die Eihaut zerriß. Kurz darauf kam das Zweite – es war etwas kleiner. Zwei weitere Welpen folgten, zuletzt noch ein ziemlich winziger. Umbra leckte alle ab und schob sie an ihren Bauch, der jetzt eingefallen wirkte. Nachdem die Welpen ihre erste Mahlzeit eingenommen hatten und eingeschlafen waren, nahm Olivier sie nacheinander in die Hand, um sie sich anzusehen. Das Erstgeborene war ein kräftiger Rüde, der strampelnd und wimmernd protestierte, als er von der warmen Mutter weggenommen wurde. Das Zweite war ebenfalls ein Rüde, allerdings ein etwas kleinerer. Die drei anderen Welpen waren Hündinnen, wobei die letzte sehr zart war. „Olivier!" flüsterte Trixi mit glänzenden Augen. „Guck 'mal!" Sie hielt eine winzige Handvoll, die heller war als die anderen. Olivier war so mit den Welpen beschäftigt gewesen, daß er gar nicht bemerkt hatte, wie der Nachzügler, auch ein Rüde, zur Welt gekommen war.
Trixi gähnte, es war spät geworden. Sie entfernten noch das feuchte, dreckige Stroh aus der Kiste, legten frisches hinein und stellten Umbra einen vitamin- und nährstoffreichen Futterbrei – Oliviers Spezialmischung – neben die Wasserschüssel. Dann zogen sich die beiden leise zurück, damit die Hündin in Ruhe ihre Jungen kennenlernen und versorgen konnte.

Viechereien

Trixi wachte auf und streckte sich. Minuit, der wie üblich auf ihrem Bauch geschlafen hatte, machte einen Buckel, sprang mit einem Satz vom Bett und verschwand durch die nur angelehnte

Zimmertür. Trixi sah ihm zufrieden nach: aus dem mageren, ungepflegten Streuner war in diesen zwei Wochen ein schlanker, selbstbewußter junger Kater mit seidigem, kohlrabenschwarzen Fell geworden. Auch das kleine Kätzchen Midi, Mathildes Liebling, hatte sich unter deren Pflege gut erholt, wenngleich es noch recht scheu war.

Trixi schlug die Bettdecke zurück und stand auf. Dann öffnete sie die Fensterläden und sah hinaus. Der Himmel war stark bewölkt, aber es regnete nicht. Also konnte sie vor dem Frühstück noch einen kleinen Spaziergang mit Umbra machen, die immer ganz froh war, ihren bereits ziemlich munteren Jungen für kurze Zeit entrinnen zu können.

Nachdem Trixi sich gewaschen und alte Jeans, ein Sweatshirt und Turnschuhe angezogen hatte, rannte sie die enge Treppe hinunter, wobei sie prompt mit Tante Mathilde zusammenstieß. „Oh la la, Mademoiselle Beatrice!" rief diese erschrocken. „Oh, pardon, tut mir wirklich leid." Trixi war es richtig peinlich. Mathilde schien jedoch nicht böse zu sein, sie murmelte nur etwas von „stürmischen jungen Mädchen" und fing an, Trixis lange weißblonde Haare zu einem dicken Zopf zu flechten, damit der starke Wind draußen diese nicht zerzauste. Trixi lächelte und kramte aus der Hosentasche einen Haargummi hervor, den sie ihr reichte. „Allez, maintenant!" „Merci, Mathilde." Trixi holte Umbras Leine und ging zur Haustür. Die Hündin hatte genau gesehen, daß das Mädchen ihre Leine genommen hatte. Obwohl sie gerne mitgegangen wäre, rührte sie sich nicht vom Fleck: als gute Hundemutter konnte sie doch ihre Jungen nicht im Stich lassen, wenn sie nicht extra dazu aufgefordert wurde! Unschlüssig sah Umbra zwischen Trixi und ihren Welpen hin und her. Sie wollte doch so gerne spazierengehen! Flehend blickte sie Trixi mit ihren treuen, braunen Hundeaugen an. Aber Trixi tat so, als bemerke sie es nicht. Da machte die große, schwarze Hündin mit der sonst so tiefen, imponierenden Stimme ganz leise und kläglich: „Wuff!" Das klang so verzweifelt, daß Trixi es nicht mehr länger aushielt. „Komm schnell, Umbra, Gassi gehen!" – Da Umbra ein „zweisprachiger" Hund war, verstand sie deutsch ebenso gut wie französisch. Vorsichtig schob sie ihre Welpen zur Seite, sprang mit einem leichtfüßigen Satz, den man ihr gar nicht zugetraut hätte, aus ihrer Kiste und lief fröhlich bellend aus der Haustür.

Nach dem Frühstück kümmerte sich Trixi um die Tiere, da Olivier

zu einem Patienten gerufen worden war, Tante Mathilde in der Küche zu tun hatte, und Julia oben in ihrem Atelier malte.
Zuerst goß Trixi den Katzen Milch in ein Schälchen und schüttete etwas Trockenfutter auf einen Teller. Minuit stürzte sich gleich darauf, aber Midi traute sich wieder nicht. So mußte Trixi doch wieder das Fläschchen füllen. Seufzend nahm sie das Kätzchen auf den Arm und brachte es zu Mathilde in die Küche, damit diese ihren Liebling selbst füttern konnte.
Dann mischte Trixi nach dem Plan, den Olivier an den Küchenschrank geklebt hatte, sorgfältig Umbras Fressen. Die Hündin brauchte mehrere kleine, gut ausgewogene Mahlzeiten pro Tag, um ausreichend Milch für ihre Jungen zu haben. Trixi rührte noch einmal um, bevor sie Umbra in die Küche rief. Während die Hündin fraß, wog sie die Welpen, notierte das Gewicht und sah nach, ob irgendwelche Anzeichen für eine Krankheit vorhanden waren. Glücklicherweise war alles in Ordnung. Trixi konnte sich gar nicht satt sehen an den kleinen, weichen Fellkugeln und ihren ungeschickten Spielversuchen. Die Welpen, die wie alle Hunde blind geboren worden waren, hatten nun die Augen geöffnet und betrachteten mit großem Interesse ihre kleine Umwelt, die doch praktisch nur aus Umbras Kiste bestand, über deren Rand sie noch nicht zu klettern vermochten. Noch nicht! Mathilde graute es jetzt schon, wenn sie daran dachte, wie die Welpen überall in „ihrem" gepflegten Haus herum„wuseln" würden. Olivier hatte zwar versprochen, eine halbhohe Tür zu bauen, so daß die Kleinen die Diele nicht verlassen konnten, war aber bisher noch nicht dazu gekommen.
Trixi versuchte, die Wurfkiste ein wenig zu säubern, was ziemlich schwierig war, da ihr die Welpen ständig im Weg waren. Umbra trottete herein und legte sich seufzend in ihre Kiste, wo sie sogleich von den hungrig wimmernden Welpen bestürmt wurde. Der kräftige Erstgeborene drängte wie üblich die anderen zur Seite, um den besten Platz für sich zu beanspruchen. Sein zweitgeborener Bruder und die beiden größeren Schwestern ließen sich das aber nicht so ohne weiteres gefallen und gingen mit vereinten Kräften auf ihn los, so daß eine kleine Balgerei entstand. Trixi nutzte die Chance und schob rasch die zarte, kleine Hündin und den Jüngsten, die ohnehin meist zu kurz kamen, an die „Milchbar", wo die beiden sofort gierig zu saugen begannen und sich ständig verschluckten. Etwas sprang Trixi behende auf

die Schulter. Erschrocken zuckte sie zusammen. Natürlich! Der freche Minuit schon wieder, der offensichtlich eifersüchtig war. Zärtlich kraulte Trixi ihn an seiner Lieblingsstelle unter dem Kinn, so daß er behaglich zu schnurren begann. „Ach, ich muß ja noch das Katzenklo saubermachen!“ fiel ihr plötzlich ein. Mit dem Kater auf der Schulter machte sie sich an die Arbeit.
Mathilde rief zum Mittagessen. Trixi wusch sich die Hände und holte Julia, die mal wieder so in ihre Malerei vertieft gewesen war, daß sie nichts gehört hatte. Da auch Olivier inzwischen gekommen war, setzten sie sich an den Küchentisch. Es gab „Ratatouille“, eine Art Gemüseauflauf, der Trixi hervorragend schmeckte. Mathilde kochte wirklich einfach wunderbar!
„Alles klar mit die Welpen?“ erkundigte sich Olivier bei Trixi. Die nickte nur, weil sie gerade den Mund voll hatte. Vor dem nächsten Bissen fragte sie: „Und wo warst Du heute?“ Sie interessierte sich immer brennend für Oliviers Patienten. „Isch war bei eine träschtige Stute.“
„Ui, toll! Und was ist mit ihr?“ „Olivier!“ mischte Julia sich da ein. „Ich kenne Dich, Du führst doch 'was im Schilde. Also, sag' schon, was ist mit dieser Stute? Sie soll doch nicht etwa hierherkommen?!“ „Sie kommt her? Wirklich?“ fragte Trixi erfreut. „Naja ...“ , druckste Olivier so herum, „sie 'at verloren zwei Fohlen, und ihr Besitzer will stellen sie unter tierärztliche Aufsicht, maintenant, wenn sie fohlt“ „Super! Endlich ein Pferd!“ Trixi war hellauf begeistert. Doch dann fragte sie entrüstet: „Warum hat er sie dann nochmal decken lassen?“ Olivier zuckte die Schultern, während Julia seufzte: „Also kommt sie wirklich her, das hätte ich mir ja denken können. Zahlt er wenigstens 'was?“ „Oui, oui“ , entgegnete Olivier eifrig, „sehr viel sogar! Normale Boxmiete für Platz und Futter und nosch extra für wegen misch.“ „Dann müssen wir gleich den Stall für sie herrichten!“ rief Trixi. „Hast Du jetzt Zeit, Olivier? Und wann kommt sie? Wie heißt sie? Was für eine Rasse? Wie ...“ „Nun iß 'mal auf, sonst wird alles kalt!“ stoppte Julia Trixis Redefluß. Das Mädchen aß weiter und beobachtete Olivier und Mathilde, die offensichtlich in eine heftige Diskuission verwickelt waren. Plötzlich rief Julia, die zuvor still dagesessen war: „Non, non, Mathilde! – Olivier, Du spinnst doch! Du weißt, daß die Praxis nicht gut geht. Wenn für die Stute gezahlt wird, ist das in Ordnung, aber der Bauer – und das Viech ist doch alt und bestimmt

krank – da hast Du dann nur Scherereien damit! Du hast schon genug Arbeit!" Verwirrt sah Trixi von einem zum anderen. Im Gegensatz zu Julia hatte sie nicht verstanden, worüber Olivier und Mathilde gesprochen hatten. Olivier legte Julia die Hand auf den Arm und sagte mit seiner tiefen, ruhigen Stimme: „Chérie, beruhige Disch! Es ist ein alter Bekannter von Mathilde, wir können tun ihn eine kleine Gefallen. Wir ..." „Kleiner Gefallen – Du bist gut! Der braucht Platz und Futter und Du kriegst keinen Centimes dafür!" „Chérie! Das Geld von die Stutenbesitzer reischt leischt." „Worum geht es eigentlich?" fragte Trixi vorsichtig. „Ach, ein Bekannter von Mathilde, ein alter Bauer, muß zu seiner Tochter in die Stadt ziehen", schimpfte Julia, „und jetzt will Olivier seinen alten Ackergaul aufnehmen, wo er sowieso schon soviel Arbeit hat. So eine Schnapsidee!" „Ich könnte das ja vielleicht machen. Ich hab' Zeit, und mit Pferden kenn' ich mich ganz gut aus", meinte Trixi hilfsbereit.

„Ist ja typisch, ihr beiden steckt doch immer unter einer Decke! Und was ich davon halte, ist euch völlig egal!" Wütend stand Julie auf, stürmte aus der Küche und knallte die Tür hinter sich zu. Trixi zuckte zusammen. „Ich wollte doch nur helfen", sagte sie verstört. „Keine Sorge, ma petite", Olivier legte ihr tröstend den Arm um die Schultern, „sie beruhigt sisch schon wieder! Sie ist wie einer Gewitter, sehr böse – aber nur kurze Zeit. Wir müssen lassen sie in Ruhe. – 'ilfst Du mir 'errischten den Stall?" „Ja klar! – Und Du meinst wirklich, Julia ist jetzt nicht total sauer?" „Natürlisch nischt, ma petite!"

Das langgestreckte Nebengebäude, das direkt an die große Scheune und das Wohnhaus anschloß, eignete sich hervorragend als Pferdestall, da es in geräumige Außenboxen unterteilt war, über deren Halbtüren Pferde in den Hof hinaussehen könnten. Allerdings war alles ziemlich kaputt und sehr dreckig. „Das kriegen wir schon hin!" meinte Trixi fröhlich und krempelte sich die Ärmel hoch. Während sie den ganzen Stall auskehrte, besserte Olivier die Türen und Trennwände aus. „Weißt du was, Olivier, ich hab' eine Idee! Wir könnten doch noch mehrere Pensionspferde aufnehmen! Dann würdest Du was verdienen und wir könnten reiten, und wenn Du damit genug verdient hast, kannst Du Dir ein eigenes Pferd kaufen!" „Oui, oui, verplane misch nur!" lachte Olivier. „Aber die Idee ist gar nischt so schlecht!"

Sie arbeiteten den ganzen Nachmittag, so daß Trixi am Abend

Muskelkater hatte und schrecklich müde war – aber sehr stolz auf ihr Werk. Der Stall blitzte vor Sauberkeit, und die Boxen waren so bequem eingestreut, daß Trixi am liebsten selbst eingezogen wäre. Außerdem hatte Oliver ihr versprochen, mit Julia über ihre Idee zu reden.
Beim Abendessen fürchtete Trixi, Julia könnte immer noch böse sein, aber Olivier hatte Recht gehabt: Julia war lustig und unbekümmert wie eh und jeh! Nachdem Mathilde die Küche aufgeräumt und Trixi und Olivier die beiden Katzen und „Umbra plus Co." versorgt hatten, spielten sie alle zusammen Rommé – Julias Vorschlag!

Die Schöne und das „Biest"

Etwas Feuchtes stupste Trixi gegen die Wange. Das Mädchen schlug die Augen auf und sah einen dicken schwarzen Kopf mit einer großen Schnuffelnase und freundlichen braunen Augen über sich. „Ach, Umbra, Du schon wieder! – Nein, Umbra – laß das! – iiih! – Weg mit Deiner großen Schlabberzunge, altes Ferkel!" Energisch schob Trixi die Hündin zur Seite, sprang aus dem Bett und ging ins Bad. „Was machst Du eigentlich hier, solltest Du nicht bei Deinen Jungen sein!?" fragte sie Umbra in gespieltem Ernst. Die Hündin, die dem Mädchen ins Badezimmer gefolgt war und sich auf den Fliesen ausgestreckt hatte, schnaufte, rollte sich auf den Rücken und wälzte sich, so daß die Teppiche total verrutschten. „Tolle Antwort!" brummte Trixi und sah auf die Uhr. „Was!? Schon neun!? Dann gibt's ja schon Frühstück!" Rasch zog sie das T-shirt über den Kopf, fuhr sich kurz mit der Bürste durch das Haar und sprang, von Umbra gefolgt, die knarrende Treppe hinunter. „Guten Morgen!" rief sie fröhlich, als sie in die Küche stürmte. Die anderen saßen bereits am Tisch. „Na, du Schlafmütze, 'atte das Aufweck-Kommando Erfolg?" neckte Olivier das Mädchen. Trixi streckte ihm die Zunge heraus und setzte sich auf ihren Platz. Sofort goß ihr Mathilde heiße Schokolade in die Tasse und Julia schob ihr eines der Baguettes zu. Nachdem Trixi ihren ersten Hunger gestillt hatte, fragte sie: „Wann kommt die Stute und wann holen wir den Alten ab?" „Die Stute wird gebrascht um zehn Uhr, und den alten Pierre, Mathilde und Du müßt 'olen, weil isch 'abe Spreschstunde und muß nosch zu Patienten, aussi", antwortete Olivier. „Um zehn schon? – Super!" Trixi war begeistert. „Kann Mathilde denn Auto fahren, um Pierre abzuholen?" „Non, non", lachte Olivier, „ihr 'olt ihn zu Fuß, es ist nischt weit."

Kurz darauf klingelte es. Olivier und Trixi liefen zur Gartentür. Dort stand ein grauhaariger, untersetzter, gut gekleideter Mann, den Olivier als „Monsieur Bernadotte" anredete. M. Bernadotte gab beiden etwas geziert die Hand und führte sie zu einem hochmodernen Pferdetransporter, aus dem sofort der Fahrer – Trixi hätte es nicht gewundert, wenn er eine Chauffeursuniform getragen hätte – sprang, und M. Bernadotte höflich die hintere Klappe öffnete. Aus dem Innern des Transporters ertönte ein ängstliches Wiehern, und als Trixi sich an Olivier vorbeidrückte, sah sie die Stute, die sehr nervös war. Sie zerrte wie wild an ihrem Strick, versuchte, sich aufzubäumen, schlug mit den Hufen gegen die Wände und wieherte schrill. M. Bernadotte stand in einiger Entfernung daneben und rührte keinen Finger. Also stieg Olivier in den Transporter und näherte sich beruhigend brummend der furchtsamen Stute, die sich unter seinen großen, sanften Händen rasch entspannte. Trixi staunte, Olivier konnte wirklich gut mit Pferden umgehen! Weil der Transporter so groß war, gelang es Olivier, die Stute behutsam zu wenden und vorsichtig die Rampe hinunterzuführen. Da stand sie nun, mit hocherhobenem Kopf, gespitzten Ohren und weit geblähten Nüstern, und sah sich aufgeregt um. Sie war eine wunderschöne zartknochige Vollblüterin, und ihr fuchsfarbenes Fell leuchtete in der Sonne wie Kupfer. Trixi war schlichtweg hingerissen: das war das schönste Pferd, das sie je gesehen hatte! M. Bernadotte rief noch etwas, stieg in den Transporter und brauste los, was die hübsche Stute zu einem entsetzten Sprung auf die Seite veranlaßte. Olivier klopfte ihr beruhigend den Hals. „Komischer Typ!" brummte er. „So ein Schnösel!" meinte Trixi empört. „Dem geht's doch nur um's Geld! Die Schöne hier ist dem ganz egal! – Wie heißt sie eigentlich?" „Genau so, ma petite!" „Wie?" „Elle s'apelle ‚Belle'." „Das paßt zu ihr!" Trixi fuhr der Stute durch die seidige Mähne und nahm ihr die Transportgamaschen ab.

Während sie Belle in den Stall führten – sie bekam die letzte Box hinten an der Wand, wo es am ruhigsten war – erzählte Olivier Trixi mehr von ihr. Belle war ein ehemaliger Galopper, sechs Jahre, von sehr guter Abstammung. Obwohl sie sehr schnell war,

hatte sie auf Grund ihrer übergroßen Nervosität kein einziges Rennen gewonnen. So hatte später M. Bernadotte – er besaß eine Fabrik und mehrere Rennpferde, die er in verschiedenen Trainingsställen stehen hatte – die schöne Stute gekauft, um mit ihr zu züchten. Zweimal hatte sie eine Fehlgeburt erlitten, und war nun zum dritten Mal trächtig. „Und wie kam M. Bernadotte eigentlich ausgerechnet auf Dich – wegen seiner ‚tierärztlichen Aufsicht'?" fragte Trixi erstaunt. „Oh", lachte Olivier, „ganz einfasch! Einer meiner ‚Kunden' 'ier 'at einen Bruder, der auf der Rennbahn arbeitet, und so 'at sisch das dann eben ergeben."
Unruhig lief Belle in der geräumigen Box hin und her und ließ sich weder von Trixi, die auf der Futterkrippe hockte, noch von dem schönen Ausblick ablenken. Olivier war zu einem Patienten gefahren, und würde erst wieder zum Mittagessen zurück sein. Trixi seufzte, Belle nahm überhaupt keine Notiz von ihr. Vielleicht würde sie ruhiger werden, wenn erst einmal Pierre neben ihr stand.
Das Mitagessen verbrachte Trixi im Stall. Dann mußte Julia auf Belle aufpassen, während Olivier Sprechstunde hatte, und Trixi und Mathilde sich auf den Weg machten, Pierre abzuholen. Es dauerte keine halbe Stunde, bis die beiden den alten, baufälligen Bauernhof von Gustave, Mathildes altem Freund, erreicht hatten. Gustave hatte Ähnlichkeit mit einem knorrigen, alten, windschiefen Baum, seine Haut war von Sonne und Wind gegerbt, und seine Stimme klang rauh und kratzig. Mathilde begrüßte er sehr freudig, während er Trixi mit einem etwas mißtrauischen Blick bedachte. Dann ging der alte Bauer ihnen voraus zu einer kleinen Koppel, wo – zusammen mit einer braunen und einer weißen Ziege – ein kräftiges Pferd weidete, das auf Gustaves Rufen gemächlich an den Zaun getrottet kam. Der alte Pierre war ein ziemlich kleines Kaltblut undefinierbarer Rasse, und sein falbes Fell hatte die Farbe verwitterten Gesteins. Trotz seines hohen Alters sah er gesund und gut genährt aus und war offensichtlich frisch gestriegelt. Freundlich stupste er seinen Herrn, der ihm verstohlen über die weiche Nase strich. Dann wandte Pierre sich Trixi zu und beschnoberte sie neugierig. Trixi kramte eine Karotte, die sie zuvor aus der Speisekammer stibitzt hatte, aus der Hosentasche und hielt sie dem gutmütigen alten Pferd auf der flachen Hand hin. Pierre nahm den Leckerbissen ganz vorsichtig – Trixi fand: höflich – und zerkaute ihn knurpsend.

Inzwischen hatte Gustave Pierres Geschirr geholt. Er öffnete das Gatter und ließ das alte Pferd hinauslaufen. Vor dem Zaun blieb der Falbe brav stehen, während Gustave ihm das schwere Kummet anlegte, um ihn vor einen alten Karren zu spannen. Pierre schritt von selbst rückwärts zwischen die Deichseln und ließ sich von seinem Herrn anschirren. Ächzend lud Gustave noch ein paar Futtersäcke und Heuballen – seine letzten Vorräte – auf den Wagen, fing die beiden Ziegen ein, legte ihnen je einen Strick um den Hals und band sie links und rechts neben Pierre, der die ganze Zeit unangebunden ruhig am selben Platz gestanden hatte, fest. Dabei sprach der alte Bauer mit Mathilde, und soweit Trixi sein Französisch verstehen konnte, wollte er Olivier und Julia dafür, daß sie sein altes Pferd übernahmen, die beiden Ziegen schenken.
Als der rauhe alte Mann sich von seinem ausgedienten Ackerpferd, das ihm so viele lange Jahre ein treuer Kamerad gewesen war, verabschiedete, hatte er Tränen in den Augen – wenn er diese auch nicht zeigen wollte. So gab er Mathilde und Trixi die Hand, klopfte Pierre kurz den Hals, bevor er sich abrupt umdrehte und ging. „Il va plaire à Pierre chez nous. – Er soll es gut bei uns haben!" rief Trixi ihm nach. Dann nahm sie Pierre am Zaum und führte ihn auf den Weg.
Im Hof schirrten Trixi und Mathilde den Falben mit vereinten Kräften aus, und während Mathilde das Tor schloß, damit die Ziegen nicht ausreißen konnten, führte Trixi das alte Pferd in die Box neben Belle, die schon seit geraumer Zeit erwartungsvoll wieherte. „Hallo, Julia, da sind wir wieder. Wie hat Belle sich benommen?" fragte das Mädchen Julia, die vor der Boxentür der Fuchsstute auf einem Strohballen saß und einen Zeichenblock auf den Knien hielt. „Salut, Trix. Es ging einigermaßen, aber so ganz geheuer ist mir unsere Prinzessin auf der Erbse nicht gerade! Gefressen hat sie auch noch nichts." Pierre und Belle steckten die Nasen zwischen die Stäbe der Trennwand und berochen sich interessiert, worauf die Stute erschrocken quietschte, sich blitzschnell umdrehte und ausschlug. Der alte Pierre kümmerte sich gar nicht um ihr Theater, sondern untersuchte lieber ausgiebig seine neue Heimat. Julia war aufgestanden und lehnte sich an Pierres Box. Da entdeckte Trixi den Block. „Oh, ist das schön! Man könnte meinen, es wäre wirklich Belles Kopf, der über die Tür schaut. Du solltest viel öfter Tierporträts zeichnen!" „Das ist

doch nur eine Skizze ...", wehrte Julia verlegen ab. Plötzlich blieb sie stocksteif stehen. Etwas berührte feucht ihren Hals, schnoberte in ihren Haaren und blies ihr sanft ins Ohr. Trixi lachte. „Das ist nur Pierre, der ist wirklich ganz lieb." Julia drehte sich um, strich Pierre vorsichtig über die weiche Nase und sagte zu ihm: „Du, paß bloß auf, wenn Olivier das sieht, der wird glatt eifersüchtig!" Und zu Trixi gewandt fuhr sie fort: „Also, der alte Herr hier gefällt mir! Ich glaube, vor dem habe ich keine Angst." „Na, super. Hier ...", Trixi kramte in ihrer Hosentasche, „... hast Du eine Karotte!" Die Tür knarrte und Olivier kam herein. „Na, ihr zwei 'übschen ..." Belle wieherte schrill. „Oh, pardon. Ihr drei! 'übschen, ça va?" „Belle hat immer noch nichts gefressen, aber Pierre gefällt's hier", antwortete Trixi. „Ach – und Olivier, soll ich Dir mal 'was sagen?" „Was denn? Nun sag' schon, isch kann es kaum mehr erwarten!" ging Olivier auf Trixis spaßigen Ton ein. „Deine Frau betrügt Dich. Sie liebt einen anderen!" „Was!? Was muß isch da 'ören, Chérie!?" Olivier drohte Julia mit der Mistgabel. „Wer ist er? Mince alors! Isch masche ihn zu 'ackfleisch!" „Ich dachte, Du wärst Vegetarier, mein Schatz, und außerdem hetzt unsere Trixi Dir sonst den Tierschutzverein auf den Hals, wenn Du dem netten, alten Herrn hier 'was antust", lachte Julia. „Ja, ja, immer diese netten, alten Herren – so wie Du, Olivier!" rief Trixi fröhlich. Doch dann flüchtete sie schnell durch die Stallgasse, weil Olivier jetzt auf sie mit der Mistgabel losging.

Nachdem sie die beiden Ziegen, die Trixi „Sylvie" und „Blanche" („die Weiße") genannt hatte, vorerst in der dritten Box untergebracht, und alle Tiere versorgt hatten, rief Mathilde zum Abendessen. Alle zusammen hatten sie noch viel Spaß an diesem Abend, und als Trixi später in „ihrem" Zimmer in „ihrem" Bett lag, war sie richtig glücklich.

Gnadenlos schrillte der altmodische Wecker durch Trixis Träume. „Noch nicht aufstehen – blöde Schule ..." murmelte Trixi halb im Schlaf. Doch dann fiel ihr ein, daß ja – Gott sei Dank – noch Ferien waren, und sie nur versprochen hatte, sich um die Pferde zu kümmern. Vergeblich versuchte das Mädchen, den nervtötenden Wecker abzustellen. Minuit, der auf Trixis Bettdecke geschlafen hatte, sprang mit einem großen Satz auf den Nachttisch, umschlich fauchend wie ein Miniatur-Panther den Wecker, und

mit einem blitzschnellen „Pranken"-Schlag beförderte er ihn auf den Fußboden, wo dieser klirrend verstummte. Äußerst zufrieden mit seinem Werk begann der kleine Kater, sich ausgiebig zu putzen. Trixi lachte: „Na, Du Frechdachs, hast Du unseren Feind besiegt?" Behende sprang Minuit vom Nachttisch und stolzierte mit hocherhobenem Kopf aus dem Zimmer. Trixi stand auf, öffnete die Fensterläden und ging ins Bad, um sich anzuziehen. Mit ihren Jeansshorts und einem rot-weißen Ringelpulli bekleidet, schlich sie wie üblich auf Strümpfen die knarrende Treppe hinunter, um die anderen nicht zu wecken. Als Trixi den Hof überquerte, streckten Pierre und Belle erwartungsvoll ihre Köpfe über die Halbtüren. Das Mädchen ging zuerst zu Pierre, gab ihm eine Karotte zur Begrüßung, halfterte ihn auf und brachte ihn auf die Koppel, wo das alte Pferd sofort genießerisch zu grasen begann. „Bon appétit!" meinte Trixi da nur noch. Dann lief sie rasch zurück zu Belle, die aufgeregt wieherte und mit den Hufen gegen die Boxenwände schlug. „Oh la la, meine Süße, darfst ja auch gleich raus! – Dein ganzes Heu hast Du aufgefressen, prima!" Geschickt hatte Trixi, während sie so redete, der Fuchsstute das Halfter über den Kopf gestreift und die Boxtür geöffnet. Nervös tänzelte Belle neben ihr her, so daß Trixi heilfroh war, als sie das Koppelgatter hinter der Stute geschlossen und ihr das Halfter abgenommen hatte. Erschrocken sprang das Mädchen zur Seite, als Belle urplötzlich einen gewaltigen Bocksprung machte, bevor sie mit fliegender Mähne und donnernden Hufen über die Koppel galoppierte. Da rannte sogar der alte Pierre mit seinen steifen Beinen ein Stück mit! So plötzlich wie sie losgaloppiert war, blieb Belle stehen, warf sich auf den Boden und wälzte sich genüßlich. Dann stand die Stute auf, schüttelte sich und begann, dicht neben dem gutmütigen, alten Pierre, zu dem sie offensichtlich Vertrauen gefaßt hatte, zu grasen. Nachdem Trixi Sylvie und Blanche, die beiden Ziegen, ebenfalls hinausgelassen hatte, mistete sie eifrig die drei benutzten Boxen aus. „Wuff!" Umbra wedelte mit dem Schwanz, sie wollte ihre junge Freundin zum Frühstück holen. „O.K. – Ich komme. Bin sowieso g'rade fertig!" Aufatmend stellte Trixi die Mistgabel weg, strich der Hündin liebevoll über den Kopf und lief, von Umbra gefolgt, ins Haus.
„Bonjour!" Olivier und Julia saßen bereits auf der Küchenbank, Mathilde stellte mit geheimnisvollem Gesicht eine Kanne auf den Tisch. Fragend blickte Trixi sie an. „Testez!" forderte Mathilde

die anderen auf. Gespannt goß Trixi einen Schluck in ihre Tasse. Es sah aus wie Milch, schmeckte aber irgendwie seltsam, so streng. „Q'est-ce que c'est?" fragte sie erstaunt. „Du lait de chèvre. (Ziegenmilch). De Sylvie et de Blanche!" antwortete Mathilde stolz. Olivier und Julia lachten. „Tu elles as ... äh ..." Trixi wußte nicht, was „melken" heißt, und machte die entsprechenden Handbewegungen in der Luft. „Oui, oui, biens—r", nickte Mathilde eifrig, sie war ganz offensichtlich sehr zufrieden mit sich.
Den Vormittag verbrachte Trixi, zusammen mit Julia, im Garten, wo die beiden die überreifen, leuchtend roten Johannisbeeren pflückten und sich dabei angeregt über Trixis Idee, Boxen zu vermieten – worüber Olivier schon mit seiner Frau gesprochen hatte – unterhielten. Olivier mußte eine erstaunliche Überredungs-, oder auch Überzeugungskunst besitzen, dachte Trixi, – denn Julia war richtig begeistert.
Nachmittags half Trixi Mathilde in der Küche, die Johannisbeeren einzukochen. Später assistierte sie Olivier in der Praxis, was ihr wesentlich lieber war.

Hundetaufe

Vier Wochen waren vergangen, und Umbras Welpen wurden immer größer – und frecher. Längst schafften sie es problemlos, über den Rand der Wurfkiste zu klettern, rauften und balgten sich und zerfetzten mit ihren kleinen spitzen Milchzähnchen die alten Zeitungen, die eigentlich wegen ihrer kleinen und größeren „Mißgeschicke" auf dem Fußboden lagen. Um ihren Tatendurst wenigstens nur auf die Diele zu beschränken, hatte Olivier in die Türrahmen kleine, halbhohe Türchen, über die die „Zweibeiner" hinwegsteigen konnten, eingesetzt. Auch die Teppiche und Möbel hatten sie herausräumen müssen, da die Welpen alles anknabberten und zerrissen, was ihnen in die Fänge kam. „Sie sind alle ganz verschieden, finde ich, lauter richtige Persönlichkeiten!" meinte Trixi zu Olivier, der neben ihr auf dem Bauch ausgestreckt auf dem Fußboden lag, während die Welpen auf ihm herumkrabbelten und ständig versuchten, sich gegenseitig herunterzuschubsen. Olivier blieb keine Zeit zu antworten, denn ein paar spitze Zähnchen bohrten sich in seinen Allerwertesten. „Merde! Vieilles botes – ihr alte Mistviescher!"

Lachend packte Trixi den kleinen Übeltäter am Nackenfell und setzte ihn behutsam auf den Boden, wo Umbra ihn sofort zwischen ihre großen Pfoten nahm und zu säubern begann, was ihm überhaupt nicht gefiel. Aber in solchen Dingen war die gute Umbra unerbittlich!

„Weißt Du was, Olivier, wir müssen ihnen jetzt mal endlich Namen geben." „D'accord. 'ast Du Dir schon welsche überlegt? Sie müssen ja mit ‚A' beginnen, weil es Umbras erste Wurf ist." „Hmm, ich kannte mal einen Neufirüden, der hieß ‚Arco'." „Oui, Arco, c'est bien."

„Was ist ‚bien'?" wollte Julia wissen, die gerade über das Türchen geklettert war. „Weißt Du nosch 'undename? Wir überlegen, wie wir können nennen die kleine Racker", entgegnete Olivier. „Also der Prachtkerl hier" – sie nahm den Erstgeborenen, der jetzt schon der Größte von allen war und bestimmt einmal sehr schön werden würde, auf den Arm – „muß ‚Ares' heißen, nach dem griechischen Kriegsgott. Wir können ja noch einen ‚accent grave' draufmachen, damit es französischer klingt – also ‚Arès'." „D'accord, bonne idée."

„Gut, und der Zweite heißt dann Arco, okay?" rief Trixi eifrig. „Und die Dritte, die Dicke, könnten wir ‚Alma' nennen." kicherte Julia. „Das erinnert mich an Bayern, an die Kühe!"

„Mon Dieu, Chérie! – Mais maintenant, isch bin dran! Die Vierte 'eißt wieder rischtig französisch: ‚Annie'." „Na gut." meinte Julia. „Und die Kleine, Zarte, Sanfte nennen wir – hm – genau, ‚Aimée' = ‚die Geliebte' – das paßt doch gut, oder?"

„Und der Jüngste?" Nachdenklich betrachtete Olivier das plüschige Fellknäul, das inzwischen nicht nur heller war als die anderen, sondern eindeutig – braun! „Umbra, Umbra, Du bist schwarz, le papa est noire, aussi, – wo 'ast Du nur das braune Junge 'er?" fragte er seine Hündin in gespielter Verzweiflung. „Sag' bloß nichts gegen meinen kleinen Liebling!" Trixi kraulte den Kleinen, der fest schlafend auf ihrem Schoß lag, hinter dem linken Schlappohr. „Außerdem hat er schon einen Namen, er heißt ‚Chocolat', weil er schokoladenbraun ist, findet ihr nicht?" „Schon – aber das beginnt doch nicht mit ‚A'!" meinte Julia. „Das mascht nischts. Es dürfen eingetragen werden ins Zuschtbusch sowieso nur fünf Junge." „Na prima!" rief Trixi fröhlich. „Also: Arès, Arco, Alma, Annie, Aimée – und Chocolat!" „Wuff!" bekräftigte Umbra, worauf die drei „Zweibeiner" schallend lachten.

Eine Freundin für Belle

„Telefon!" rief Trixi aus der Diele, wo sie mit den Welpen spielte. Aber nichts rührte sich.
„Warum geht denn keiner ran?" Trixi schüttelte Annie – oder war es Alma? – die wild knurrend an ihrem Hosenbein zerrte, ab und rannte zum Telefon. „Hallo? Chez les Lapin. – Oui. – Minute! Je vais aller M. Lapin. Ne quittez pas." Rasch lief das Mädchen in die Praxis hinüber und holte Olivier, der gerade eine alte Dame mit ihrem ziemlich dicken Pudel entließ. „Paßt Du 'ier auf alles auf inzwischen, s'il te plaît?" bat Olivier. „Ja klar!" Trixi öffnete die Tür zum Wartezimmer, wo nur noch zwei Kinder, mit einem Mäusekäfig auf dem Schoß, und ein Mann, mit einem prächtigen Schäferhundrüden bei Fuß, saßen, und gab Bescheid, daß Olivier sofort wiederkommen würde.
Dann warf sie einen Blick in Oliviers Terminkalender und packte gleich die Sachen zusammen, die er für den nächsten „Krankenbesuch" brauchte. Da kam er auch schon zurück. „Und- was wollte diese Mme Loisel jetzt? Da war doch irgend'was mit 'nem Pferd, stimmt's?" Olivier machte ein geheimnisvolles Gesicht. „Sei dosch nischt so neugierig ..." und rief die beiden Kinder herein. „Oh, Du bist ja sooo gemein!" rief Trixi erbost. Olivier lachte und wandte sich den Kindern zu, die ihn mit verzweifelten Fragen über ihre weiße Maus bestürmten. Seine Schnauzbartspitzen zuckten schon wieder verdächtig, als er den Kindern erklärte, daß ihr einst so schlanker und sportlicher „Speedy Gonzales" nur deshalb plötzlich so dick sei, weil „er" Mutterfreuden entgegensehe – und das sehr bald. Strahlend rannten die beiden, den Käfig zwischen sich, hinaus. Dem Schäferhund mußte Olivier eine Glasscherbe, die dieser sich eingetreten hatte, herausziehen und die Pfote verbinden, wobei Trixi ihm assistierte.
Beim Mittagessen, als alle zusammen am Tisch saßen, verriet Olivier endlich die Neuigkeit: „Ma petite, Du 'ast Deine erste ‚Kunde'. Demain matin, Mme Loisel bringt ihre ‚Yvonne'. Und stell Dir 'mal vor; die Stute ist träschtig, aussi ..." „Juhu! Das ist ja super! Dann ist Belle nicht so alleine und die Fohlen können zusammen aufwachsen." freute sich Trixi. Aber Julia runzelte die Stirn: „Olivier, mit ‚Kunde' meinst Du doch hoffentlich auch, daß es nicht umsonst ist, oder!?" „Calme-toi, Chérie. Mme Loisel zahlt die 'älfte von das, was M Bernadotte, Belles Besitzer,

muß zahlen...“ „Ach der, der widerliche Schleimer!“ murmelte Trixi. „...und sie ist sehr froh über die Platz, weil sie nischt kann bleiben in ihre alte Stall wegen das Fohlen. Sie 'at kleine Kinder und nischt so viel Geld. – Dafür sie kümmert sisch aber selbst“, fügte er mit einem Blick auf seine Frau schnell hinzu. Aber Julia fand das vollkommen in Ordnung: „Da hast Du Recht, die Hälfte langt völlig, der Bernadotte zahlt ja eigentlich sowieso zu viel. Aber der hat's nicht anders verdient, so ein Widerling, und außerdem Geld wie Heu. Wir sollten direkt noch'n Aufpreis machen, wenn das Fohlen da ist, oder so! – Und Mme Loisel, die ist mir sehr sympathisch. Ich habe sie schon 'mal in der Stadt getroffen.“ „Eigentlich schade, da hab' ich ja gar nichts zu tun“, meinte Trixi. „Si, si, wir kriegen bestimmt bald noch mehr Pferde – und wenn erst die Fohlen da sind“ – tröstete Olivier sie – „und die Schule wieder anfängt!“ ergänzte Julia boshaft. Trixi schmollte: „Immer mußt Du mich ärgern. Aber – bätsch – ich hab' ja noch sechs Wochen!“

Trixi war, nachdem sie Pierre und Belle auf die Koppel gebracht hatte, gerade mit dem Ausmisten fertig, als ein klappriges altes Auto mit Pferdeanhänger auf den Hof fuhr. Eine schlanke junge Frau in Jeans und Schlabberpulli stieg aus und schüttelte Trixi die Hand. „Bonjour. Du mußt sein Trixi – M. Lapin mir 'at erzählt schon viel von Dir – et nous avons téléphoné, n'est-ce pas? Moi, je Marie Loisel et – voilà“, sie öffnete die Hängerklappe, „c'est Yvonne, ma bonne.“ Trixi mußte lachen. die unkomplizierte Mme Loisel war ihr auf Anhieb sympathisch. „Kommen Sie, ich helfe ihnen ausladen.“ „Oh merci, mais pas de problème.“ Das stimmte, denn die Schimmelstute schritt brav rückwärts aus dem Hänger. Während Trixi Mme Loisel, die Yvonne am Führstrick überallhin mitnahm, alles zeigte, erzählte die junge Frau ihr von ihrem Pferd. Yvonne war eine achtjährige, relativ kleine kräftige, etwas derbe Warmblutstute, aber mit ihrem freundlichen Charakter und dem ruhigen Temperament, die ideale Freundin für die hitzige, hysterische Belle. Wie die Fuchsstute war auch Yvonne hochträchtig – allerdings würde sie voraussichtlich ein paar Tage früher fohlen. Mme Loisel besaß die Schimmelstute, die sie sehr billig von einem Reitstall, wo die Stute nach einem Unfall hatte geschlachtet werden sollen, gekauft hatte, seit zwei Jahren und war sehr zufrieden mit ihr.

„Geschlachtet?“ Trixi konnte es kaum fassen. „Oui, sie war

Schulpferd, sie 'aben sie überfordert – ist gestürzt bei eine viel zu 'ohe 'indernis. Et puis, sie nischt mehr konnte und wollte springen – 'eute immer nosch nischt. C'est ca! Und wenn isch nischt sie 'ätte gekauft, ihr Leben wäre geendet mit seschs Jahre." „So eine Schweinerei!" Trixi war empört. „Wo ist dieser Reitstall?"
„Oh, gar nischt so weit weg – und isch möschte nischt wissen, was sie maschen mit der andere arme Pferde." „Da werde ich 'mal mit Olivier hinfahren", überlegte Trixi. „Was willst Du maschen?" Mme Loisel lachte bitter. „Du nischt ihnen kannst verbieten, was sie maschen mit ihrer Pferde." „Und was ist mit dem Tierschutzverein?"
„Sowas es nischt gibt 'ier. Et puis, was willst Du ihnen naschweisen? Im Prinzip, es ist eine Reitstall ganz normal." „Was heißt hier, ganz normal!? Herr Winter, daheim, hätte so'was nie gemacht! Er behandelt seine Pferde immer gut!" rief Trixi ganz entrüstet.
„Dann, Deine M. Winter ist eine sehr gute, aber leider sehr seltene Ausnahme ...", meinte Mme Loisel achselzuckend.
Inzwischen waren sie am Koppelgatter angekommen. Als Belle die andere Stute bemerkte, kam sie sofort mit hocherhobenem Kopf und Schweif herangetrabt. Der alte Pierre trottete langsam hinterher. „Soll isch sie einfasch dazulassen? Sie ist ganz friedlisch", fragte Mme Loisel. „Ich denke schon. Pierre ist sowieso total gutmütig, und Belle ist heilfroh, wenn jemand Ruhiges bei ihr ist, der sie beschützt." „D'accord." Vorsichtig öffnete Trixi das Gatter und scheuchte Pierre und Belle weg, während Mme Loisel ihre Stute hineinführte und ihr das Halfter abnahm. Interessiert roch Yvonne an Belles Nüstern. Die quietschte, drehte sich blitzschnell auf den Vorderbeinen herum, während sie mit der Hinterhand ausschlug, und galoppierte davon – Yvonne hinterher. Der alte Pierre sah den beiden nur verständnislos hinterher und kehrte wieder unter seinen Lieblingsbaum zurück, um ein Nickerchen zu halten. Die beiden Stuten trabten eine Weile im Imponiergehabe umeinander herum, begannen aber schließlich, friedlich nebeneinander zu grasen. „Na also!" meinte Trixi zufrieden. „Oui, sie verstehen sisch bestimmt gut." Mme Loisel hatte richtig glänzende Augen. „Isch glaube, meine Yvonne wird sisch 'ier sehr wohlfühlen." „Natürlich. – Und ihr Fohlen auch!" bekräftigte Trixi.

Endlich wieder reiten

Trixi lag im Schatten des knorrigen, alten Apfelbaums im Gras – Umbra neben sich – und beobachtete den alten Pierre und die beiden Stuten, deren stark gerundete Bäuche den ersehnten Nachwuchs ankündigten. Bald war es soweit! Trixi konnte es kaum mehr erwarten.

Plötzlich hob Umbra den Kopf und knurrte leise. „Was ist denn, Dickerle?" Trixi wandte sich um und bemerkte den fremden Mann, der über den Hof kam und sich suchend umsah. Sein Blick schweifte über den Stall mit den frischgestrichenen Halbtüren, die alte Scheune, die Trixi und Olivier zur Reithalle umfunktioniert hatten, und die weiten Koppeln, auf denen sich die drei Pferde tummelten. Was er sah, schien ihm zu gefallen, denn er nickte anerkennend.

Vielleicht war das ein Inteessent, der hier sein Pferd einstellen wollte! Trixi sprang auf. „Bonjour, Monsieur. Vous désirez?" Er mochte um die Fünfzig sein, war schlank und sportlich, hatte ein jungenhaftes, symphatisches Gesicht und sah aus, wie Trixi sich einen Manager vorstellte. „Oh dear, you don't speak English, do you?" Er zog eine Grimasse. Trixi lachte. „Oh, a little bit, but ..." „Or German?" „Damit kann ich dienen, ich komme aus Deutschland." „Na bitte! Ich nämlich auch – zumindest ursprünglich." Er sprach mit leicht amerikanischem Akzent. „Also, young lady, ihr vermietet hier Boxen? Ich bräuchte nämlich dringend eine neue Heimat für meine two horses. Habt ihr noch was frei?" Trixi nickte eifrig.

„All right, but ich will, daß sie auch beritten werden, möglichst turniermäßig. Okay?" „Naja, einen richtigen Bereiter haben wir nicht", sagte Trixi gedehnt, „aber ..." „And you?" „Naja, ich reite seit fünf Jahren, und ...", druckste das Mädchen so herum. „Heraus mit der Sprache, nur keine falsche Bescheidenheit!" ermunterte er sie. „Naja, ich hab' halt das bronzene Reitabzeichen – ja, und bei einem Turnier hab' ich auch mal mitgemacht ..." „Na also, prima! Wenn Sie das bronzene Reitabzeichen haben – und die Turniererfahrung sammeln Sie schon noch. Abgemacht?" Er hielt ihr die Hand hin. „Okay!" Trixi schlug ein. „Aber das Geschäftliche müssen Sie noch mit Olivier – ich meine M. Lapin – besprechen. Er müßte gleich zurückkommen."

Plötzlich rannte Umbra freudig bellend um das Haus herum zum

Gartentürchen. „Oh – das wird er sein! Kleinen Moment – bin gleich wieder da!“ Trixi lief der Hündin hinterher. Was war das denn? Abrupt blieb sie stehen. Vor dem Zaun parkte ein Jeep mit – Pferdeanhänger! „Dites donc, ma petite, 'ast Du gewonnen in Lotterie und gekauft ein Pferd Dir !?“ scherzte Olivier, der von hinten an sie herangetreten war. Trixi drehte sich um. „Nein – äh – ich weiß nicht. Da ist so ein Mann, der will seine zwei Turnierpferde bei uns einstellen, und stell' Dir mal vor, ich soll sie bereiten! Ist das nicht super?“ „Oh – und er 'at mitgebrascht sie schon?“ fragte Olivier ungläubig. „Sieht fast so aus!“ Trixi lachte. „Eh bien – dann gratuliere!“ „Merci. Komm mit, Olivier, Du mußt noch das Geschäftliche mit ihm ausmachen.“ „D'accord.“ Olivier folgte Trixi auf den Hof, wo der „Manager“ – wie Trixi ihn unlängst getauft hatte – wartete. „Bonjour, Monsieur ...“ „Mr. Steinberg – je suis de USA.“ warf der „Manager“ ein. Trixi konnte ein Lachen kaum unterdrücken – es klang so lustig, wenn Mr. Steinberg versuchte, französisch zu sprechen. Olivier schmunzelte ebenfalls. „... Mr. Steinberg, je m'apelle Lapin – Olivier Lapin. Vous voules ...“ „Er spricht kein französisch, Olivier“, unterbrach Trixi ihn, „nur englisch oder deutsch.“ „Oh – bien. Sie wollen einstellen zwei Pferde? Bien, ça fait ensemble ...“ „Das kostet zusammen ...“, mischte Trixi sich ein. Olivier zog sie an ihrem langen, dicken, weißblonden Zopf. Dann rechnete er – auf Deutsch – Mr. Steinberg vor, was die Stallmiete einschließlich Futter und Koppel kostete. „Und das Geld für das Reiten?“ fragte Mr. Steinberg. „Je propose – äh – isch schlage vor, das Sie Zahlen an ihre ‚Bereiterin' – Trixi, d'accord – Mr. Steinberg?“ „Okay, that's good.“ Er gab Olivier die Hand. Dieser schüttelte sie kräftig, so daß der arme Mr. Steinberg es bestimmt noch eine Weile spüren würde.

„Yeah, Trixi – ich darf doch so sagen? – helfen Sie mir ausladen?“

„Ja klar!“

Der fand es wohl ganz normal, seine Pferde gleich mitzubringen, dachte Trixi kopfschüttelnd. Nachdem Mr. Steinberg in den Hof gefahren war, öffnete er die Hängerklappe. „Nehmen Sie Florinda?“ fragte er. „Okay.“ Trixi kletterte hinein, löste Florindas Anbindestrick und führte die kleine, zierliche, nußbraune Vollblutstute vorsichtig die Rampe hinunter auf den Hof, wo diese sich neugierig und kein bißchen ängstlich umsah. „Wo sollen sie hin?“ fragte Mr. Steinberg. „Am besten erstmal auf die Koppel –

auf die neben den anderen", meinte Trixi. „Good." Mr. Steinberg folgte dem Mädchen und Florinda mit Rimini, einem riesigen, aber sehr eleganten Fuchswallach mit einer schmalen Blesse und vier weißen Fesseln, der gesittet neben ihm herging. – Im Gegensatz zu Florinda – die selbsbewußte Stute hatte nämlich ihren eigenen Kopf! Als sie die anderen Pferde sah, ließ sie ein schallendes Wiehern hören und zerrte aufgeregt am Strick, so daß Trixi es gerade noch schaffte, sie durch das Koppelgatter zu ziehen, das Olivier rasch schloß. Da Florinda sofort im Renntrab zu dem Zaun lief, der sie von Pierre, Belle und Yvonne trennte, verzichtete Trixi darauf, ihr das Halfter abzunehmen und löste nur den Strick. Inzwischen hatte Mr. Steinberg auch Rimini hereingeführt und freigelassen. Der Fuchswallach stand zuerst mit hocherhobenem Kopf, geblähten Nüstern und gespitzten Ohren da, wie ein bronzenes Standbild, und betrachtete seine neue Heimat aufmerksam. Darauf drehte er im Imponiergehabe eine Runde um die Koppel, zuerst im Galopp, dann verlangsamte er zum Trab. Trixi war begeistert, er hatte wirklich herrliche Gänge!
„And what do you think about ‚your' new horses?" wollte Mr. Steinberg von Trixi wissen. „Echt super! – Aber erzählen Sie mir 'mal alles von ihnen!" forderte das Mädchen ihn auf. „Well, Florinda ist eine vierjährige Traberstute aus Amerika. Sie ist auch 'mal Rennen gelaufen, war aber zu langsam und hat nie gewonnen, so daß sie verkauft wurde. Sie imponiert mir, weil sie so frech ist – außerdem ja recht hübsch, vielleicht lasse ich sie mal decken – deshalb habe ich sie dann eben mal gekauft." „Und Rimini?" „Der ist fünf Jahre alt und ein Holsteiner. Ich habe ihn letztes Jahr auf einer Auktion in Deutschland ersteigert, als ich Verwandte besucht habe. Er stammt über seinen Vater Rio Negro von Ramiro ab und ist ein echtes Dressurtalent."
„Ramiro?" – Trixi pfiff durch die Zähne, „nicht übel! Er war bestimmt sehr teuer." „Naja ...", grinste Mr. Steinberg, „... billig war er nicht gerade!"

Trixi hatte den beiden Neuen ein paar Tage Eingewöhnungszeit gelassen, bevor sie sie das erste Mal ritt. Aber heute wollte sie ihre Schützlinge endlich ausprobieren! Vormittags waren die Pferde auf der Koppel gewesen, aber gegen Mittag hatte es zu regnen begonnen, so daß Trixi und Olivier mit Julias Hilfe – sie hatte höchstpersönlich ihren Liebling Pierre geführt – alle fünf in ihre

Boxen gebracht, deren Halbtüren aber immer offenblieben, damit die Pferde hinaussehen konnten.
Nach dem Mittagessen holte Trixi zuerst die zierliche Florinda aus ihrer Box, band sie unter dem breiten Vordach des Stalles an, putzte sie und kratzte ihr die Hufe aus, wobei ihr die nußbraune Stute zweimal mit voller Wucht auf die Zehen trat. Florinda war wirklich ein kleines Biest! Als Trixi ihr den Sattel auflegen wollte, legte sie die Ohren flach an den Kopf, wand den schlanken Hals wie eine giftige Schlange und versuchte, Trixi zu beißen. „Na!" Warnend hob Trixi die Hand. „Wo hast Du das denn gelernt? Aber bei mir nicht! – Alte Giftspritze!" Energisch näherte sie sich der Stute von Neuem, schob ihr den Sattel auf den Rükken und zog den Gurt fest. Florinda ließ einen abgrundtiefen Seufzer hören und fügte sich in ihr Schicksal. Doch das Maul wollte sie trotzdem nicht freiwillig öffnen, so daß Trixi den Daumen zu Hilfe nehmen mußte, um sie aufzutrensen. So, das wäre geschafft! Trixi schloß noch Kehl- und Nasenriemen, dann nahm sie die kleine Stute am Zügel und führte sie unter dem Vordach an den anderen Boxen entlang in die – zur Reithalle umgebaute – Scheune. Florinda blickte sich neugierig um. Wahrscheinlich hatte sie – als ehemaliger Renntraber – in ihrem bisherigen Leben noch nie eine Reithalle gesehen, vermutete Trixi. Deshalb führte sie die Stute erst einmal ein paar Runden, bevor sie sie in einer Ecke stehen ließ und rasch aufsaß, damit Florinda erst gar nicht auf die Idee kam, sie nicht aufsteigen lassen zu wollen.
Trixi ritt im Schritt am langen Zügel an, um Florinda ein bißchen aufzulockern. Dann nahm sie die Zügel auf, weil sie vorhatte, ein paar Bahnfiguren zu reiten, aber Florinda hatte offensichtlich keinerlei Ahnung, was Trixi da eigentlich von ihr wollte. Auch mit einer Vorhandwendung, Rückwärtsrichten oder gar Schenkelweichen wußte die nußbraune Stute nichts anzufangen. Außerdem war sie total steif und überempfindlich im Maul. „Ojeh, ojeh...", stöhnte Trixi und strich Florinda über die schwarze Mähne, „... da liegt ja ein hartes Stück Arbeit vor uns, my dear! Aber kein Wunder! – Als Traber mußtest Du immer nur geradeaus laufen, während Dein Fahrer Dir im Gebiß hing – und dann haben sie Dir grade mal beigebracht, was ein Sattel und ein Reiter ist – und der ‚Manager', der Trottel, hat Dich einfach so gekauft – wahrscheinlich ohne Proberitt – oder kann er überhaupt reiten?" überlegte Trixi weiter. „Oder hast Du ihm nur so gut

gefallen – recht hübsch bist Du ja – und ihm leid getan ...? Aber was machen wir jetzt? Naja, komm, jetzt traben und galoppieren wir halt mal ein bißchen, nur so, ganze Bahn, damit Du Deine Bewegung kriegst, und ich denk' mir dann mal ein ‚Gymnastikprogramm' für Dich aus. Was hälst Du davon?" Olivier, der sich unbemerkt auf die „Tribüne" – eine alte Holzbank – gesetzt hatte, lachte. „Na dann mal los! Allez!" Trixi streckte ihm die Zunge heraus und ließ Florinda – wohlweislich auf dem Zirkel – antraben, denn sie vermutete zu Recht, daß die Stute sonst auf den langen Seiten aus alter Gewohnheit in den Renntrab fallen würde.
Nach zwei Runden Galopp auf jeder Hand – sie hatte Florinda mit übertriebener Innenstellung aus der Ecke angaloppiert, was schließlich auch gelungen war, – ließ Trixi die Stute zur Abkühlung noch ein bißchen am hingegebenen Zügel gehen, bevor sie sie zurück in ihre Box brachte und absattelte. Nachdem Florinda zur Belohnung eine Karotte bekommen hatte, war Rimini an der Reihe. Im Gegensatz zu seiner kleinen Freundin war er ein sanfter Riese. Er ließ sich brav putzen, gab willig die Hufe her und machte weder beim Satteln noch beim Zäumen Schwierigkeiten.
Den eleganten Fuchswallach zu reiten, war das reinste Vergnügen! Schon nach kurzer Zeit konnte Trixi ihn an den Zügel stellen, er beherrschte auch schwierigste Bahnfiguren spielend, hatte einen butterweichen Galopp, und sein Trab war ein Gefühl wie Schweben. Trixi war hellauf begeistert. „Rimini, Du bist echt super! Ich glaub', für Dich, da kann ich zu wenig, weil, wie's aussieht, kannst Du auch noch Traversale und Schulterherein ... und was-weiß-ich-nicht-noch-alles, hm?" Sie klopfte Rimini den Hals, ließ sich aus dem Sattel gleiten und brachte den Fuchs zurück in den Stall, wo sie ihn absattelte.
„Alle? Trixi?" „Oui?" Trixi drehte sich um und bemerkte in Yvonnes Box Mme Loisel, die ziemlich blaß aussah. „Was ist denn los?" fragte das Mädchen hilfsbereit. „Isch masche mir Sorgen um meine Yvonne, meinst Du, daß es geht los?" „Moment!" Trixi schloß Riminis Boxentür, ging zu der kräftigen Schimmelstute hinüber und begutachtete sie kritisch von allen Seiten. „Ich finde, sie sieht völlig normal aus, und Sie machen sich ganz umsonst Sorgen", meinte Trixi tröstend. „Und außerdem hat Olivier doch gesagt, daß es noch ein paar Tage dauert. – Aber ich kann ihn ja trotzdem mal holen, okay?" „D'accord."
Rasch lief Trixi ins Haus, wo sie sich erst einmal durch die „Meu-

te" – wie sie Umbras Welpen liebevoll nannten –, die ständig nach ihren Hosenbeinen schnappte, kämpfen mußte. „Olivier! Olivier – wo bist Du denn?" Julia steckte den Kopf aus der Küchentür. „Er ist in der Praxis und sortiert die neuen Medikamente. – Wobei Du ihm eigentlich helfen wolltest!" fügte sie vorwurfsvoll hinzu. „Ja –", sagte Trixi gedehnt, „ich weiß."
Olivier untersuchte Yvonne kurz, dann sagte er aufmunternd: „Es ist alles in Ordnung, vollkommen. Sie brauschen sisch nischt zu sorgen! Trois, quatre jours es wird schon nosch dauern. Mais Sie könnten gehen spazieren ein Stück avec elle, das wird ihr gut tun." „Soll ich mitkommen? Mit Umbra?" fragte Trixi. Olivier nickte und Mme Loisel meinte: „Oui, bonne idée. Komm mit mir, dann isch nischt bin so alleine." „D'accord. Ich hole nur schnell Umbra – bin gleich wieder da!" rief Trixi im Weggehen.

Zwei neue Erdenbürger

Es goß in Strömen. Der Regen prasselte auf die Dächer und lief in dicken Tropfen die Fensterscheiben hinunter. Aber hier im Stall war es trocken und gemütlich. Trixi hatte Rimini, Florinda und den alten Pierre in die „Reithalle" gelassen, um in Ruhe die Boxen ausmisten zu können, als sie plötzlich ein Stöhnen hörte. Sofort ließ das Mädchen die Mistgabel fallen und rannte zu den Boxen der beiden hochträchtigen Stuten hinüber. Sollte es etwa bei einer von ihnen schon soweit sein!? Belle, die schöne Fuchsstute, stand ruhig da und kaute zufrieden an ihrem Heu, aber die Schimmelstute Yvonne lief unruhig in ihrer Box hin und her. – Da, wieder ein Stöhnen! Es gab keinen Zweifel, es war soweit!
Trixi stürmte ins Atelier, so daß Julia, die an einem Aquarell gemalt hatte, erschrocken auffuhr. „Schnell – wo ist Olivier?" „Er ist bei Patienten – aber das weißt Du doch. Was ist denn eigentlich los?" entgegnete Julia verständnislos. „Oh nein! Warum muß er ausgerechnet jetzt weg sein!? Yvonne kriegt ihr Fohlen! Ruf' ihn sofort an!" Julia legte den Pinsel zur Seite und wischte sich die Hände an ihrem Kittel ab. „Das geht nicht, er ist nicht erreichbar, aber ..."
„Ach Sch ...! – Dann ruf' Mme Loisel an, sie soll sofort kommen! – Oh, was mach' ich jetzt nur?" Trixi raufte sich die Haare.
„Also, erstmal ganz ruhig, Trix. Ich ruf' jetzt Mme Loisel an und

sag' Mathilde, daß sie Dir Wasser abkochen soll, und Du gehst sofort wieder zu Yvonne und bereitest alles vor! – Olivier hat Dir doch erklärt, was Du machen mußt." „Okay." Plötzlich war Trixi wieder ganz ruhig. – Julia hatte Recht, sie wußte ja, was sie zu tun hatte, schließlich hatte Olivier ihr es oft genug eingebleut.
Als Trixi in den Stall zurückkam, hatte sich Yvonnes Zustand nicht verändert. Sie lief immer noch unruhig in der großen, geräumigen Box hin und her, schwitzte stark und stöhnte. Beruhigend sprach Trixi auf die Stute ein, bandagierte ihren Schweif und wusch das Euter und den Genitalbereich mit einer milden Desinfektionsmittellösung, um das Fohlen vor Krankheitskeimen zu schützen. Dann führte sie Yvonne in den ehemaligen Schweinekoben hinüber, den Olivier als Abfohlbox hergerichtet und dick mit Stroh ausgepolstert hatte.
Draußen, im Hof, hielt mit quietschenden Bremsen ein Auto, die Tür klappte und herein kam, völlig atemlos – Mme Loisel. „Mon Dieu, ma pauvre Bonne! Wie weit ist sie?" Die junge Frau setzte sich neben Trixi auf den breiten Rand des Kobens, von wo aus man alles gut überblicken konnte, ohne die Stute zu stören. „Das Fruchtwasser ist gerade abgegangen, sonst ist, denk' ich, alles in Ordnung." Yvonne stand breitbeinig, mit weit aufgerissenen Augen da und zitterte. Plötzlich legte sie sich hin und begann, kräftig zu pressen. Etwas Dunkles erschien, die Eihaut zerriß – man konnte die Vorderhufe erkennen und den Kopf, der darauf lag.
Trixi drückte ganz fest ihre Daumen und Mme Loisel flüsterte auf Französisch vor sich hin. Weitere Wehen folgten, und mit einem letzten Aufstöhnen der Schimmelstute glitt das Fohlen ins Stroh. Es strampelte mit den Beinen und nieste. Yvonne rappelte sich auf und fing an, ihr Kind liebevoll abzulecken. Kurz darauf versuchte das Kleine bereits, aufzustehen. Es hob den Kopf, stützte sich auf die Vorderbeine und stemmte mit einer gewaltigen Kraftanstrengung sein kleines Hinterteil hoch, fiel wieder um, probierte es noch einmal – und stand schließlich, noch ganz feucht und struppig, auf wackeligen, zittrigen Beinen, die viel zu lang für seinen kleinen Körper zu sein schienen. Yvonne stupste ihr Kind mit der Nase in Richtung Euter, wo das Kleine hungrig zu saugen begann, wobei sein kurzer, lockiger Wedel wie ein Lämmerschwanz wackelte. „Gratuliere, Sie sind jetzt ‚Großmutter' – es ist übrigens ein Stutfohlen." Trixi streckte Mme Loisel, die sich gar nicht vom Anblick ihrer Stute und deren kleinen

Tochte trennen konnte, die Hand hin. Die junge Frau umarmte Trixi und sagte: „Sag' dosch ‚Du' zu mir, Trixi, je m'appelle Marie. – Et puis, Du bist – wie sagt man? – Pate, maintenant. D'accord?" „D'accord – Mme ... Marie. – Aber wie soll die Kleine denn heißen? Sie ist hübsch – zarter als Yvonne, nicht wahr?" „Oui. C'est vrai. Ihr Papa ist eine Araberhengst. Und sie soll 'eißen – ‚Yvette'." „Oh ja, das ist ein schöner Name!"
Die kleine Yvette hatte genug getrunken und war jetzt müde von der großen Anstrengung, auf die Welt zu kommen, so daß sie sich im Schutze ihrer Mutter zum Schlafen hinlegte.
„Mon Dieu – qu'est-ce c'est? Es ist schon da?" Trixi und Marie drehten sich zu Olivier um und strahlten ihn an. „Ist alles in Ordnung, ma petite?" fragte er. „Ja, ich hab' alles so gemacht, wie Du es mir beigebracht hast – die Nachgeburt ist auch schon raus – und ich glaube vollständig. Hier!" Sie hielt eine Plastiktüte hoch. „Ma petite", lachte Olivier, „Du bist die geborene Tierärztin." „Und 'ebamme!" fügte Marie hinzu. „Naja ..." meinte Trixi bescheiden. Olivier begutachtete den Inhalt der Plastiktüte. „Bien." Dann untersuchte er das Fohlen und impfte es gleich, während Marie ihre Yvonne ablenkte.
Inzwischen hatte Trixi rasch die Box der Schimmelstute ausgemistet und dick eingestreut, so daß Mutter und Kind wieder umziehen konnten. Marie führte Yvonne und der große, kräftige Olivier nahm das Fohlen kurzerhand auf den Arm und trug es hinüber, wo seine Mutter schon ungeduldig wartete. Belle begrüßte ihre Freundin mit einem lauten Wiehern und reckte den Hals, um Yvette beriechen zu können. Yvonne stand daneben und paßte auf. Während Marie ihrer Stute einen nahrhaften Brei zubereitete, holten Olivier, Trixi und Julia, die auch gekommen war, weil sie das Fohlen sehen wollte, Rimini, Florinda und Pierre aus der „Halle" und brachten sie in ihre Boxen. Julia mußte natürlich gleich eine Skizze von Yvonne und Yvette anfertigen, Trixi gab den anderen Pferden ihr Futter, und Olivier beseitigte die Spuren der Geburt in der Abfohlbox. Mathilde rief zum Abendessen. „Wollen Sie mitessen?" fragte Julia. Marie sah auf die Uhr und schüttelte den Kopf. „Merci beaucoup, mais je dois nasch 'ause dringend. Isch wußte nischt, daß es ist schon so spät." Sie streichelte Yvonne zum Abschied, rief noch: „Au revoir. A demain." – und weg war sie.
Nach dem Abendessen – es hatte aufgehört zu regnen – machten

Olivier und Julia mit Umbra einen Spaziergang zum Strand hinunter, „um sich den Sonnenuntergang anzusehen". Da wollte Trixi natürlich nicht stören! So kuschelte sie sich in einen der großen Korbsessel auf „ihrem" Balkon und las ein Buch. Minuit, der schlanke, schwarze Kater, schlich sich an und sprang auf ihren Schoß, wo er sich gemütlich zusammenrollte und laut zu schnurren anfing.

Am nächsten Tag strahlte die Sonne vom Himmel, so daß Trixi beschloß, gleich die Pferde rauszulassen. Zuerst brachte sie den alten Pierre auf die Koppel, dann Belle, die kupferrote Vollblutstute mit dem Keilstern, die sich inzwischen – zumindest auf die Koppel – anstandslos führen ließ. Der tägliche Weidegang mit anderen, ruhigen Pferden war offensichtlich Balsam für ihre Nerven. Als nächstes nahm Trixi Yvonne am Halfter, die immer wieder stehenblieb und sich ständig nach ihrer kleinen Tochter umsah. Die kleine Yvette stutzte zuerst vor dem grellen Sonnenlicht, das sie blendete, dann scheute sie, als ein Vogel aufflog, und erschrak furchtbar vor der Neufundländerin Umbra, die doch fast so groß war wie sie. Welch schreckliche Welt war das, hier draußen? Wie gut, wenn man eine große, ruhige, weiße Mutter hatte, die Schutz bot und Nahrung gab. – Denn nach diesen ganzen Aufregungen mußte das Fohlen sich erst einmal stärken, während Yvonne neben ihrer Freundin Belle zu grasen begann. Zum Schluß ließ Trixi Rimini und Florinda gemeinsam auf die danebenliegende Koppel, damit sie Yvette zwar sehen und riechen, ihr aber nichts tun konnten.

Auch am darauffolgenden Tag war wieder schönes Wetter, so daß die Pferde auf die Koppel durften. Diesmal konnte Yvette es kaum erwarten, bis sie herauskam. Belle graste friedlich neben ihr und Yvonne, und machte keinerlei Anstalten, ebenfalls zu fohlen, obwohl Olivier höchstpersönlich ständig nach dem Sorgenkind sah – schließlich hatte die Stute schon zweimal verfohlt. Auch Trixi sorgte sich um die Schöne, aber als Olivier meinte, es würde wohl noch ein paar Tage dauern und sie solle doch Schwimmen gehen bei dem schönen Wetter, ließ Trixi sich das nicht zweimal sagen. Sie packte ihre Badesachen zusammen und zog mit Umbra und Julia, die froh war, einmal aus ihrem Atelier herauszukommen, zum Strand.

Es wurde ein herrlicher Tag! Sie schwammen in dem ziemlich kalten Wasser, ließen sich von Umbra retten, was die Hündin mit Begeisterung tat, lachten und redeten, oder lagen – nach einem leckeren Picknick – nur einfach faul in der Sonne. Auch Umbra genoß die Erholung von ihren frechen, lebhaften Welpen sehr.
Erst zum Abendessen, das sie heute selbst machen mußten, da Tante Mathilde ihren freien Tag hatte, kehrten sie gutgelaunt und braungebrannt zurück. Es gab Bratkartoffeln und Spiegeleier, weil das das einzige war, was Julia konnte. Trixi deckte den Tisch auf der Terrasse – Olivier mußte auch gleich von seinen Patienten kommen – und dachte über Julia nach. Irgendwie konnte sie es sich gar nicht mehr richtig vorstellen, daß sie einmal solche Probleme mit ihr gehabt hatte, dabei war das noch gar nicht lange her. Fast sieben Wochen, ja genau, seit sieben Wochen war sie nun schon hier... „Essen ist fertig!" unterbrach Julia, die gefolgt von Olivier auf die Terrasse hinaustrat, Trixis Gedanken.
„Kommt ihr mit Pferde 'reinholen?" fragte Trixi, als sie nach dem Abendessen mit vereinten Kräften die Küche aufgeräumt hatten.
„D'accord." – „Ja, natürlich." stimmten die beiden anderen zu.
Das Fell der Pferde glänzte in der untergehenden Sonne wie schimmernde Seide: kupferrot, bronze, nußbraun, falb, weiß ... Aber was war das!? Trixi blieb abrupt stehen. Neben Yvonnes grau-brauner Tochter, mit der seltsamen Zickzacklinie auf der Stirn, lag ein zierliches Fuchsfohlen im Gras und schlief. Das konnte natürlich nur Belles Fohlen sein ..., aber Olivier hatte doch gesagt, es würde noch dauern?! „Olivier!" schrie Trixi. „Sieh Dir das an! Belle hat ganz alleine ihr Fohlen gekriegt!" „Was!?" Olivier und Julia kamen angerannt. „Ja" ,sagte Trixi, „ausgerechnet Belle, die Hypernervöse, unser Sorgenkind, die Prinzessin auf der Erbse... bringt ganz alleine, wenn keiner da ist, ihr Fohlen zur Welt..." „Oh, ist die hübsch! Eine richtige kleine Schönheit – wie ihre Mutter!" „Wieso eigentlich ‚sie'?" fragte Trixi. „Na hör mal", entgegnete Julia beleidigt, „das ist ein Mädchen, das sieht man doch!" Olivier schüttelte nur noch den Kopf, es hatte ihm ganz offensichtlich die Sprache verschlagen.
Schließlich fragte Trixi: „Sollen wir schon mal die anderen reinbringen, damit Du die Kleine noch untersuchen und impfen kannst? – Heh, Olivier!" „Oh – oui, oui."
Sie brachten Rimini, Florinda, Pierre und Yvonne mit Yvette in den Stall. Dann wollten sie das Neugeborene einfangen. Aber da

hatten sie nicht mit Belle gerechnet! Die sonst so ängstliche Stute gebärdete sich wie eine Furie, wenn jemand nur versuchte, ihrem Fohlen zu nahe zu kommen.
Nach einer geschlagenen Stunde hatten sie es endlich geschafft, Belle zu überlisten. Das Fohlen – es war wirklich ein Stütchen, wie Julia gesagt hatte – wurde untersucht und geimpft. Glücklicherweise war alles in Ordnung! Auf diese Aufregung hin bekam Belle in ihrer Box erst einmal ein kräftiges Futter, während Trixi und Olivier die Stelle auf der Koppel, wo die Stute gefohlt hatte, säuberten und desinfizierten. „Isch werde müssen anrufen M.Bernadotte und ihm sagen Bescheid. Er wird sisch freuen." „Freuen? – der? – ja, aber nur wegen dem Geld. Ansonsten interessiert ihn die kleine Beauté doch überhaupt nicht!" Wütend kickte Trixi mit dem Fuß einen Stein weg. „Du 'ast ja Rescht, ma petite" ,Olivier legte ihr tröstend den Arm um die Schultern, „aber das 'ilft leider nischts! Die Kleine ge'ört ihm und wird sischer ein Rennpferd werden. Du weißt nischt mal, ob er Belle für immer 'ier läßt. – Und jetzt komm, il fait froid, ge'en wir rein." Sanft schob er Trixi zur Terrassentür.
„Isch telefoniere mit ihm, maintenant. Und weißt Du was, ma petite, isch werde ihm vorschlagen, zu nennen die Kleine ‚Beauté', vielleischt es bringt ihr Glück. D'accord?" „D' accord." antwortete Trixi.

Erster Ausflug

„Gibst Du mir mal die 'ammer, s'il te plaît?" bat Olivier. „Hier!" Trixi reichte ihm den schweren Vorschlaghammer. „Merci. – So, jetzt 'alte den Pfosten." Nach ein paar kräftigen Hammerschlägen von Olivier steckte der Pfahl fest im Boden.
Als Olivier alle Pfosten eingeschlagen hatte, rollte Trixi den Maschendraht aus, den Olivier festnagelte. „Was macht ihr da eigentlich?" fragte Julia, die mit dem Zeichenblock unter dem Arm von der Koppel kam. Sie hatte nämlich seit Neuestem ihre Leidenschaft für Pferdeportäts entdeckt. „Wir bauen eine ‚Freige'ege' für die Meute. Aber das 'ab isch Dir dosch erzählt, Chérie." „Wie? – Ach so, ja stimmt." Olivier lachte und gab ihr einen Kuß. „Sie' sie Dir an, ma petite, unsere Künstlerin – in fernere Welten entrückt." Trixi blinzelte Julia zu und sagte scheinheilig:

„Ich wußte noch gar nicht, daß Du Dich neurdings so poetisch ausdrücken kannst!" Die beiden lachten und Olivier brummte: „Isch sollte lieber einsperren eusch 'ier drin. Ihr seid wesentlisch schlimmer als die Meute!"
Olivier fand, daß die Welpen mit ihren sechs Wochen nun alt genug seien, die meiste Zeit draußen zu verbringen. Außerdem würden bald die ersten Interessenten kommen, um sich die kleinen Hunde anzusehen, worüber Trixi sehr traurig war. Olivier natürlich auch – aber der hatte schließlich seine Umbra, die er ja behalten würde! Trixi hätte am liebsten alle behalten, aber vor allem „ihren" süßen, kleinen Chocolat wollte sie nicht hergeben.
„Ma petite, 'ilf mir mal die Tür einsetzen!" rief Olivier. „Ja, ja – bin ja schon da!"
„So, das 'ätten wir!" Olivier, der auf der Erde gekniet hatte, stand auf und klopfte sich den Dreck von der Hose. „Prima! Können wir sie dann holen? Ich bin schon so gespannt, was sie machen, wenn sie das erste Mal 'rauskommen." „Oui. Komm!" Olivier pfiff und Umbra kam um die Hausecke getrottet. „Na, Du", er kraulte sie hinter den Ohren, „wo warst Du schon wieder? Sollst aufpassen dosch auf Deine Kinder?!" Umbra legte den Kopf schief und klopfte mit ihrem dichten, buschigen Schwanz auf den Boden. „Na, nun mal rein 'ier!" Energisch schob Olivier die Hündin in das Gehege, das Trixi und er, rund um ihre Hundehütte, gebaut hatten. Umbra warf sich ins Gras und wälzte sich schnaufend, wobei sie heftig mit den Hinterbeinen strampelte, so daß ihr „Herrchen" einen Tritt gegen das Schienbein abbekam. „Na warte!" Olivier packte mit der linken Hand die Vorder- und mit der rechten die Hinterbeine der Hündin und rollte sie auf dem Boden hin und her, während Umbra spielerisch nach seiner Hand schnappte. Trixi stand daneben und sah lächelnd zu. „Jetzt komm, Olivier, holen wir endlich ihre Jungen!" „Oui, isch komme." Er gab der Hündin einen Klaps „auf die Schwarte" – wie Julia immer sagte – und folgte Trixi in die Diele, die bisher der Lebensraum der Welpen gewesen war – und dementsprechend aussah!
Die Jungen lagen als dickes Knäuel in Umbras Kiste und schliefen. Olivier griff einfach zwei – es waren Arco und Annie – am Nakkenfell, und Trixi nahm natürlich zuerst ihren kleinen Liebling Chocolat, der sich sofort an sie kuschelte, auf den Arm. Draußen setzten sie die Drei neben Umbra, die sie sogleich liebevoll ableckte, ins Gras. Trixi und Olivier holten die drei anderen Hunde,

dann setzten sie sich auf die Stufen vor der Haustür, von wo aus man einen guten Überblick hatte. Die Welpen saßen erst einmal überwältigt da und sahen sich mit großen Augen um. So viele neue Dinge, Gerüche und Geräusche, die man nicht kannte und von denen man nicht wußte, was sie bedeuteten – oder ob sie gar gefährlich waren? Als Erster faßte der Erstgeborene, der kräftige Arès, Mut und ging auf Entdeckungstour, wie immer gefolgt von der dicken Alma. Eingehend berochen sie das Gras – Alma machte ihrem Namen alle Ehre und probierte auch einmal – und tappten auf ihren dicken Pfoten zum Zaun, wo Alma natürlich in den Maschendraht beißen mußte, was ihr am Zahnfleisch weh tat, so daß sie schnell zu Arco und ihren beiden Schwestern flüchtete, die entdeckt hatten, daß sich das weiche Gras vorzüglich zum Raufen und Balgen eignete. Das ließ sich auch Arès natürlich nicht zweimal sagen! Er sprang seinem Bruder von hinten auf den Rücken, was dieser mit einem – noch lächerlich klingenden – Knurren beantwortete. Und Chocolat? Trixi reckte den Hals – und mußte im selben Augenblick lachen. Chocolat, der immer zu kurz kam, weil er der Kleinste war, nutzte die Chance, die „Milchbar" ganz für sich alleine zu haben, und schlug sich den Bauch voll.
Trixi und Olivier sahen den Welpen noch eine Weile zu, dann mußten sie die Diele aufräumen, damit Tante Mathilde „enfin!" saubermachen konnte.
Olivier sah auf die Uhr. „Oh, isch muß rüber. Die Spreschstunde 'at angefangen. Kommst Du mit, ma petite, 'elfen?" „Auja!" Olivier in der Praxis zu helfen, machte Trixi immer großen Spaß: sie zog die Spritzen auf, reichte Olivier die Instrumente, schrieb Termine auf, sortierte Medikamente, beruhigte Patienten und ihre Besitzer ... Und sie hatte schon soviel gelernt und machte ihre Sache so gut, daß Olivier ihr versprochen hatte, sie dürfe ihm bald einmal bei einer Operation assistieren, worauf Trixi sich einerseits freute – und wovor sie sich andererseits fürchtete.

Probleme mit Florinda

Trixi kümmerte sich sehr gerne um Yvette und Beauté, die beiden Stutfohlen und den riesigen Holsteiner Fuchswallach Rimini zu reiten, war einfach toll! – aber mit Florinda, der zierlichen, nußbraunen Traberstute, stand das Mädchen auf Kriegsfuß. Nicht nur, daß es überhaupt keinen Spaß machte, sie zu reiten, da sie offenbar keinerlei Ausbildung bekommen hatte, sondern langsam hatte Trixi auch ernsthafte Probleme mit ihr. Florinda ließ sich weder putzen noch satteln, legte ständig die Ohren an und kniff böse die Nüstern zusammen, trat und schlug bei jeder Gelegenheit, hatte Trixi schon zweimal schmerzhaft gebissen und wollte sich schließlich gar nicht mehr einfangen lassen. Denn kam Trixi mit dem Halfter auf die Koppel, galoppierte Florinda davon, und wenn man sie endlich in eine Ecke gedrängt hatte, drehte sie Trixi mit angelegten Ohren das Hinterteil zu und hob drohend einen Hinterhuf. Deshalb hatte Trixi bald keine Lust mehr, sich überhaupt noch um die Stute zu kümmern. Andererseits wurde sie ja für Florindas „Beritt" bezahlt, so daß sie es verbissen immer wieder versuchte.

Auch heute hatte Trixi die kleine Stute aus ihrer Box in die Halle geholt. Aber es war einfach schrecklich! Florinda nahm das Gebiß zwischen die Zähne, riß den Kopf hoch und ging mit verspannt herausgedrücktem Unterhals durch. Runde um Runde raste sie im Renntrab, den die arme Trixi natürlich nicht sitzen konnte. Als die Stute endlich stehenblieb, war Trixi beinahe am Verzweifeln. Sie nahm Florinda nur schnell Sattel und Zaumzeug ab, verkroch sich in eine Ecke und heulte. So fand Marie, die ihre Schimmelstute und deren Fohlen besuchen wollte, das Mädchen. Die junge Frau setzte sich neben Trixi, legte ihr den Arm um die Schultern und fragte: „Was ist mit Dir? Was 'ast Du?" „Ach, es ist wegen Florinda." schniefte Trixi. Marie reichte ihr ein Taschentuch. „Was ist mit Florinda?" Trixi schneuzte sich kräftig. „Sie ist ein richtiges Ekel!" stieß sie wütend hervor. „Sie beißt und schlägt, läßt sich nicht fangen – und reiten schon gar nicht! Ich hasse sie und sie haßt mich!" „Aber, Trixi", erwiderte Marie freundlich, „Du darfst nischt sagen das – und es stimmt ausch nischt! Sei dosch nischt so verbohrt, Du 'ast Disch – wie sagt man? – so rischtig 'ineingesteigert ..." „Aber ..." begann Trixi. „Du gibst ihr keine Chance, von Anfang an nischt! Du darfst sie nischt vergleischen mit Rimini – oder Deine Fiona zu 'ause, von der Du mir 'ast erzählt – sie ist eben anders, sie 'at gemascht viele schleschte Erfahrungen ..." „Aber was soll ich denn machen?" schluchzte Trixi. „Erstmal Du mußt ändern Deine

Einstellung zu ihr. Du mußt versuschen, sie so zu akzeptieren wie sie ist. Et puis – laß das Reiten sein, wenn es eusch solsche Probleme mascht. Versusche dosch erstmal, ihr Vertrauen zu gewinnen! Streischel sie, geh mit ihr spazieren, bring ihr bei das Longieren ...“ „Aber ich ...“, fing Trixi wieder an. „Nischt aber! Du schaffst das, leischt, wenn Du ihr nur – innerlisch – endlisch eine Chance gibst!“ „Meinst Du wirklich, das klappt?“ „Naturellement“, sagte Marie tröstend. „Sieh mal, meine Yvonne, die ist so brav, isch 'atte ausch große Probleme mit ihr bei die Anfang. Du weißt ja, daß sie 'atte eine Unfall beim Springen – und als isch sie rettete vor dem Schlascht'of, sie 'atte verloren das Vertrauen zu die Menschen. Isch erst mußte ihr es wiedergeben. Das war ausch gar nischt so einfasch, aber Du siehst ja, wie brav sie ist, maintenant, und wie sehr sie 'ängt dafür an mir. und isch glaube ganz bestimmt, daß Du schaffst das!“ Marie erhob sich. „So, isch gehe jetzt zu meine Yvonne. Denke mal nasch darüber!“ Sie wandte sich zum Gehen. „Marie ...?“ rief Trixi. „Oui?“ Sie drehte sich noch einmal um. „Danke!“ „Oui, oui, schon gut.“

Trixi saß auf dem Koppelzaun und beobachtete Florinda. Eigentlich war Florinda ein schönes Pferd: sie war klein und zierlich, hatte einen edlen, schmalen Kopf mit kleinen Ohren und großen, dunklen Augen, schöne, klare Beine mit gesunden Hufen, war schlank und trainiert und ihr samtiges, nußbraunes Fell glänzte in der Sonne. Außerdem bewegte sie sich mühelos und leichtfüßig, war schnell und wendig, wenn sie mit Rimini Fangen spielte. Vielleicht könnte ja doch etwas aus ihr werden, überlegte Trixi. Behende sprang sie vom Zaun und ging zu der Stute hinüber. Langsam und vorsichtig näherte sie sich ihr mit offenen, ausgestreckten Händen, damit Florinda sehen konnte, daß sie kein Halfter dabei hatte. Die Stute sah Trixi mißtrauisch entgegen und wollte schon wieder die Ohren anlegen, als sie die knackige, frische Karotte bemerkte, die Trixi aus ihrer Hosentasche zu Tage förderte. Da konnte Florinda dann doch nicht widerstehen! Noch fluchtbereit nahm sie Trixi die Karotte aus der flachen Hand, und als das Mädchen auch noch freundlich, ja fast liebevoll, mit ihr redete, ließ sie sich sogar den schlanken Hals klopfen und die dichte, schwarze Mähne kraulen.
Ein paar Tage lang tat Trixi nichts anderes, als Florinda so auf der Koppel zu besuchen und ihr Leckereien mitzubringen. Außer-

dem ließ sie – höchstpersönlich – die Stute jeden Morgen aus ihrer Box nach draußen und holte sie auch abends wieder herein. Eines Nachmittags ging Trixi auf die Koppel, halfterte Florinda ganz selbstverständlich auf, band sie vor dem Stall an und putzte sie. Die Stute war nicht nur sehr brav, sondern schien es sogar zu genießen. Auch die Hufe gab sie, auf Trixis freundliche Aufforderung, bereitwillig her. Trixi kämmte Florinda noch die Mähne und verlas ihren langen Schweif. Dann löste sie den Knoten, faßte mit der rechten Hand den Führstrick, mit der linken eine Gerte und marschierte los – in Richtung Meer. Florinda war zuerst etwas nervös, da sie nicht wußte, was sie von der ganzen Sache halten sollte. Doch als Trixi ihr gut zuredete, wurde die Stute ruhiger und ging sichtlich zufrieden neben dem Mädchen her. Neugierig sah sie sich um und spielte aufmerksam mit den Ohren. Die Dünen erklomm Florinda mit ein paar Galoppsprüngen, so daß sie Trixi am Strick mitzog. „Oh – danke!" schnaufte Trixi. „Du machst einen ja echt fertig, Süße!" Plötzlich blieb die nußbraune Stute wie angewurzelt stehen, sog mit weit geöffneten Nüstern die salzige Luft ein und blickte mit großen Augen auf das Meer hinaus. Eine frische Brise spielte in der schwarzen Mähne der jungen Stute und im weißblonden Haar des Mädchens. „Schön, nicht?" Trixi klopfte Florinda den Hals. Die Stute schnaubte und zerrte am Strick. „Ja, ja" ,lachte Trixi, „nicht so stürmisch. Wir gehen ja schon!" Vorsichtig ließ sie sich auf der anderen Seite der Düne hinabgleiten. Florinda folgte ihr willig, rutschte aber aufgrund ihres höheren Gewichts an Trixi vorbei, so daß diese den Strick loslassen mußte. Unten angekommen galoppierte die Stute, ihren eigenen Schwung nutzend, fröhlich weiter. „Merde!" fluchte Trixi. „Jetzt ist sie weg!"
Aber dann besann sie sich, rief und pfiff nach der Stute. Und tatsächlich! Florinda machte eine Kurve und verlangsamte zum Trab. „Na komm! Komm!" lockte Trixi. Aber die junge Stute schüttelte übermütig ihre dichte Mähne und trabte mit stolz erhobenem Kopf und Schweif um das Mädchen herum. Trixi war sprachlos. Wie schön Florinda laufen konnte! Und das nur für sie! Schließlich hatte die Stute ihre Vorstellung beendet und kam beifallsheischend auf Trixi zu. Trixi griff mit der linken Hand in die Brusttasche ihres alten, blau-weiß gestreiften Hemdes und gab ihr ein Leckerli, während sie mit der rechten den Strick erwischte. „Braves Mädchen!" lobte Trixi mit weicher Stimme.

„Na komm, jetzt gehen wir wieder nach Hause!" forderte sie Florinda liebevoll auf und setzte sich in Bewegung. Die Stute folgte ihr artig. Als sie den steinigen Pfad, der oben an der Küste entlangführte, erreichten, zog Trixi wieder ihre Sandalen an, die sie bei dem Sandrutsch verloren hatte. Der Pfad endete an einer schmalen, geteerten Straße, auf deren grasbewachsenem Randstreifen Trixi die Stute traben ließ. Etwa eine Viertelstunde später bogen sie endlich in den Feldweg ein, der zum Hof der Lapin führte.
Trixi sah auf die Uhr. „Na gerade noch rechtzeitig zum Abendessen!" Rasch brachte sie Florinda in den Stall, wo Olivier schon Hafer in den Krippen verteilt hatte und das Mädchen vorwurfsvoll begrüßte. „Mon Dieu, da seid ihr enfin, ihr wart aber lange weg!" „Ja –, aber es war wunderschön!" entgegnete Trixi fröhlich und nahm Florinda das Halfter ab.
Am nächsten Morgen begrüßte Florinda Trixi mit einem hellen Wiehern, als diese in den Stall kam, um die Stute auf die Koppel zu bringen.

Trixis erste Operation

Schon vor dem Frühstück hatte Trixi mit Rimini trainiert, da Mr. Steinberg wünschte, daß sie demnächst mit dem Wallach bei einem Turnier startete.
Natürlich mußte Trixi als erstes immer Florinda begrüßen, denn sonst war die kleine Stute zutiefst gekränkt.
Oh – schon nach neun Uhr, dann warteten die anderen ja bereits! Geschickt streifte Trixi an der Treppe, die zur Terrasse hinaufführte, ihre Reitstiefel ab, spurtete nach oben in ihr Zimmer, wusch sich und zog sich um. Dann sprang sie, immer zwei Stufen auf einmal nehmend, die Treppe wieder hinunter, lief in die Küche und schlüpfte schnell auf ihren Platz auf der Eckbank. „Bonjour." Die anderen waren schon am Essen. Auch Trixi griff tüchtig zu, das Reiten hatte sie hungrig gemacht. Plötzlich sagte Olivier: „Isch muß eine kleine Katze sterilisieren, aujourd'hui. Willst Du misch assistieren, ma petite?" „Was!?" Überrascht hob Trixi den Kopf. „Na, klar! – Wann denn?" „Je crois, um vierzehn Uhr. D'accord?" Trixi nickte kauend. „Bien." Olivier trank seinen Kaffee aus und stand auf. „Isch muß los, maintenant!" Er

küßte Julia und wuschelte Trixi durch die Haare, was diese eigentlich nicht leiden konnte, aber Olivier durfte es – ausnahmsweise!

Nach dem Frühstück mistete Trixi den Stall aus und putzte die schöne Belle. Julia übernahm gerne ihren Liebling, den gutmütigen, alten Falben Pierre. Nachdem Trixi Belle auch noch longiert hatte, wobei die kleine Beauté nebenher sprang, war schon fast wieder Zeit zum Mittagessen. Es dauerte einfach so lange, fünf Boxen auszumisten – außerdem war es ganz schön anstrengend! Dazu noch zwei Pferde reiten, vier putzen, sich um die Meute kümmern und um Minuit, Olivier in der Praxis helfen ... Trixi fiel jeden Abend todmüde ins Bett. Aber sie war richtig glücklich hier, da ihr dies alles großen Spaß machte. ... Und Olivier und Mathilde waren nett, mit Julia verstand sie sich jetzt auch sehr gut – und Marie Loisel war wirklich lieb ... Trixi dachte nach, während sie sich die Hände wusch. ... Nur, daß sie so wenig Kontakt zu Gleichaltrigen hatte, störte sie etwas, war sie doch früher sehr viel mit ihren Freunden aus dem Reitstall zusammen gewesen.

Nach dem Mittagessen setzte sich Trixi im Welpen-Auslauf auf den Boden und tollte mit der Meute herum. Während Alma und die kleine Aimée wild knurrend an ihrem Hosenbein zerrten und Arès und Arco einen gemeinsamen Angriff auf ihre freche Schwester Annie starteten, kletterte der kleine Chocolat sofort zielstrebig auf Trixis Schoß und ließ sich wohlig schnaufend das weiche Bäuchlein kraulen.

Kurz darauf kamen Olivier und Julia von ihrem Spaziergang mit Umbra zurück. „Salut." Olivier öffnete die Tür des Auslaufs und ließ die Hündin hinein, die sofort von ihren hungrigen Welpen bestürmt wurde. „Kommst Du, ma petite?" fragte Olivier. „Es ist gleisch vierzehn Uhr." „Oui, oui!" Trixi setzte Chocolat vor die flache Schüssel mit dem nahrhaften Brei, den die Welpen nun mehrmals täglich bekamen, da Umbras Milch allein nicht mehr ausreichte, und folgte Olivier in die Praxis, während Julia sich wieder in ihr Atelier zurückzog.

Trixi half Olivier, die Instrumente für die Operation herzurichten. „Eigentlich tut sie mir ja leid, die arme Kleine", meinte sie. „Oui – moi aussi", seufzte Olivier, „mais il est dosch besser, die Katzen werden sterilisiert, als wenn sie bekommen viele kleine Katzen, die werden ausgesetzt, d'après, wie unsere Midi, oder gleisch ertränkt." „Ja, Du hast ja Recht!" stimmte Trixi ihm zu – aber so ganz überzeugt war sie noch nicht. Olivier zog seinen weißen Arztkittel über und gab Trixi auch einen, den Tante Mathilde extra für sie genäht hatte. „Oh – toll! Merci", rief das Mädchen begeistert.

Es klopfte – und herein kam eine ältere Frau mit einem geflochtenen Tragekorb, in dem eine hübsche, junge, rotgetigerte Katze, mit bernsteingelben Augen, saß. „Bonjour, M. Lapin. – Mademoiselle!" grüßte die Frau. „Bonjour, Mme Leroux", sagte Trixi höflich. Olivier gab Mme Leroux die Hand und nahm ihr den Korb ab. „Betäubung, ma petite!" forderte er Trixi auf. Rasch zog das Mädchen die Spritze mit dem Betäubungsmittel auf und reichte sie ihm. „Kch!" Die Tigerkatze fauchte böse und holte mit der Pfote aus, als Olivier ihr die Spritze gab. Liebevoll hielt Mme Leroux ihre Katze auf dem Schoß und streichelte sie sanft, bis die Betäubung wirkte. Der Kopf sank hinunter, und die erschlafften Pfötchen rutschten unter dem Tier weg. Nachdem Mme Leroux die Katze vorsichtig auf den Behandlungstisch gelegt hatte, verließ sie das Zimmer, weil sie lieber nicht zusehen wollte, wie sie entschuldigend erklärte.

„Me passe le Rasierapparat, s'il te plait." Trixi reichte Olivier das Gewünschte und sah neugierig zu, wie er den hinteren Teil des Bauches der kleinen Katze rasierte. „Skalpell!" „Da!" Ein Schnitt, aus dem etwas Blut tropfte, das Trixi abtupfen mußte. „Klammern!" Geschickt schob Olivier die Haut zur Seite und Klemmte sie fest, damit sie ihm nicht im Weg war. Jetzt konnte man die Eierstöcke und die Gebärmutter erkennen. Trixi mußte sich zwingen, weiter zuzusehen. „Schere!" Rasch durchtrennte Olivier die Eileiter und klemmte sie ab und . . . auf einmal wurde Trixi ganz komisch – der seltsame Geruch, das Blut und – „Olivier – ich . . .", sagte sie noch, dann wurde sie ohnmächtig.

Trixi blinzelte in die Sonne und wußte im ersten Moment gar nicht, wo sie war. Erstaunt blickte sie sich um. Warum lag sie hier auf einer Liege im Garten – und was war eigentlich passiert? Irgendwie war ihr immer noch etwas flau im Magen. „Na, was mascht unsere geborene Tierärztin?" fragte Olivier mit gutmütigem Spott. „Wie? Was? – Ach soo!" Trixi schlug sich mit der flachen Hand an die Stirn. „Die kleine rote Tigerkatze – die Sterilisation – plötzlich war mir so komisch. Und dann?" „Surtant, Du bist ganz grün in die Gesischt geworden, 'ast gesagt meinen Name, et puis, Du bist einfasch umgekippt." „Ojeh!" Trixi war es richtig peinlich. „Ne fais pas cette tête- là. – Das geht allen so!" tröstete Olivier sie. „Was ist jetzt mit der Katze? Bist Du schon fertig?" „Oui, oui, naturellement. Für misch, das war nur eine – eh – Routinéeingriff . Mme Leroux 'at sie längst wieder mitgenommen." „Wie hälst Du das nur immer aus, den komischen Geruch und so?" fragte Trixi. Olivier lachte. „Am Anfang, isch fand es ziemlisch schrecklisch, aussi, mais man gewöhnt sisch daran. Das näschste Mal, es mascht Dir schon nischt mehr soviel aus, d'accord ?" „D'accord." entgegnete Trixi und verzog das Gesicht zu einer Grimasse. Olivier gab ihr einen freundschaftlichen Knuff.

Der erste Ausritt

In vielen anstrengenden Übungsstunden hatte Trixi Florinda soweit gebracht, daß die kleine Traberstute willig, locker und weich ging und sich sogar – zumindest gegen Ende der Reitstunden – manchmal fast an den Zügel stellen ließ. Das hatte Trixi nur Marie mit ihren Tips, spazierenzugehen und die Stute zu longieren, zu verdanken, und ihrem ehemaligen Reitlehrer, dem netten Herrn Winter, der ihr am Telefon empfohlen hatte, statt der Trense, gegen die die empfindsame Florinda seit ihrer Traberkarriere eine so große Abneigung hatte, ein gebißloses Hackamore zu verwenden. Über diesen Rat war Trixi wirklich froh, denn seit sie das Hackamore benutzte, war Florinda völlig gelöst und entspannt. Trixi ritt mit der Stute viel auf dem Zirkel, Volten und Schlangenlinien, damit diese lernte, sich zu biegen. Außerdem hatte das Mädchen kürzlich gelesen, daß das Traben über Cavaletti eine weitere lösende Übung war, bei der das Pferd sich strekken und im Genick nachgeben mußte.
Das wollte Trixi heute ausprobieren! Nachdem sie eine halbe Stunde auf die übliche Weise geritten war, hielt sie Florinda an und stieg kurz ab, um auf die eine lange Seite der Bahn eine Reihe flacher Stangen zu legen und auf die andere Seite erst einmal nur eine – für den Anfang.
Florinda trottete jedesmal, wenn Trixi eine Stange holte, neben ihr her und sah neugierig zu.
Dann saß Trixi wieder auf und ritt im Schritt auf die einzelne

Stange zu. Folgsam stieg Florinda darüber. „Brav!“ Trixi klopfte ihr den Hals. „Na, wenn das so gut geht, probieren wir's mal mit der Reihe. Komm!“ Konzentriert, ohne anzuschlagen, schritt die Stute über die Stangen. Trixi schüttelte verblüfft den Kopf. „Na, dann – Teerab!“ Mit aufmerksam gespitzten Ohren trabte Florinda, schön die Beine anwinkelnd, darüber. Es schien ihr offensichtlich Spaß zu machen!

Als Trixi dies ein paar Mal – erfolgreich – wiederholt hatte, kam ihr plötzlich die Idee, es einmal mit dem kniehohen Cavaletto, das noch von der Stunde mit Rimini in der Mitte der Halle stand, zu versuchen. Im Prinzip war das ja auch nicht weiter schwierig, Florinda würde die Beine nur noch etwas höher heben müssen, überlegte Trixi. Energisch trieb sie die Stute an und trabte flott auf das Cavaletto zu, in der Erwartung, daß Florinda, wie zuvor über die flachen Stangen, traben würde.

Aber nicht so Florinda! Die zierliche Stute drückte sich kräftig mit den Hinterbeinen vom Boden ab und sprang mit einem gewaltigen Satz über das „Hindernis“. Trixi umarmte sie begeistert und rief: „Fifi, Du bist super! Du bist ja ein richtiges Naturtalent!“

Florinda schnaubte zufrieden. „Okay, für heute langt's aber, machen wir Schluß.“

Nachdem sie die Stute trockengeritten hatte, sprang Trixi gewandt vom Pferd. Florinda bekam eine riesige, saftige Karotte zur Belohnung und durfte nach dem Absatteln zu den anderen auf die Koppel, wo sie sich erst einmal ausgiebigst wälzte. Liebevoll sah Trixi ihr zu.

Plötzlich bemerkte sie Marie, die ganz weit hinten, bei den beiden stolzen Müttern stand und ihr heftig zuwinkte. Trixi schleuderte die Reitstiefel von ihren heißen Füßen und rannte barfuß, wobei sie auf die zahlreichen Pferdeäpfel achtgeben mußte, zu ihr hinüber. „Eh bien, ca va?“ rief Marie ihr schon von weitem entgegen. „Wie war sie?“ Trixi strahlte über das ganze Gesicht. „Klasse! Und stell Dir mal vor- sie springt echt super!“ „Formidable. Und Du kommst gut mit ihr zurescht, maintenant?“ Trixi nickte eifrig. „Bien –“, meinte Marie befriedigt. „– puis, es wird Dir gefallen meine Vorschlag ...“ „Vorschlag? Was für'n Vorschlag?“ fragte Trixi neugierig. Marie machte ein geheimnisvolles Gesicht. „Was 'älst Du davon, wenn wir werden ausreiten ensemble, demain?“ „Ausreiten?“ staunte Trixi. „Toll! Aber, wen nimmst Du – und meinst Du, das schaff ' ich mit Florinda?" überlegte das Mädchen. „Pas de problème. Naturellement, moi, isch reite meine Yvonne – Yvette bleibt bei Belle, Beauté und Pierre – und Ihr schafft das locker, vor allem, wenn ma bonne ist dabei, die ist so brav und – eh – zuverlässig, un bon exemple pour Florindà, la folle!" „Folle!?" protestierte Trixi in gespielter Entrüstung. „Sie ist nicht verrückt, wart's nur ab!" „Bien", lachte Marie „Morgen früh,'alb sieben, d 'accord?" „D 'accord!" rief Trixi begeistert.

Voll freudiger Erwartung erwachte Trixi pünktlich um sechs Uhr. Sie sprang aus dem Bett, öffnete die Fensterläden und trat auf den kleinen Giebelbalkon hinaus.Die Sonne war gerade aufgegangen, Vögel zwitscherten, es war aber noch kühl und frisch und die Luft, die vom Meer herüberwehte, schmeckte salzig. Trixi atmete ein paar Mal tief durch, dann ging sie ins Bad, zog einen leichten Pulli und ihre dünne Steppweste an und schlüpfte in die Reithosen. Auf Strümpfen schlich sie leise die knarrende, alte Treppe hinunter, stieg in die Reitstiefel, die vor der Terrassentür standen, und lief zum Stall hinüber. Ein helles Wiehern ertönte – und Florinda streckte ihren edlen Kopf über die Halbtür ihrer Box und scharrte erwartungsvoll mit dem rechten Vorderhuf. „Guten Morgen, meine Süße!" rief das Mädchen fröhlich und strich ihr zärtlich über die weiche Nase. Jetzt machten sich auch die anderen bemerkbar, so daß Trixi sich beeilte, die Pellets in den Krippen zu verteilen.
Als die Pferde zu Ende gefressen hatten, brachte sie Rimini und den alten Pierre auf die Koppel. Sylvie und Blanche, die beiden Ziegen, mußten noch warten, bis Mathilde sie melken würde. Zum Schluß ging Trixi mit dem Spezialfutter zu dem Häuschen hinüber, das früher die Ziegen bewohnt hatten, in dem jetzt aber ein geräumiger Laufstall mit angrenzendem Auslauf für die beiden Stuten und ihre Fohlen entstanden war, so daß diese ungehindert miteinander spielen konnten
Die Vier hatten gerade ihre Mahlzeit beendet, als auch schon Maries klappriges, altes Auto auf den Hof fuhr. Trixi winkte. „Bonjour, Trixi, ca va?" „Ca va bien, merci", entgegnete sie fröhlich. Marie halfterte ihre Yvonne auf und hielt die Stute fest, während Trixi Belle und die beiden Fohlen zu Pierre und Rimini auf die Koppel laufen ließ. Die kleine Yvette wieherte herzerrei-

ßend, als Marie ihre Mutter zum Stall führte, um sie zu putzen. Trixi putzte Florinda gleich in der Box, da sie nachher sowieso noch würde ausmisten müssen. Die zierliche Stute ließ sich brav satteln und das Hackamore anlegen, die Hufe kratzte Trixi ihr auf der Betonplatte vor dem Stall aus, bevor sie nachgurtete und mit Maries Hilfe aufsaß, denn Florinda wollte einfach nicht stillstehen vor ihrem – vermutlich – ersten Ausritt. Beruhigend klopfte Trixi ihr den Hals, während Marie das Hoftor öffnete und ebenfalls aufsaß. Die nußbraune Vollblutstute wäre am liebsten gleich losgerannt, entspannte sich aber zusehends, da Yvonne ganz ruhig im Schritt am langen Zügel dahin trottete. Sie folgten dem Feldweg, der – am vorderen Gartenzaun vorbei – zum Meer führte. Auf kleinen, schmalen, sandigen Pfaden ging es im flotten Trab durch die mit Strandhafer, Erika und hartem, ausgebleichtem Gras bewachsenen Dünen. Florinda legte ein enormes Tempo vor, da ihr das Ausreiten ebensoviel Spaß machte wie Trixi. Die arme Yvonne kam kaum mehr mit!
Zuerst war Trixi ja etwas mulmig zumute gewesen bei dem Gedanken, mit der kleinen Vollblutstute auszureiten, aber jetzt genoß sie den Ritt in vollen Zügen. Florinda hatte von der Rennbahn her eine so gute Kondition, daß sie überhaupt nicht mehr aufhören wollte zu traben. Erst als Marie von hinten rief, ihre Yvonne könne nicht mehr, parierte Trixi die unwillige Stute durch und wartete. „Mon Dieu!" stöhnte Marie und klopfte ihrer schwitzenden Schimmelstute den Hals. „Wollt ihr reiten bis zu Ende der Welt?!" „Na klar!" Trixi lachte übermütig und Florinda scharrte ungeduldig mit den Hufen, weil sie schon wieder weiter wollte.
Sie gingen ein Stück im Schritt, überquerten eine kleine Teerstraße, und Marie fragte: „Comment ca va – avec Florinda? Wie klappt es?" Trixi strahlte.
„Super! Sie ist zwar sensibel und temperamentvoll, aber übermäßig schreckhaft oder so hysterisch wie unsere Belle ist sie nicht. Und sie läuft jetzt auch prima, sehr schnell, aber trotzdem ganz weich und locker. Außerdem hat sie 'ne tolle Kondition – und es macht ihr richtig Spaß. Sie ist echt einsame Spitzenklasse!" Liebevoll kraulte das Mädchen der nußbraunen Stute die dichte schwarze Mähne. „Siehst Du!" meinte Marie trocken. „Und Du wolltest sie erst nischt reiten, Du 'ast sie ge'aßt!"
„Ja –", sagte Trixi gedehnt, „– ich weiß ..." Plötzlich lachte sie

und sagte fröhlich: „Da muß ich ganz schön blöd gewesen sein! – Traben wir wieder?“ Marie nickte zustimmend und trieb Yvonne an. Florinda ließ sich das natürlich sowieso nicht zweimal sagen! Nach einer knappen halben Stunde rief Marie: „Arrète. Komm zurück!“ Abrupt hielt Trixi Florinda an, wendete und trabte zu Marie zurück. „Was ist los?“ fragte sie bestürzt. „Ist was passiert?“ „Non, non.“ Beruhigend schüttelte die junge Frau den Kopf. „Wir sollten nur jetzt 'ier –“, sie deutete auf einen steilen Durchlaß „– runter, denn wenn wir dieselbe Rischtung weiterreiten, kommen wir zum 'afen, und das wäre nischt so gut für die Anfang.“ „Ach so! Okay. Ich dachte schon, Yvonne würde lahmen, oder so.“ „Non, non“, lachte Marie. „Dann 'ätte isch schon mehr geschrien!“ „Na dann ist es ja gut!“ Trixi nahm die Zügel kurz und lenkte Florinda zum Durchlaß. Vorsichtig rutschte die kleine Traberstute auf den Hanken den Sand hinunter. Yvonne folgte auf gleichem Wege. Neugierig sah Trixi sich um. Hier hinten war sie noch nie gewesen! Das Ufer bildete eine flache, weitläufige Bucht, in der zahlreiche winzig-kleine, grasbewachsene und von Felsgürteln umrandete Inselchen aus dem blau-grünen Wasser ragten. Ein paar alte Fischerboote lagen vor Anker, ihre Holzplanken knarrten.
Es war gerade Flut, aber hier war das Meer ganz ruhig, weil die großen Wellen von den Inseln abgehalten wurden. „Schön, nischt?“ fragte Marie. Trixi nickte. „Mais, wir sollten weiter, maintenant, bevor die Touristen zum Strand kommen“, meinte Marie mit Blick auf die Uhr. Unruhig tänzelte Florinda hin und her, sie wollte weiter. „Okay!“ rief Trixi und gab der Stute den Kopf frei, Florinda stob davon – eine Staubwolke zurücklassend. Die Gischt spritzte hoch auf, als die beiden Pferde den Strand entlang galoppierten. Es war einfach herrlich! Florinda flog nur so dahin, gierig sogen ihre weitgeblähten Nüstern die frische Luft ein, ihre schwarze Mähne flatterte im Wind und ihr stolz erhobener Schweif wehte wie eine Fahne hinterher. „Juhuuu!“ schrie Trixi laut – und Florinda wieherte. Das Mädchen stand in den Bügeln und kauerte sich dicht hinter den Hals der zierlichen Stute. So mußte man sich als Jockey fühlen!
Trixi wandte den Kopf. Weiter hinten galoppierte Yvonne in ruhigem Tempo, sie mußte sich noch schonen – als junge Mutter. Aber was war das? Plötzlich stand eine halbkaputte Mauer im Weg. „Los!“ flüsterte Trixi. Florinda spannte die Muskeln,

drückte sich kräftig ab und sprang mit einem gewaltigen Satz hinüber. Geschmeidig gab Trixi nach. „Super! Braves Mädchen!“ Lobend klopfte sie der Stute den glänzenden Hals und brachte sie zum Stehen. Da vorne war auch schon der Feldweg! Marie kam angaloppiert und hielt ihre Schimmelstute neben Florinda an. Die junge Frau schüttelte nur noch den Kopf. „Du ' attest Rescht. Florinda n'est pas folle – ihr seid alle beide total verrückt!“ Trixi strahlte über das ganze Gesicht. „Ich muß wirklich total bescheuert gewesen sein. – Das hier ist das beste Pferd, das ich je geritten habe!“ Marie zeigte ihr einen Vogel und ließ Yvonne den Zügel aus der Hand kauen. „Komm, wir reiten nasch 'ause, maintenant! Selbst Dein ‚cheval formidable‘ ist schweißnaß.“

Im Schritt am langen Zügel ritten sie den Feldweg entlang nach Hause. Es war viertel nach neun Uhr. Olivier und Julia saßen schon beim Frühstück auf der Terrasse und winkten ihnen zu. Jetzt erst merkte Trixi, wie hungrig sie war. Sie sprang vom Pferd, belohnte Florinda mit einer Handvoll Leckerli und führte sie zum Stall, wo sie die verschwitzte Stute absattelte und mit dem Wasserschlauch abspritzte, was diese sichtlich genoß. Es war so schönes Wetter heute, da würde ihr Fell auf der Koppel rasch trocknen. Die Schimmelstute Yvonne hatte es auf einmal ganz eilig, sie wollte schnell zu ihrem Fohlen, das schon sehnsüchtig auf seine Mutter wartete. „Das näschste Mal, wir nehmen die Kleine mit“, meinte Marie. „Gute Idee!“ stimmte Trixi zu. „Jetzt, wo ich weiß, wie gut ich mit Florinda beim Ausreiten zurechtkomme, ist es ja kein Problem. – Und? – Wann?“ Lachend verschwand Marie in der Sattelkammer, wo sie Yvonnes Sattelzeug aufräumte. Trixi gab Florinda einen halben Eimer Wasser und brachte sie zu den anderen auf die Koppel, wo sich die zierliche Stute erst einmal ausgiebig wälzte, so daß ihr nasses Fell ganz voller Dreck war. „Na, da hab' ich ja wieder viel zu putzen“, murmelte Trixi. „Aber Du hast es Dir verdient. – Ich geh' jetzt jedenfalls erst mal frühstücken!“ Julia lud Marie ein, doch mitzuessen. Dankend nahm die junge Frau an. Trixi knurrte schon richtig der Magen. „Was riecht denn da so gut?“ fragte sie hungrig. „'ier, ma petite.“ Olivier reichte ihr einen Korb. „Mathilde 'at frisches Brot gebacken.“ „Mmh!“ Genießerisch verdrehte Trixi die Augen. „Ich sterbe vor Hunger!“ Sie saßen noch lange beim Frühstück, aßen, tranken Milchkaffee und redeten.

Abschied – und das schönste Geschenk

Es wurde langsam Zeit, die – jetzt fast zehn Wochen alten – Welpen abzugeben, wenn es auch allen – und besonders Trixi und Olivier – sehr schwer fiel. „Olivier hat dann ja wenigstens noch seine Umbra, aber ich?" dachte Trixi oft, und bei dem Gedanken, ihren kleinen Liebling Chocolat hergeben zu müssen, wurde sie ganz traurig.

Schon ein paar Mal waren Interessenten dagewesen, die sich die Welpen angesehen hatten. Zwar nette Leute, denn andere hatte Olivier stets nachdrücklich weggeschickt, – aber trotzdem ... Und heute würde „die Meute" abgeholt werden – Olivier hatte das so vereinbart.

Bedrückt saß Trixi im Auslauf auf dem Boden und nahm Abschied. Einen nach dem anderen zog sie die kleinen Hunde auf den Schoß, streichelte , kraulte und knuddelte sie und wünschte ihnen Glück bei ihren neuen Besitzern. Arès, den kräftigen Erstgeborenen, der einmal ein echter Prachtkerl werden würde, hatte sich eine nette junge Frau ausgesucht, die selbst Neufundländer züchtete und sich einen eigenen Deckrüden heranziehen wollte. Der drahtige, sportliche Arco würde zu einem jungen Mann kommen, der ihn als Wasserrettungshund ausbilden wollte. Die dicke gemütliche Alma sollte „Kindermädchen" bei einer jungen Familie mit kleinen Kindern werden, wofür die gutmütige Hündin, die nichts so leicht aus der Ruhe bringen konnte, sehr gut geeignet war. Ein Jugendlicher, etwa in Trixis Alter, bekam das freche, dickköpfige kleine Biest Annie – wie Olivier erzählt hatte. Die zarte, sanfte Aimée hatte ein älteres, kinderloses Ehepaar liebgewonnen, das die manchmal etwas schüchterne, sensible Kleine sicher sehr verwöhnen würde. Und Chocolat? Olivier hatte es Trixi einfach nicht verraten wollen. Traurig wischte sich das Mädchen über die Augen und schneuzte sich kräftig.

„Trix! Komm, wir gehen!" rief Julia, die mit Umbras Leine aus der Haustür trat. Trixi und sie hatten nämlich ausgemacht, solange mit der Hündin spazierenzugehen, während ihre Welpen abgeholt wurden.

Sie gingen mit Umbra zum Strand, den die Hündin so liebte, aber es war ein trauriger Spaziergang, da auch Umbra spürte, daß etwas nicht stimmte.

Als sie zurückkamen, rannte die Hündin sofort aufgeregt am Bo-

den schnuppernd zum Auslauf, in dem nun gähnende Leere herrschte. Aber was war das? Trixi stockte der Atem. „Chocolat!“ schrie sie, öffnete die Tür, kniete nieder und schloß das winselnde, wedelnde, wuschelige schokoladenbraune Etwas in die Arme. Freudig fiepend leckte der kleine Hund ihr über das Gesicht. Dann rannte er zu seiner Mutter, die ihn liebevoll begrüßte. Trixi war überglücklich. Doch plötzlich fiel ihr ein, daß dies ja nur eine Verzögerung bedeutete und sie nun doch mit ansehen mußte, wie der Kleine ganz allein abgeholt werden würde. Außerdem schienen die Leute nicht gerade sehr zuverlässig zu sein, wenn sie schon beim Abholen zu spät kamen.
Olivier kam aus der Praxis, um seine Umbra zu trösten. Bitterböse sah Trixi ihn an. „Was hast Du da nur für Leute ausgesucht, für Chocolat?“ „Pourquoi? Isch finde sie très sympatique.“ „So – findest Du?“ entgegnete Trixi spitz. „Sehr zuverlässig sind sie aber nicht gerade!“ „Si, si“, bekräftigte Olivier. „Man kann sisch verlassen auf sie, 'undertprozentig!“ Verständnislos sah das Mädchen ihn an. „Olivier!“ mischte Julia sich da ein. „Jetzt spann sie doch nicht so auf die Folter!“ Mit großen, traurigen Augen blickte Trixi von einem zum anderen – sie verstand immer noch nichts. „D 'accord.“ Olivier griff in seine Gesäßtasche und zog einen Briefumschlag heraus. „Isch werde die Papiere an die neue Besitzer übergeben.“ Mit einer galanten Verbeugung reichte er Trixi den Umschlag. Sie sah ihn groß an. Plötzlich zog ein Strahlen über ihr Gesicht. „Du gemeiner Kerl!“ rief Trixi und fiel ihm um den Hals. Olivier drückte sie fest an sich.
„Aber was ist mit meinen Eltern, wenn ich wieder heim muß und plötzlich mit einem Hund ankomme?“ „Pas de problème“, beruhigte Olivier sie. „Julia ' at mit Deiner Mutter geredet, sie ist einverstanden.“ Jetzt war Julia an der Reihe, umarmt zu werden. „Wie hast Du das nur geschafft? Meine Mutter und ein Hund?“ „Tja!“ schmunzelte Julia. „Es hat mich all meine Überredungskunst gekostet. Außerdem hab' ich ihr erklärt, daß Chocolat dann ja schon ein Jahr alt ist und stubenrein und selbsverständlich perfekt erzogen ...“ Trixi schnitt eine Grimasse. Dann lief sie zu Chocolat, nahm den Welpen auf den Arm und sagte: „Merci, ihr zwei. Das ist wirklich das schönste Geschenk, das ich je bekommen habe!“
Da Chocolat nun alt genug war, seine Mutter zu verlassen und jetzt schließlich Trixi gehörte, bekam er seinen eigenen Platz in

ihrem Zimmer. Aus einem alten Bettkasten hatte Olivier eine tolle Hundekiste mit Einstiegsloch gezimmert, die Trixi mit einer gebrauchten Matratze ausstopfte. Auf die Matratze kam ein Gummituch aus der Praxis, falls Chocolat doch einmal ein kleines „Mißgeschick" passieren sollte, und obendrauf legte Trixi eine weiche karierte Wolldecke, damit ihr Hund es schön warm hatte.
Stubenrein wurde Chocolat sehr schnell. Dafür sorgte schon Umbra, die ihren Sohn jedesmal hinausjagte, wenn er im Haus sein Geschäft erledigen wollte. Außerdem trug Trixi ihn immer rasch in den Garten, wo sie ihn ausgiebig lobte. Fand sie drinnen doch einmal ein Häufchen oder eine Pfütze, bekam Chocolat einen Klaps mit einer zusammengerollten Zeitung und Trixi mußte eben aufwischen.
Nachts schlief der kleine Neufundländerrüde in seinem Kasten unter dem Bett des Mädchens. Trixi machte ihm stets selbst sein Fressen und spielte sehr viel mit ihm – im Haus und im Garten. Allerdings übte sie auch das Alleinbleiben mit ihm, denn was sollte sie tun, wenn sie – leider schon sehr bald – wieder in die Schule würde gehen müssen. Deshalb sperrte sie Choclolat jeden Tag für gewisse Zeit , die sie kontinuierlich steigerte, in den Welpenauslauf, wo er sich mit seinen Hundespielsachen selbst beschäftigen mußte. Zu diesen Zeiten vermißte Chocolat seine Geschwister sehr, aber ansonsten nützte er deren Abwesenheit ungeniert aus. Er spielte bei Umbra „Einzelkind" und ließ sich von ihr verwöhnen, obwohl sie bisweilen sehr streng zu ihm war, wenn er ihr zu frech wurde.
Am liebsten aber hatte er es, wenn Trixi sich um ihn kümmerte. Erst sollte sie mit ihm spielen und herumtoben, dann wollte er auf ihrem Schoß schlafen, während sie ihm das Bäuchlein kraulte – und zum Schluß wäre etwas Leckeres zum Fressen nicht schlecht!

Die Ferien gehen zu Ende

Trixi trainierte mit Rimini und Florinda in der Halle, ritt mit Marie aus, beobachtete Yvette und Beauté, die beiden Fohlen, half Olivier in der Praxis, spielte mit ihrem Chocolat, schwamm im Meer und kletterte auf den Felsen herum – oder lag einfach faul

am Strand in der Sonne. Doch wenn sie an die neue Schule dachte, und daran, daß ihre Ferienidylle kaum mehr eine halbe Woche andauern würde, wurde ihr ganz schlecht. Lauter neue Lehrer und Mitschüler, die sie nicht kannte, überhaupt ein ganz anderes Schulsystem . . . Zuhause war sie schon so ungern zur Schule gegangen und immer froh gewesen, wenn es endlich geläutet hatte, und jetzt? – Hier würde sie immer erst um 15 Uhr aushaben, hatte Olivier gesagt. Wie sollte sie es da nur schaffen, alle Pferde, die beiden Katzen und ihren Hund zu versorgen und außerdem noch den Stall auszumisten? Olivier hatte gemeint, er wolle zu ihrer Entlastung einen Pferdepfleger einstellen. Aber es war sehr schwierig, einen zu finden – vor allem einen, der Gnade vor Trixis und Oliviers kritischem Auge fand.
Trixi seufzte und drehte sich auf die andere Seite. Murrend verließ Minuit, der schwarze Kater, seinen Platz auf ihrer Bettdecke und sprang auf den Sessel hinüber, wo er sich wieder gemütlich zusammenrolte. Chocolat winselte aufgeregt im Schlaf, zuckte mit den großen, tapsigen Pfoten und wedelte begeistert mit seinem mickrigen, dünnen Elefantenschwänzchen. Wahrscheinlich träumte er wieder. Behutsam langte Trixi mit der Hand unter das Bett und kraulte den Welpen hinter den lustigen Schlappohren. Der Kleine beruhigte sich und begann dafür, laut zu schnarchen, was so ansteckend war, daß Trixi auch einschlief.
Am nächsten Tag fuhr Julia mit Trixi in ihrer alten Ente nach Brest, da sie der Ansicht war, daß das Mädchen noch ein paar neue Sachen für die Schule brauchte. „Aber ich hab' doch genug zum Anziehen, und das wird doch viel zu teuer!" protestierte Trixi. Aber Julia erstickte jeden Widerspruch im Keim. „So viel kannst Du gar nicht essen, wie Deine Eltern Geld schicken. – Und außerdem hab' ich Lust, mit Dir einen Stadtbummel zu machen!" Was konnte Trixi dem schon entgegensetzen?!
Von ihrem kleinen Dorf bis Brest brauchte man mit dem Auto eine knappe halbe Stunde. In die Schule würde Trixi mit dem Bus fahren müssen. Aber Julia hatte ihr fest versprochen, sie zumindest am ersten Tag hinzubringen.
Trixi sah beim Fenster hinaus. Sie liebte die karge, urwüchsige Landschaft der Bretagne, das ausgebleichte Gras, die einzelnen windzersausten Bäume und die kleinen, schiefer- oder strohgedeckten Häuser aus verwittertem Naturstein mit den bunt gestrichenen Fensterläden und Gartenzäunen, an denen meist die

großblättrigen, farbenprächtigen Hortensien wuchsen, die Trixi so gerne mochte. „Es ist eine gute Gegend, um zu malen." meinte Julia und lächelte dem Mädchen zu. „Es ist eine gute Gegend, um zu leben!" sagte Trixi ernsthaft. Julia freute sich. „Dann gefällt's Dir also bei uns, hm?!" Trixi nickte eifrig.
Als sie den nördlichen Stadtteil von Brest erreicht hatten, zeigte Julia nach links und sagte: „Jetzt schau mal da rüber, dann siehst Du Deine Schule!" Neugierig reckte Trixi den Hals. Die Schule war ein mittelgroßer, aus mehreren Trakten bestehender, ziemlich häßlicher Betonklotz, umrahmt von gepflasterten Pausenhöfen. Weiter hinten konnte Trixi eine Turnhalle und Sportplätze erkennen. „In Begeisterung brichst Du ja nicht gerade aus!" neckte Julia sie. Das Mädchen streckte ihr die Zunge heraus und fragte hinterhältig: „Wie warst Du denn in der Schule?" „Ojeh, ojeh!" Julia lachte und zauste ihren karottenroten Schopf. „Meine Eltern hatten es schwer mit mir. Ich war furchtbar schlecht in der Schule, hab' mit Ach und Krach meinen Realschulabschluß geschafft. Mich hat das alles einfach nicht interessiert – nur Malen konnte ich schon immer!" „Und was hast Du dann gemacht, nach Deinem Abschluß?" wollte Trixi wissen. „Ich bin auf eine Kunstakademie gegangen. Das war toll! – Und Du, was willst Du mal werden?" „Früher hatte ich keine Ahnung. Ich bin eigentlich nur in Sport und Bio gut – und in Französisch, so naja. Aber seit ich bei euch bin, denke ich oft an Tierärztin." „Prima Idee!" pflichtete Julia ihr bei. „Ich glaube, dafür wärst Du sehr gut geeignet. Olivier ist immer ganz begeistert von Dir!" Trixi lächelte, sie freute sich über das Lob.
Brest war eine Stadt in modernistischem Stil, die – nachdem sie im zweiten Weltkrieg völlig zerstört worden war, wie Julia bemerkte – nach einem geometrischen Grundplan aufgebaut. Trixi fand sie nicht besonders schön. „Warte nur bis wir zum Hafen kommen, der gefällt Dir bestimmt", meinte Julia. Das stimmte! Sie spazierten, nachdem Julia ihre Ente geparkt hatte, den „Cours Dajot" , eine schöne Promenadenstraße auf der ehemaligen Stadtbefestigung, von der man einen tollen Blick auf den riesigen Hafen hatte, entlang und aßen ein Eis.
Der Hafen lag in einer weiten natürlichen Bucht, die von zerklüfteten Höhenzügen umrahmt und von tiefen Mündungstrichtern eingeschnitten wurde. Nur durch einen engen Durchlaß konnten die Schiffe in den Atlantik gelangen. Auf der Ecke zwi-

schen Handelshafen und einem Meeresarm, befand sich eine gewaltige, trutzige Festung, der einzige erhaltene Zeuge der Vergangenheit. Von hier aus konnte man die ganze Bucht überblikken. Trixi war fasziniert. Von den Schiffen gefielen ihr die Hochsee-Yachten am besten. „Toll!“ meinte sie. „Und es stinkt gar nicht nach Fisch.“ „Dummchen“, lachte Julia, „es ist doch kein Fischereihafen!“ Trixi mußte mitlachen. „Okay, okay! Aber die Häfen, die ich bisher gesehen habe, haben immer nach Fisch gestunken. Und wie!“ „Solche wirst Du hier garantiert auch noch sehen“, versprach Julia. „Aber jetzt komm, wir wollen doch noch einkaufen!“
Sie kehrten zum Auto zurück und fuhren in den Stadtteil, in dem es – wie Julia wußte –, die meisten und besten Geschäfte gab. „Was Du unbedingt brauchst, Trix, ist eine vernünftige, wetterfeste Jakke. Und die gibt es am ehesten hier!“ Julia steuerte auf einen Reiterladen zu. „Hey, das ist ja toll!“ rief Trixi begeistert. „Ich hoffe, es wird Dir nicht so langweilig, wenn ich mich umschaue.“ „Damit muß ich rechnen, wenn ich mit Dir hierher gehe!“ entgegnete Julia trocken. Trixi bekam eine wirklich tolle, dunkelblaue Wachsjacke mit kariertem Innenfutter, Kapuze, vielen Taschen und einem Kragen, den man bis obenhin zumachen konnte. Außerdem ging ihr die Jacke fast bis an die Knie. „So“, meinte Julia befriedigt. „Das ist genau das Richtige für unseren bretonischen Herbst und Winter.“ „Puh!“ Trixi fühlte sich wie ein Eskimo, da es jetzt – Ende August – noch sehr warm war. Julia lachte. „Weißt Du was, Du mußt die Jacke Mathilde zeigen, dann strickt sie Dir garantiert noch einen Schal dazu und Handschuhe. – Also, komm, gehen wir!“ „Moment!“ Rasch kaufte Trixi noch ein neues – knallrotes – Halfter und den dazu passenden Strick für „ihre“ Florinda. Dann verstauten sie die Sachen im Auto und gingen zu Fuß weiter. Julia kannte in einer schmalen Gasse einen kleinen Jeans-Laden, den die beiden gemeinsam durchstöberten.
Trixi bekam ein Paar Mokassins, ein Jeanshemd und eine Indianerweste, und sie hatte langsam ein richtig schlechtes Gewissen, daß Julia soviel Geld für sie ausgab. Irgendwie erinnerte es sie an ihren ersten Tag mit Julia – in Paris – , als diese unbedingt groß essen gehen wollte, nachdem sie alle ihre Bilder verkauft hatte.
Gemütlich schlenderten sie weiter, als Julia schon wieder etwas Neues entdeckt hatte. „Oh, Trix, schau 'mal! Das mußt Du unbedingt anprobieren!“ Sie hielt ein dunkelblaues, vorne ganz

durchgeknöpftes Mille-fleurs-Minikleid hoch. Trixi hatte eigentlich überhaupt keine Lust, aber sie dachte an Paris und daran, wie beleidigt Julia nach ihrer Absage gewesen war. „Na gut!“ Seufzend verschwand sie in der Umkleidekabine und zog das Kleid an. Julia war hellauf begeistert. „Es steht Dir fabelhaft! Wirklich wunderschön!“ Jetzt trat auch noch eine – viel zu stark geschminkte – Verkäuferin hinzu, schlug die Hände über dem Kopf zusammen und flötete: „Formidable. Magnifique. Vous Etes une fille très jolie.“ Trixi wäre am liebsten gegangen, sie haßte es, wenn man so einen Trubel um ihre Person veranstaltete. Aber als Julia nun auch noch sagte: „Es macht wirklich Spaß, mit Dir einkaufen zu gehen, wie mit einer Freundin! Und Dir paßt immer alles und Du siehst so hübsch darin aus!“ – konnte Trixi sie nicht so enttäuschen. Außerdem gefiel sie sich selbst in dem Kleid auch nicht schlecht. Trotzdem war sie froh, daß Julia danach ihre Ente aufsuchte und sie zurück nach Hause fuhren.
Der kleine Chocolat überschlug sich fast vor Freude, als er seine Trixi wiederhatte. „Mein armes Bärchen“, bedauerte das Mädchen ihn und sich selbst, „warte nur bis die Schule wieder anfängt!“

Die neue Schule

Mit seinem Rasseln riß der altmodische Wecker Trixi aus unruhigem Schlaf. Sechs Uhr! Schlaftrunken tappte sie auf bloßen Füßen ins Bad, wusch sich und zog sich an: ihren dunkelblauen, mit weißen Rosen bedruckten Faltenmini, ein weißes T-shirt, den dunkelblauen, gestrickten Baumwollpullover und weiße Stoffturnschuhe. Ihre langen, weißblonden Haare ließ sie sich von der guten Mathilde zu einem dicken Zopf flechten. Dann stellte sie Minuit und Midi ihr Schälchen hin und fütterte Umbra und Chocolat. Olivier würde sich dafür an diesem Morgen um die Pferde kümmern. Nur „ihre“ Florinda, die kleine Traberstute, mußte Trixi natürlich höchstpersönlich versorgen. Sie schüttete ihr die Pellets in die Krippe und brachte die Stute, nachdem sie mit den beiden Hunden spazierengegangen war, auf die Koppel, wobei ihr der kleine Chocolat ständig hinterlief. Trixi brach es fast das Herz, als sie den Welpen in den Auslauf sperren und sich von ihm verabschieden mußte.

„Frü'stück!" rief Tante Mathilde. Aber Trixi schüttelte den Kopf, sie konnte jetzt nichts essen, da sie so aufgeregt war. „Mais oui, Du mußt dosch ..." Mathilde konnte es gar nicht fassen, vor sich hin murmelnd verschwand sie wieder in der Küche. Trixi streichelte Chocolat. „Komm, Trix, wir müssen los!" Mit ihren Autoschlüsseln klappernd kam Julia aus der Haustür. Trixi drückte ihren kleinen Hund ein letztes Mal an sich, stand auf und schloß das Gitter. Die beiden waren schon am Gehen, als Mathilde hinter ihnen herlief und rief: „Arretez. – Voilà." Atemlos drückte sie Trixi eine Tüte in die Hand. „Merci." Trixi verstaute die Tüte verwundert in ihrem Rucksack. „Komm jetzt endlich!" drängte Julia. Sie stiegen ins Auto und fuhren los.

Mit quietschenden Bremsen hielt Julia vor der Schule. „Komm, Trix, Olivier hat gemeint, wir müssen erst zum Direktor!" Scharen von Schülern strömten lachend und plaudernd zum Eingang, die einen oder anderen sahen Trixi neugierig an. „Puh! Ich hasse Schulen!" Ratlos stand Julia im Gedränge. „Ich hab' keine Ahnung, wo der Direktor ist. – Und dann auch noch der vom deutschsprachigen Teil", gab sie kleinlaut zu. „Aber es muß mich doch jemand angemeldet haben!" stöhnte Trixi. „Ja, schon. Aber Olivier hat das gemacht. Er sollte Dich ja eigentlich auch hinbringen, aber er hatte keine Zeit." Julia war richtig verzweifelt. Trixi staunte immer wieder, wie hilflos Julia in solchen Dingen doch war. Sie mußte die Sache wohl selbst in die Hand nehmen.

Da hatte doch gerade jemand deutsch gesprochen! Trixi wandte sich um und stand einem kleinen, gedrungenen Mädchen mit schulterlangen blonden Haaren, hellblauen Augen und einem netten, runden Gesicht, das ihr auf Anhieb symphatisch war, gegenüber. „Hallo, kannst Du uns helfen? Ich bin neu hier und suche den Direktor, weil ich nicht weiß, wo ich hinmuß." „Na klar! Komm mit!" entgegnete das Mädchen fröhlich. „Alles klar, Julia, Du brauchst nicht mitkommen. Hol' mich dann halt wieder ab, um ..." „... um 12, wir haben heute schon früher aus", half das Mädchen weiter. „Okay. Dann bis später, Trix." Julia war hörbar erleichtert.

„Also, komm! Ich heiße übrigens Vroni, Veronika Schnelli. Aber hier natürlich meistens Veronique", stellte das Mädchen sich vor. „Und Du?" „Ich heiße Beatrix – also Beatrice – Reuter und komme aus Ulm. Aber du kannst mich Trixi nennen. Sag' mal, kommst Du eigentlich aus der Schweiz?" „Stimmt!" lachte Vroni. „Das merken die meisten. Mein Vater hat bei einer Schweizer Firma gearbeitet und wurde dann – vor fünf Jahren – hierhergeschickt. Jetzt wohnen wir in Brest. Und Du? Wie hat's Dich hierher verschlagen?" „Mein Vater ist Journalist und dauernd unterwegs. Jetzt mußte er für ein Jahr nach China und hat meine Mutter und meine drei kleinen Geschwister mitgenommen. Aber ich konnte nicht mit, wegen der Schule. In ein Internat wollte ich nicht und bin lieber hierhergekommen. – Julia ist eine alte Freundin meiner Mutter", fügte Trixi erklärend hinzu. „Achso, deshalb! Hab' ich mir doch gleich gedacht, daß sie nicht Deine Mutter ist", bemerkte Vroni scharfsinnig. „Du siehst ihr auch überhaupt nicht ähnlich – mit Deinen hellen Haaren." „Meine Mutter ist Schwedin. Von ihr hab' ich die Haare geerbt", erklärte Trixi.

„Uff!" Vroni riß die Augen auf. „Schon viertel vor. Jetzt müssen wir uns aber beeilen, sonst schnappen die uns die guten Plätze weg!" Sie stieß eine Tür auf und zog Trixi hinter sich her in das Zimmer des Direktors. „Bonjour, M. Simon!" rief sie fröhlich. Der grauhaarige Mann, der an seinem Schreibtisch gesessen hatte, als sie eintraten, drehte sich um. „Natürlisch – Veronique. 'ätte isch mir ja denken können. Isch würde zu gerne wissen, wann Du das erste Mal anklopfst." „Oh pardon!" Vroni riß wieder die Augen auf. „Aber wir haben es furchtbar eilig. Sie finden doch sicher auch, daß wir nicht zu spät kommen dürfen!" Schmunzelnd schüttelte M. Simon den Kopf. Dann bemerkte er Trixi. „Oh, Du mußt Beatrice Reuter sein. Da 'ast Du Dir ja eine schöne Begleitung gesuscht", scherzte er und blätterte in seinen Unterlagen. „Oui, c'est ca. Du kommst in die 10 B – bei Mme Avril, Raum 329 ..." „He, toll!" unterbrach ihn Vroni jubelnd. „Dann kommen wir ja in dieselbe Klasse. – Und dann auch noch bei Frau April. Super!" „Oui, oui." Energisch schob M. Simon Vroni zur Tür. „Aber jetzt raus! Verschwinde, Veronique! – Et toi, viel Glück, Beatrice!" „Merci, M. Simon." „Endlisch einmal eine 'öflische Schülerin", bemerkte er mit einem Blick auf die freche Vroni.

Die beiden hasteten die Treppen hoch. „343? Halt! Andere Seite! – Und da drüben ist das gewisse Örtchen für dringende menschliche Bedürfnisse." Vroni deutete auf eine gelbe Tür. Trixi lachte. „Was ist los?" fragte Vroni – natürlich mit aufgerissenen Augen. „Nichts. Ich muß nur gerade daran denken, wie aufgeregt ich heute Morgen war. Aber bis jetzt gefällt's mir eigentlich ganz gut, dabei gehe ich überhaupt nicht gerne in die Schule." „Nicht? Ich schon! – Wollen wir uns zusammensetzen?" „Gerne", freute sich Trixi und alberte: „Ich sehe schon: das ist der Beginn einer wunderbaren Freundschaft!" Sie lachten beide und wußten noch nicht, wie recht Trixi mit ihrem Scherz behalten sollte. „333, 332 ...", zählte Vroni. „331, 330, 329 – Ah, da haben wir es ja schon!"

Vor dem Klassenzimmer standen drei Jungen und unterhielten sich. „Hallo!" trompetete Vroni. „Hi, Chief Woman!" begrüßten sie das Mädchen mit kameradschaftlichem Spott und starrten Trixi bewundernd an. Trixi wurde rot, was man ihrem gebräunten Gesicht glücklicherweise nicht ansah. „Was schaut ihr denn so?" spottete Vroni. „Habt ihr noch nie ein hübsches Mädchen gesehen? Ihr kennt mich doch schon so lange! – Übrigens: sie heißt Trixi. – Und das sind Phillip, Charles und Martin!" „Hi!" „Hallo!"

Energisch schob Vroni Trixi in das Klassenzimmer, wo, auf Tische, Stühle, die Heizungen und Fensterbänke verteilt, drei weitere Jungen und vier Mädchen hockten. Bei Trixis Eintreten verstummten die Gespräche. „Hallo Leute!" rief Vroni. „Kein Grund zur Aufregung! Das ist nur Trixi, unsere Neue! – Wo sollen wir uns hinsetzen, Trixi?" „Ans Fenster", schlug Trixi vor. „Okay." Die beiden wollten sich gerade an einer freien Bank niederlassen, als sich ihnen ein großes, schlankes, dunkelhaariges Mädchen in den Weg stellte und sie anfuhr: „Halt! Da könnt ihr euch nicht hinsetzen! Da sitze nämlich ich!" „Na gut", meinte Trixi friedlich. „Dann setzen wir uns eben da rüber, in die Mitte." Verächtlich sah das Mädchen Trixi an und sagte hochmütig: „Das wird nicht gehen, da sitze ich nämlich auch!" Trixi war verblüfft. So etwas hatte sie nicht erwartet. „Du hast sie wohl nicht mehr alle, Mélanie!" ging die kleine Vroni auf das Mädchen los. „Wofür brauchst Du bitte schön gleich vier Plätze!?" „Weil ich mich noch nicht entschieden habe, wo ich mich hnsetzen werde!" entgegnete Mélanie schnippisch. Bei soviel Unverschämtheit blieb sogar der frechen Vroni die Luft weg. „Komm, Trixi!" sagte sie nach einer kurzen Pause. „Wir setzen uns jetzt einfach da ans Fenster!" Die beiden stellten ihre Schultaschen ab und nahmen Platz. Mélanie setzte gerade zu einem Protestgeschrei an, als Frau April, eine schlanke Frau mittleren Alters mit Brille und

dunkler Dauerwelle, das Klassenzimmer betrat und die Klasse in ein Jubelgeschrei ausbrach. „Euer Gejubel ehrt mich ja sehr ...", rief Frau April lachend. „... aber es wäre sehr nett, wenn ihr euch jetzt mal hinsetzen und still sein würdet!" Nach und nach verstummte der Lärm und die Schüler setzten sich auf ihre Plätze. „Ich hoffe, ihr habt alle die Ferien gut verbracht – natürlich abgesehen davon, daß sie wie immer viel zu kurz waren", sagte Frau April. „Wie ihr sicher schon bemerkt habt, habt ihr eine neue Mitschülerin bekommen – Beatrix Reuter. Jeder von euch kommt jetzt nach der Reihe nach vorne und stellt sich vor. Du natürlich auch, Beatrix. – Also los, Phillip, fang an!"
Mit Trixi waren in der Klasse sechs Jungen und sechs Mädchen. Die meisten von ihnen wohnten, wie Vroni in und um Brest. Da die anderen sich auch alle vorstellen mußten, hatte Trixi keinerlei Hemmungen, dasselbe zu tun. Als Letzte war Mélanie an der Reihe. Hochnäsig erzählte sie von ihrer Villa direkt am Meer und daß ihr Vater Generaldirektor sei. Sie war ganz einfach das verwöhnte Einzeltöchterchen reicher Eltern, fand Trixi.
Der Pausengong ertönte, und alle strömten nach draußen. Auch Vroni und Trixi verließen das Schulhaus, um ein bißchen herumzulaufen. „Warum nennen Dich die anderen eigentlich Chief Woman?" fragte Trixi und biß herzhaft in ihr Käsebrot, als das sich Mathildes geheimnisvolle Tüte entpuppt hatte. „Ach, weil ich fast immer Klassensprecher war. Und dann haben wir mal ein Buch über den weiblichen Indianerhäuptling ‚Chief Woman' gelesen und seitdem ..." Vroni zuckte die Schultern. Sie war bei allen sehr beliebt und angesehen, eine richtige Freundin hatte sie aber nicht. „Stimmt es, daß wir immer bis 15 Uhr Schule haben?" fragte Trixi weiter. „Ja, das stimmt. Aber dafür haben wir keine Hausaufgaben – höchstens mal ein paar Vokabeln lernen –, weil die Schulstunden ja eine ganze Uhrstunde dauern", entgegnete Vroni. „Uff! Da bin ich aber erleichtert!" rief Trixi. „Ich dachte schon, wir hätten so lange Schule und dann auch noch Hausaufgaben! – Warum sind wir eigentlich nur 12 Leute in der Klasse? Früher waren wir immer mindestens 20." „Wir sind ein Experiment, sozusagen; ein deutschsprachiger Teil an eine normale französische Schule angegliedert, da wir auch ein paar Fächer mit den Franzosen gemeinsam haben, und pro Jahrgangsstufe nur zwei Klassen zu cirka zehn Schülern. Da lernt sich's natürlich viel schneller! D'rum wird ja auch auf die Hausaufgaben verzichtet. Übrigens be-

steht unser System, das ich echt Spitze finde, erst seit ungefähr sechs Jahren!" „Puh!" stöhnte Trixi. „Einen wissenschaftlichen Vortrag wollte ich eigentlich nicht gerade!" „Na, sei doch froh, jetzt kennst Du Dich wenigstens aus!" sagte Vroni trocken.

Ein zweiter Gongschlag beendete die Pause nach einer Viertelstunde. Rasch liefen Vroni und Trixi zurück ins Klassenzimmer. Nachdem Frau April, die übrigens Deutsch und Geschichte gab, die neuen Stundenpläne ausgeteilt hatte, sagte sie: „Wir müssen jetzt noch die Klassensprecher wählen, dann könnt Ihr meinetwegen gehen. Wer hat einen Vorschlag?" „Na wer wohl!? Vroni natürlich!" riefen alle durcheinander. „Gut", meinte Frau April. „Kürzen wir die ganze Sache ab. Also – Finger hoch – Wer ist für Vroni?" Zehn Hände reckten sich in die Luft. Nur Mélanie sah mit verkniffenem Gesicht unbeteiligt aus dem Fenster. „Das ist eindeutig die Mehrheit. Nimmst Du die Wahl an, Vroni?" fragte Frau April. Vroni nickte ergeben. „Wenn's sein muß! – Aber nur, wenn Phillip zweiter wird!" fügte sie rasch hinzu. Die anderen lachten, und Frau April meinte: „Gut. Wenn ihr alle einverstanden seid?" „Sind wir!" erklärte Vroni zuversichtlich. „Dürfen wir jetzt gehen?" „Haut ab!" lachte Frau April.

Da noch nicht 12 Uhr war, setzten sich Vroni und Trixi – bis diese abgeholt werden würde – auf eine Bank und unterhielten sich angeregt.

Plötzlich ertönte ein quäkendes Hupen. Das konnte nur Julias Ente sein! „Tschüß, Vroni, bis morgen!" rief Trixi. „Treffen wir uns an der Bank hier?" „Okay! Machs gut! Und grüß Deinen – wie heißt er? – Chocolat von mir!" „Mach ich. Tschüß – Chief Woman."

Trixi lief zur Straße, öffnete die Tür der Ente und ließ sich aufatmend auf den Beifahrersitz fallen. „Na, wie war's?" fragte Julia mitfühlend. „Och." meinte Trixi. „Es ging. So schlimm war's gar nicht. Der Direktor, M. Simon, und Frau April, unsere Klassenlehrerin, sind sehr nett, die Klasse ist auch okay – bis auf so ein blödes Weib – aber naja! Und wir haben zwar jeden Tag bis 15 Uhr Schule, aber dafür keine Hausaufgaben!" Julia fand das schon einmal sehr positiv. „Und dieses Mädchen? Das Du angesprochen hast?" fragte sie Trixi. „Ach – Vroni? Die ist nett. Neben der sitze ich jetzt ..." „Nun fahr doch, Du Trottel, grüner wird's nicht!" schimpfte Julia. „Ach, übrigens, bevor ich es vergesse, Mr. Steinberg hat angerufen. Er hat Dich am Samstag für

ein Turnier gemeldet, in Morlaix – glaube ich." „Der Mann hat Nerven!" stöhnte Trixi. „Kann der mich vielleicht einmal fragen!? – Um wieviel Uhr? Mit wem? Welche Klasse?" „Keine Ahnung!" entgegnete Julia. „Aber schau mich nicht so böse an, ich hab's aufgeschrieben!"
Mit kreischenden Bremsen hielt Julia vor der Gartentür. Trixi sprang aus dem Auto. „Chocolat! Ich komme!" rief sie schon von weitem. Ein freudiges Bellen ertönte, und der Welpe wedelte so stark mit seinem dünnen Schwänzchen, daß sein ganzer kleiner Körper wackelte. Liebevoll nahm Trixi den – schon ganz schön großen – Kleinen auf den Arm und trug ihn hinauf in ihr Zimmer, wo sie sich erst einmal umzog – Reithosen natürlich!
Die Woche verging wie im Fluge. Morgens versorgte Trixi rasch die Tiere, dann radelte sie zur Bushaltestelle und fuhr mit dem Bus in die Schule, wo sie sich mit Vroni traf. Täglich verstand Trixi sich noch besser mit ihr, lernte neue Lehrer kennen – in Latein und Französisch hatten sie übrigens den netten M. Simon – und gewöhnte sich nach ihren langen Sommerferien langsam wieder daran, in die Schule gehen zu müssen, was ihr sogar gar nicht so schlecht gefiel, da sie jetzt wußte, warum sie lernen mußte. Denn ihr Entschluß stand fest: sie wollte Tierärztin werden!
Wenn Trixi um halb vier nach Hause kam, zog sie sich sofort um und trainierte mit Rimini, da Mr. Steinberg sie ja mit dem Wallach am Samstag in Morlaix für die A-Dressur gemeldet hatte. Danach versorgte sie die anderen Pferde und ging mit Umbra und ihrem Chocolat spazieren. Zwar hatte Trixi keine Hausaufgaben, schaffte es aber trotzdem kaum, mit allem fertig zu werden. „Ein Pferdepfleger wäre schon gut!" dachte sie oft.

Ein Abschied, ein Wiedersehen und eine neue Bekanntschaft

Trixi hatte Rimini vor dem Stall angebunden, striegelte sein bronzefarbenes Fell, bis es glänzte und flocht ihm Mähne und Schweif ein, während die anderen Pferde bereits auf der Koppel waren. Um sechs Uhr dreißig würde Mr. Steinberg mit dem Hänger kommen und sie abholen. Bis Morlaix fuhr man etwa eine halbe Stunde und um acht Uhr sollte das Turnier beginnen.

Aufgeregt war Trixi eigentlich nicht, was konnte ihr in der A-Dressur mit einem Klasse-Pferd wie Rimini schon passieren? Trixi kratzte dem schönen Fuchswallach die Hufe aus, bürstete sie mit Wasser ab und fettete sie ein, damit sie schön glänzten. Dann legte sie dem sanften Riesen die dick gepolsterten Transportgamaschen an und die grün-gelb-karierte Leinendecke auf. Sie selbst trug über ihrer leichten weißen Bluse und den blütenweißen Turnierhosen einen alten Trainingsanzug, um ihren Turnierdress, den ihr Mr. Steinberg extra neu gekauft hatte, da sie sich bei ihrem Turnier mit Fiona die Turnierkleidung hatte leihen müssen, nicht zu verschmutzen. Außerdem war es sowieso noch sehr frisch. Trixi ließ den Fuchs ein wenig neben dem Koppelzaun grasen, während sie schon einmal Riminis Putzkasten, seinen Sattel und sein Zaumzeug aus der Sattelkammer holte und vor dem Stall bereitstellte.
„Alles klar, ma petite?" fragte Olivier, der seine Praxis heute geschlossen hatte, um – zusammen mit seiner Frau Julia – mitfahren zu können. Auch Marie wollte sich dieses Ereignis natürlich nicht entgehen lassen. Sie würde mit ihrem Mann und ihren Kindern etwas später nachkommen.
Hupend fuhr ein schicker Geländewagen mit Pferdeanhänger auf den Hof. „Good morning!" rief Mr. Steinberg gut gelaunt und rieb sich die Hände. „Dann wollen wir mal!" Rasch verstaute er die Ausrüstung im Kofferraum, Olivier hängte das gefüllte Heunetz in den Transporter und Trixi führte Rimini, der ihr willig folgte, in den Hänger. Olivier schloß die Klappe, half Umbra in den Kofferraum und setzte sich auf den Beifahrersitz. Trixi, die ihren Chocolat bei seiner ersten Autofahrt auf den Schoß nahm, und Julia stiegen hinten ein.
Sie parkten – zwischen zahlreichen anderen Autos, Anhängern und Transportern – auf einer Wiese neben dem Turnierplatz. Trixi lud zuerst Rimini aus und band ihn am Hänger an, während Olivier und Julia einen Campingtisch und ein paar Klappstühle, die sie in weiser Voraussicht mitgebracht hatten, aufstellten. Dann begleitete Trixi Mr. Steinberg zum Sekretariat, um ihre Startnummer abzuholen und ein Programmheft zu kaufen. Sie hatte die Nummer 5 und würde deshalb schon gegen neun Uhr an der Reihe sein. „Da habe ich g'rade noch Zeit, Rimini fertigzumachen und abzureiten", murmelte das Mädchen. „Na, dann mal los!" Mr. Steinberg rieb sich schon wieder vergnügt die

Hände. Eigentlich fand Trixi ihn ja ganz symphatisch, aber langsam ging ihr seine sorglose Art auf die Nerven.
Im Gegensatz zu Rimini, der ruhig und völlig entspannt neben dem Hänger stand und döste, regten den kleinen Chocolat der Trubel, der Krach und die vielen fremden Menschen sehr auf. Olivier mußte die ganze Zeit auf ihn aufpassen, während Trixi Rimini Decke und Transportgamaschen abnahm, ihn sattelte, auftrenste und ihm die Beine bandagierte. Die schneeweißen Bandagen und die blütenweiße Satteldecke standen in hübschem Kontrast zu seinem bronzeschimmernden Fell. Bewundernde Blicke folgten dem schönen Wallach und seiner jungen Reiterin, die auf dem großen, schlanken Fuchs schmal und zart wirkte.
Trixi ritt Rimini zusammen mit vielen anderen Reitern und Pferden ab, wobei ihr Mr. Steinberg stolz und beifallsheischend zusah. Das Mädchen ließ den Fuchswallach flott traben und ein wenig galoppieren, damit er seine überschüssige Energie austoben konnte. Ansonsten probierte Trixi – im Gegensatz zu anderen Reitern, die verzweifelt versuchten, ihren Pferden auf dem Abreiteplatz noch den letzten Schliff zu geben – nichts, da sie darauf vertraute, daß Rimini genauso gut gehen würde wie zu Hause beim Üben.
„Trixi, Sie sind gleich dran! Beeilen Sie sich!" Mr. Steinberg gebärdete sich aufgeregt wie ein werdender Vater. „Viel Glück!" riefen Julia, Olivier und Marie, die inzwischen ebenfalls angekommen war. „Danke!" sagte Trixi und ritt auf der Mittellinie in das Dressurviereck ein, da sie gerade aufgerufen worden war. „Numéro cinq: Beatrice Reuter avec Rimini." ertönte der Lautsprecher. Das Mädchen senkte den Kopf zum Gruß an die Richter. Natürlich wurden die Aufgaben auf französisch vorgelesen, was Trixi aber nicht weiter störte, da sie sie ohnehin auswendig konnte. Rimini war einfach wunderbar! Er stand perfekt am Zügel, kaute entspannt auf dem Gebiß und ging weich und biegsam und rhythmisch wie ein Tänzer. Trixi fühlte sich wie auf einer schwebenden Wolke. Viel zu schnell war es vorbei!
Langsam ritt Trixi aus dem Viereck, sprang vom Pferd und umarmte Rimini. Eine ganze Handvoll Leckerli gab sie dem schönen Fuchs zur Belohnung. „Great! Wonderful!" rief Mr. Steinberg und strahlte über das ganze Gesicht. Auch die anderen waren begeistert. Trixi sattelte Rimini ab und ließ ihn neben dem Auto grasen. Kurz darauf kam Olivier mit einem vollen Wassereimer

angelaufen und stellte ihn dem Wallach hin. „Isch masche das schon. Isch lasse ihn weitergrasen. Kümmere Du Disch mal um Deinen Chocolat! Und kauf' Dir was zu essen!" sagte er und steckte Trixi einen Schein zu. „Oh – merci, Olivier." Trixi tauschte Riminis Strick mit Chocolats Leine. Dann nahm sie erst einmal die Reitkappe ab und zog ihr schwarzes Jacket aus, da es inzwischen recht warm geworden war. Chocolat freute sich sehr, daß er sein junges Frauchen endlich wiederhatte. Was es hier alles zu sehen, zu hören und vor allem zu schnuppern gab! So ein Turnierplatz war doch sehr interessant! – Wenn der Neufundländerwelpe es auch haßte, ein Halsband tragen und an der Leine gehen zu müssen. Zu Hause durfte er immer so herumrennen! Aber was war das? Da roch doch schon wieder etwas so verlokkend! Schnell war das Stückchen Bratwurstsemmel, das auf dem Boden gelegen hatte, in Chocolats kleiner Schnauze verschwunden. „Pfui, Chocolat!" rief Trixi und schüttelte ihren Liebling am Nackenfell. „Gib das wieder her! Das bekommt Dir nicht!" Warum war Frauchen nur so böse? Vielleicht wollte sie ja auch etwas abhaben? Brav spuckte Chocolat die Hälfte wieder aus und sah Trixi treuherzig an. „Feiner Hund!" lobte Trixi ihn, da sie nicht bemerkt hatte, wie er den Rest in seinen Backen versteckt hatte. Befriedigt ging das Mädchen weiter – und ebenso befriedigt schluckte Chocolat die andere Hälfte hinunter.
An einem Stand gab es Kuchen, der sehr vielversprechend aussah, so daß Trixi sich in die Reihe stellte. Chocolat setzte sich ganz dicht an ihre Beine, er mochte es nicht, wenn so viele fremde Leute um ihn herumstanden, die ihn meistens auch noch alle anfassen wollten, weil sie ihn so niedlich fanden. Endlich war Trixi an der Reihe, bezahlte und bekam ihren Kuchen ausgehändigt, als Chocolat plötzlich von hinten mit einem so kräftigen Ruck an der Leine riß, daß Trixi strauchelte und fast den Kuchen fallen ließ. „Spinnst Du, Chocolat?" schimpfte sie ärgerlich. Der Welpe zerrte wie wild an der Leine und fiepte aufgeregt. „Was ist los? Was hast Du denn?" Jetzt bellte Chocolat sogar – und da sah Trixi, was er meinte: auf der anderen Seite der Stände zerrte auch ein Neufundländerwelpe an seiner Leine. Schwarz, mit einem kleinen weißen Fleck auf der Brust, so alt wie Chocolat, und außerdem ... – Das war ja Annie! So ein Zufall! „Ja,ja, Choco, Du darfst ja hin! Aber langsam! In den Reitstiefeln kann ich nicht rennen." Chocolat zog Trixi quer über den Platz zu seiner

Schwester Annie, an deren Leine ein großer, schlanker Jugendlicher mit braunen Augen und kurzgeschnittenen, dunklen Wuschellocken hing, der das Mädchen nett – und bewundernd – anlachte. Ein Lachen, wie aus einer Zahnpastareklame – war Trixis erster Gedanke.
„Salut. Ca va?" sagte er mit einer Stimme, daß Trixi ein ganz komisches Gefühl im Magen bekam. Ablenkend schlug sie vor, die beiden Hunde spielen zu lassen. „D'accord."
Sie gingen zu einem Fleckchen freier Wiese hinüber, wobei er sie ständig von der Seite ansah – aber Trixi blickte starr geradeaus – und ließ Annie und Chocolat von der Leine. Sofort fingen die beiden Welpen an, sich zu balgen und miteinander zu raufen.
Auf seine Frage erklärte Trixi dem Jungen in wenigen Worten den Grund für ihren Frankreich-Aufenthalt. „Ein ganzes Jahr? – Ganz schön mutig, Beatrice!" meinte er. Trixi war verblüfft. „Wieso kannst Du so gut deutsch? Und woher weißt Du, wie ich heiße?" Er lachte schelmisch. „Alors, erstens: isch bin sozusagen zweispraschig aufgewachsen, weil mein Vater aus dem Elsaß kommt. Und zweitens: isch 'abe Disch reiten sehen. Nischt schleschtl Du 'ast das wirklisch gut gemascht! ..." „Also: wenn schon, dann Trixi. Und außerdem war das nicht mein Verdienst, Rimini ist einfach gut! Mal abgesehen davon, daß ich eh noch nicht weiß, was ich für einen Platz krieg'! – Wie heißt Du eigentlich?" „Oh, pardon! Das 'abe isch Dir ja nosch gar nischt gesagt..." der Junge grinste entschuldigend. „... Maurice, Maurice Coubertin. – Ge'ört Rimini Dir?" Trixi lachte. „Sehe ich etwa so aus, als ob ich mir so ein Klasse-Pferd leisten könnte!? Nein, nein. Er gehört einem Amerikaner, der ihn – zusammen mit einer Traberstute – bei uns, also bei den Lapin, eingestellt hat. Und ich bereite ihn und Florinda – so heißt die Stute. – Warum bist Du eigentlich auf einem Turnier? Interessierst Du Dich auch für Pferde?" „Oui, naturellement", entgegnete Maurice. „Wir 'aben selbst zwei. Einen achtjährigen Pintowallach und eine kleine Ponystute, die meiner kleinen Schwester Monique ge'ört." „Toll", meinte Trixi. „Ein eigenes Pferd habe ich leider nicht. Und wo habt ihr euere untergestellt?" „Bei uns. Wir 'aben nämlisch einen kleinen Bauern'of mit vielen Kü'en, da maschen zwei Pferde nischts aus", erklärte er. „Warst Du auch schon mal auf einem Turnier?" fragte Trixi wieder. „Non, non", lachte Maurice. „Isch reite nur so, zum Spaß!"

Trixi sah auf die Uhr. „Oh, das Springen hat angefangen. Das muß ich sehen!" Flink schnappte sie sich ihren Chocolat und leinte ihn wieder an. „Wie klappt es eigentlich so mit Annie?" „Oh!" Maurice lachte. „Sie 'at misch fest im Griff!" Trixi lachte auch; sie konnte sich das bei dem frechen kleinen Biest gut vorstellen.

Endlich hatte Maurice seine Hündin erwischt und machte sie fest. „Isch muß mal schauen, was Monique mascht. Isch sollte sie nämlisch mitnehmen und auf sie aufpassen." „Okay. Tschüß!" Trixi wandte sich zum Gehen. „'alt! Warte 'mal!" rief Maurice ihr nach. „Wollen Annie und Chocolat sisch wieder treffen?!" „Ich weiß nicht", sagte das Mädchen unschlüssig. „Wann denn?" „Vielleischt morgen? 'at Chocolat morgen Zeit?" So ganz überzeugt war Trixi noch nicht. „Wo denn?" „Am Strand? Bei den kleinen Inseln, bei Ebbe? Da könnten sie schön spielen. Und Chocolat könnte ja ausch seine Mutter – wie 'eißt sie? Umbra? –" Trixi nickte. „... seine Mutter Umbra mitbringen." Trixi zögerte immer noch. Sollte sie ‚ja' sagen oder nicht? Erwartungsvoll sah Maurice sie an. „Na gut", meinte sie dann. „Morgen Nachmittag, so um drei, ist Ebbe. Bei der kaputten Betonmauer – ich glaube, es war mal ein Bunker." Das Mädchen nahm den widerspenstigen Chocolat, der sich nicht von seiner Schwester trennen wollte, auf den Arm und ging in Richtung Springparcours. Maurice sah Trixi nach, bis sie in der Zuschauermenge verschwunden war. Dann machte er einen Luftsprung, beugte sich zu Annie hinunter, knuddelte sie und flüsterte ihr in die Schlappohren: „Weißt Du was, meine süße Kleine? Morgen sind wir mit einem ganz tollen Mädchen verabredet! Und Du siehst Deinen Bruder Chocolat wieder!" Treuherzig blickte die junge Hündin ihn an und wedelte mit ihrem dünnen Elefantenschwänzchen, das sich einmal zu einer schönen, buschigen Neufundländerrute auswachsen würde.

Trixi aß endlich ihren Kuchen und sah – fachmännisch-kritisch – beim Springen zu. Schließlich wollte sie mit „ihrer" Florinda auch einmal teilnehmen.

Am Spätnachmittag war die Siegerehrung. Trixi und Rimini kamen tatsächlich auf den ersten Platz und erhielten eine leuchtendgelbe Rosette. Zwar war Trixi sehr stolz auf Rimini, so richtig freuen konnte sie sich aber nicht; es war ja nicht ihr Verdienst! Rimini hätte dies auch ohne sie gekonnt – er war einfach gut!

Als die beiden das Dressurviereck verließen, lächelte eine große, schlanke Französin in Reithosen und Stiefeln Trixi freundlich an. „Gratuliere! Du kannst ihn mir gleich geben." Verständnislos sah das Mädchen sie an. „Wie bitte?!" „Oh, Du weißt es noch nicht? Hat Mr. Steinberg Dir nichts erzählt?" „Was erzählt?" fragte Trixi entsetzt. Die Frau zog die Augenbrauen hoch. „Daß er Dir nichts gesagt hat?! Mr. Steinberg hat mir Rimini verkauft. Ich bin ..." „Was!?!" Trixi konnte es nicht fassen. „Es tut mir sehr leid, wenn Du jetzt traurig bist", meinte die Frau und lächelte das Mädchen an. „Du reitest sehr gut, und hast ihn gut vorgestellt, aber er hat die Veranlagung für Größeres – Olympia vielleicht sogar einmal. – Weißt Du, ich bin Dressurreiterin und war auf der Suche nach einem Nachwuchspferd. Und Rimini! Er ist genau das, was ich suche!" fügte die Frau erklärend hinzu. Trixi saß starr auf dem Pferd und erwiderte nichts. „Er ist mein absoluter Traum! Er wird es gut bei mir haben, das kannst Du mir glauben." Trixi nickte bedächtig, langsam konnte sie wieder klar denken. „Wäre es vielleicht möglich, daß Sie mir ab und zu Bescheid geben, wie es ihm geht und so?" „Aber natürlich. Ich werde Dich benachrichtigen, d'accord?" „D'accord", entgegnete das Mädchen, ließ sich aus dem Sattel gleiten und übergab der Französin Riminis Zügel. Die Frau klopfte dem schönen Wallach liebevoll den Hals. „Wirklich. Er ist mein Traumpferd. – Für Dich ist er doch auch etwas zu groß", tröstete sie Trixi, die sehr traurig war, und vor allem furchtbar wütend auf Mr. Steinberg.
Natürlich konnte sie ihm nicht verbieten, seine Pferde zu verkaufen! Aber er hätte ihr ja wenigstens einmal Bescheid sagen können! „Seine Pferde ...?" dachte Trixi plötzlich. „... ojeh – hoffentlich verkauft er Florinda nicht auch noch! Das würde ich nicht aushalten!"
Die Rückfahrt nach Hause verlief ziemlich schweigend. Stumm saß Trixi da, drückte ihren Chocolat an sich und vergrub ihr Gesicht in seinem weichen Babyfell.

Inselerkundung mit Hund

Am Vormittag hatte Trixi „ihre" Florinda in der Halle geritten und – unter anderem – wieder Springen mit ihr geübt. Es machte beiden gleichermaßen viel Spaß. Allerdings wollte Trixi auf keinen Fall, daß Mr. Steinberg von ihren großen Fortschritten hörte, da sie dachte, er würde die Stute kaum verkaufen, wenn sie nichts konnte.

Kurz vor 15 Uhr machte Trixi sich mit Umbra und Chocolat auf den Weg zum Strand. Sie trug einen Badeanzug, Beach-Shorts und ein SchlabberT-shirt, und hatte sich ihre Schuhe an der Hundeleine umgehängt. Barfuß lief es sich im Sand und auf den Felsen immer noch am besten. Maurice war schon da. Er saß auf der kaputten Bunkermauer, baumelte mit den Beinen und blickte auf das Meer hinaus, das sich weit hinter die kleinen Inseln zurückgezogen hatte. Regungslos lag Annie unter ihm im Sand und schlief. Als die kleine Hündin aber ihren Bruder und ihre Mutter bemerkte, sprang sie auf und rannte ihnen freudig bellend entgegen. Maurice rutschte von der Mauer herunter und winkte. Etwas schüchtern winkte Trixi zurück. Annie und Chocolat waren natürlich schon wieder in eine wilde Rauferei verstrickt, daß der Sand nur so staubte. „Salut, Trixi", sagte Maurice und lächelte das Mädchen an. Umbra knurrte leise. Sanft legte Trixi ihr die Hand auf den Kopf und meinte beruhigend: „Ist schon gut, Umbra. Bist ein feiner Hund." Maurice ging in die Hocke, so daß sein Gesicht in der Höhe von Umbras Schnauze war, und sagte zu ihr: „Salut, Umbra, ca va? Je suis Maurice, ‚le père' d'Annie. Tu as une fille très jolie. Tu sais?" Etwas mißtrauisch sah Umbra den Fremden an, ließ sich aber von ihm streicheln. Trixi konnte sich kaum das Lachen verbeißen. „Was gibt es da zu laschen?" fragte Maurice in gespielter Empörung und wollte sie am Zopf ziehen. Geschickt wich Trixi aus, pfiff Umbra und Chocolat und rannte los: den Strand hinunter, über den festen Meeresboden, auf dem salzige Pfützen standen. Sie war schnell. Sehr schnell sogar; schließlich war sie in ihrer alten Schule eine der besten Sportlerinnen gewesen. Maurice kam näher, das Mädchen hörte seinen angestrengten Atem dicht hinter sich.

Das Wasser spritzte hoch auf, als Trixi vor der ersten Insel durch einen tiefen Priel sprintete. Leichtfüßig hüpfte sie über die Steine des Geröllfeldes, das die winzige Insel wie ein Gürtel umgab, bevor sie einen kleinen Trampelpfad erreichte, der durch das Heidekraut bis zu einem Haufen, wie von Riesenhand aufeinandergetürmter Felsbrocken führte. Gewandt kletterte Trixi den Felsenberg hoch und setzte sich auf eine breite Steinplatte. Ihr Herz klopfte wild von der großen Anstrengung. Schwer atmend ließ

sich Maurice neben das Mädchen hinfallen. „Mon Dieu!" keuchte er. „Du 'ast vielleischt ein Tempo drauf! Da komme isch ja kaum mehr mit!" Trixi lachte, noch ganz außer Atem.
Mühevoll hatte Umbra ebenfalls die Felsplatte erklommen und legte sich hechelnd neben die beiden. „Umbra, wo sind Deine Kinder?" fragte Maurice die Hündin. Umbra schnaufte und verdrehte die Augen. Suchend reckte Trixi den Hals und begann zu lachen. „Was ist?" wollte Maurice wissen, drehte sich auf den Bauch und stützte sich auf die Ellenbogen. „Sieh mal! Da unten: Chocolat und Annie!" Jammernd standen die beiden Welpen vor dem – sooo tiefen – Priel und trauten sich nicht hindurch. Chocolat tappte mit der Pfote ins Wasser, zog sie aber hastig wieder zurück. Seine Schwester Annie, die vom Spielen durstig war, senkte den Kopf und trank. Aber so schnell, wie sie das Wasser geschlabbert hatte, spuckte sie es hustend und niesend wieder aus. Pfui Teufel, schmeckte das salzig! Die kleine Hündin schüttelte sich angewidert. Plötzlich bekam sie unerwartet einen kräftigen Stoß von Chocolat, der sie mit einem lauten Platschen in den Priel beförderte. Annie wollte schon anfangen zu wimmern, als sie bemerkte, wie angenehm naß das Wasser war und wie herrlich man sich in dem flachen Priel herumwälzen konnte.
Neidisch sah Chocolat ihr zu, bis er etwas Neues entdeckte. In einiger Entfernung von ihm saß eine Möwe, die eifrig an etwas herumpickte. Chocolat duckte sich flach auf den Boden und schlich sich an, ohne darauf zu achten, daß sein kleines Hinterteil und das Schwänzchen steil in die Luft gereckt waren. Kühn nahm der Welpe seinen ganzen Mut zusammen, sprang auf und rannte – laut kläffend – auf die Möwe zu. Lachend erhob sie sich in die Lüfte. Chocolat blieb verwundert zurück. Gekränkt lief er zu seiner Schwester. Aber wo war Annie? Der Priel war leer! Chocolat sah sich verzweifelt um: keine Annie, keine Umbra und – keine Trixi!
Da half nur noch eines: der Welpe setzte sich auf sein Hinterteil, reckte die Schnauze in die Luft und ließ ein langgezogenes Heulen hören. Dann verharrte er schweigend und lauschte. Da! Ein Pfiff! Das mußte sein Frauchen sein! Chocolat rannte durch den Priel, daß es spritzte, kletterte vorsichtig über das Geröllfeld, erklomm die Insel und raste im Schweinsgalopp den Trampelpfad entlang. Plötzlich bremste er so stark, daß seine Hinterbeine beinahe die Vorderbeine überholten. Hier roch es aber gut! Choco-

lat schnüffelte am Boden. Das kam aus diesen Löchern! Und was lag da? Der Welpe probierte ein paar Hasenköttel. Dann verschwand er in einem Kaninchenbau. Nur sein Hinterteil mit dem eifrig wedelnden Schwänzchen lugte noch hervor. Chocolat grub und buddelte, daß die Erdbrocken nach allen Seiten wegflogen. Wieder ertönte ein Pfiff, aber der Welpe kümmerte sich nicht mehr darum.
Plötzlich landete ein kleiner Stein auf seinem Hinterteil. Erschrocken sprang Chocolat zur Seite. Noch ein Pfiff. Vielleicht sollte er doch besser kommen?! Der kleine Hund kletterte die aufgetürmten Felsbrocken hoch. Da war ja auch sein Frauchen! Freudig wedelnd lief Chocolat zu ihm. Trixi nahm den Kleinen in die Arme und lobte ihn überschwenglich. Plötzlich fing Maurice an, schallend zu lachen. „Was ist denn los?" fragte Trixi verständnislos. „Du müßtest mal se'en, wie Du aussiehst!" keuchte er und wischte sich die Lachtränen aus den Augen. Prüfend blickte Trixi an sich hinunter und mußte auch lachen. Ihr – vormals weißer – Badeanzug, der ihr immer so gut stand, war über und über voller Dreckspritzer und mitten auf ihrem Bauch prangte ein naturgetreuer Pfotenabdruck Chocolats. Außerdem waren ihre Arme und Beine ebenfalls total verschmiert – ganz zu schweigen von ihrem Gesicht –, aber das sah sie glücklicherweise ja nicht!
„Komm!" sagte Maurice. „Jetzt müssen wir schwimmen gehen! – Auf der anderen Seite der Insel ist ein ganz toller Sandstrand – und das Meer müßte soweit ausch wieder da sein." In einer großen Stufe fiel die Insel zum Strand ab. „Warte!" meinte Maurice und sprang hinunter in den Sand. „So, jetzt gib mir Annie!" Trixi kniete sich hin und reichte ihm seine strampelnde Hündin hinunter. Behutsam setzte Maurice sie auf den Boden. Chocolat folgte auf demselben Weg. „Jetzt Du!" Trixi landete mit Maurices Hilfe ebenfalls wohlbehalten im Sand. „Und was ist mit Umbra?" fragte sie. „Hm." Nachdenklich kratzte Maurice sich am Kopf. Doch Umbra dauerte das Ganze zu lange. Sie drückte sich kräftig ab, landete auf ihren vier Pfoten und rannte gleich weiter – ins Wasser.
Trixi und Maurice blickten sich verblüfft an. Aufgeregt bellend liefen Annie und Chocolat im flachen Wasser hin und her und sahen ihrer schwimmenden Mutter zu. Trixi holte eine Haarklammer aus der Tasche ihrer Shorts und steckte ihren Zopf auf dem

Kopf fest, damit er nicht naß wurde, während Maurice bereits schwamm. „Komm rein! Ist ganz warm!" rief er. „Haha!" murmelte Trixi und watete vorsichtig in das eiskalte Wasser. Sie wusch sich zuerst einmal den Matsch von Armen und Beinen und versuchte, den Dreck aus ihrem Badeanzug zu rubbeln. Aber da war nichts zu machen! Mathilde würde ihn eben waschen müssen.
Trixi nahm Chocolat auf den Arm und trug ihn so weit hinaus, bis das Wasser ihr bis unter die Achseln reichte. Als sie ihn vorsichtig losließ, wollte der Welpe, der nicht wußte, daß er keinen Boden mehr unter den Füßen hatte, zu Annie zurücklaufen. Er bewegte die Pfoten und – schwamm. „Brav!" lobte Trixi ihn. „Bist ein kluges Kerlchen!" Sie legte ihm eine Hand leicht auf den Rücken und geleitete ihn zum Ufer zurück, wo er sich neben Annie in den Sand legte. Nachher würde er aussehen wie ein paniertes Schnitzel, dachte Trixi.
„Schwimmst Du mit raus?" rief Maurice. „Ja, ich komme!" Trixi watete ins Wasser. „Dein Gesischt ist immer nosch ganz drekkig", meinte er grinsend. „Da muß isch Disch wohl tauchen!" „Untersteh Dich!" schrie das Mädchen und schwamm ein Stück weg. Umbra mußte das wohl falsch verstanden haben. Sie paddelte schnaufend auf Trixi zu, packte ihr Handgelenk und wandte sich in Richtung Ufer. „Ist schon gut, Umbra!" Maurice zog Trixi weg. Aber die Hündin schnappte wieder zu. Trixi hatte geschrien, also mußte sie gerettet werden! Ihr Herrchen Olivier hatte Umbra aufgetragen, auf das Mädchen aufzupassen – und Umbra war ein sehr gewissenhafter Hund! „Fein, Umbra. Braver Hund! – Aber jetzt darfst Du mich wieder loslassen!" Wenn Trixi das sagte ... Umbra gab ihr Handgelenk wieder frei.
Die beiden Jugendlichen schwammen weit hinaus, als Umbra plötzlich wie wild zu bellen anfing. „Was ist jetzt schon wieder los?" stöhnte Maurice genervt. Aber Trixi war beunruhigt; sie blickte zum Ufer zurück und bemerkte, wie weit entfernt es war. „Sie hat Recht, Maurice, wir müssen schleunigst zurück! Wir sind schon viel zu weit draußen!" „Ach was!" meinte Maurice betont gleichgültig. „Kein Grund zur Panik!" „Wenn Du hier ersaufen willst!" fauchte Trixi. „Ich schwimm zurück!" Eingebildeter Kerl, dachte sie wütend. „Spielverderber! Jetzt sei doch nischt gleisch sauer!" Er kam ihr hinterher.
Als sie den Strand, der nur noch ein ganz schmaler Streifen war,

endlich erreicht hatten, waren ihre Arme und Beine ganz lahm und sie atmeten schwer. Trixi umarmte Umbra. Aber die Hündin war noch nicht zufrieden. Ängstlich blickte Trixi auf das Wasser, das ihre Füße umspülte, obwohl sie gerade noch auf trockenem Boden gestanden hatte. „Es tut mir leid, Trixi", sagte Maurice unglücklich. „Isch 'ätte daran denken müssen! – Wir müssen jetzt eben ganz schnell zurück!"
Gerade noch rechtzeitig hatten sie die wiederkehrende Flut bemerkt und erreichten, die müden Welpen auf dem Arm, – durch teilweise schon knietiefes Wasser – wohlbehalten das Festland. Trixi hatte eine Gänsehaut und zitterte vor Kälte. Ihre Lippen waren ganz blau. „'ier! Nimm meinen Pulli!" meinte Maurice mitfühlend und gab ihr seinen warmen Pullover, der ihr viel zu groß war. Bibbernd zog Trixi ihn über ihren feuchten Badeanzug. Schweigend stapften sie am Strand entlang und gingen den Feldweg zum Anwesen der Lapin zurück. Vor dem Gartentürchen wollte Trixi den großen Pullover ausziehen und Maurice zurückgeben. „Nein – Be'alte ihn an!" Maurice legte ihr die Hand auf den Arm. „Isch würde ihn lieber irgendwann ab'olen. D'accord?" Flehend blickte er Trixi an. „D'accord", entgegnete sie nach einigem Zögern und verschwand schnell mit Umbra und Chocolat im Haus.
„Tu es un idiot", murmelte Maurice, nahm Annie wieder auf den Arm und machte sich auf seinen langen Heimweg.
Olivier kam aus dem Wohnzimmer und wurde von seiner Umbra freudig begrüßt. „Du kommst spät!" bemerkte er. „Ja, ich weiß ...", sagte Trixi schuldbewußt. „War es wenigstens schön?" Verschmitzt sah Olivier sie an. Trixi strahlte, den kleinen Streit hatte sie längst vergessen. „Geh erstmal 'eiß duschen, Du bist ganz kalt!" „Du bist ein Schatz, Olivier!" Das Mädchen reckte sich auf die Zehenspitzen, gab ihm einen Kuß auf die Wange und stieg die Treppe hoch, um duschen zu gehen. „Womit 'abe isch alter Mann das verdient?" brummte Olivier. „Soll sie dosch küssen ihren ... wie 'eißt er?"
Eigentlich wollte Trixi ja nachdenken, als sie später im Bett lag, über Maurice ... und ... Aber sie war so müde, daß sie gleich einschlief.

Der Unfall

„Oratio, orationis – feminin – die Rede; servare – bewahren, retten ...“ Trixi saß an ihrem Schreibtisch in der Dachgaube und lernte Lateinvokabeln. Der knapp fünf Monate alte Chocolat, der sich zu einem schlaksigen, wuscheligen Rüpel, mit viel zu großen Pfoten und witzigen Stehhaaren auf dem Kopf, entwickelt hatte, lag wohlig schnaufend unter dem Schreibtisch, während der hübsche, schwarze Kater Minuit es sich auf Trixis Schoß bequem gemacht hatte. Es goß in Strömen, wütend peitschte der Regen gegen das Dachfenster. „Venenum, veneni – das Gift ...“, murmelte Trixi weiter. Chocolat erhob sich und lief winselnd zur Zimmertür. „Oh, Choco!“ stöhnte das Mädchen. „Du mußt jetzt raus? Bei dem Wetter?“ Der Welpe bellte auffordernd. Seufzend stand Trixi auf, legte den unwilligen Minuit auf ihr Bett und stieg mit Chocolat die Treppe hinunter.

Julia und Olivier saßen im Wohnzimmer mit einem Glas Wein vor dem knisternden Kaminfeuer. Trixi streckte kurz den Kopf zur Tür hinein. „Laßt euch nicht stören. Ich wollte nur Bescheid sagen, daß ich mit Chocolat rausgehe.“ „Okay. – Ach, Trix, sei ein Schatz und geh' noch zum Bäcker, ja?“ bat Julia. „Na gut. Wenn's unbedingt sein muß?!“ Rasch schlüpfte Trixi in ihre neue Wachsjacke und die Gummistiefel und nahm ihren Hund an die Leine.

„Pfui Teufel! Was für ein scheußliches Wetter!“ Chocolat schien es nicht zu stören, fröhlich platschte er durch die Pfützen. Plötzlich blieb er wie angewurzelt stehen und spitzte die Ohren – soweit das bei seinen Schlappohren überhaupt möglich war. „Was ist denn los?“ Trixi lauschte. Irgendwo bellte ein Hund. Chocolat zog an der Leine. „Nein, Choco, Du kannst jetzt nicht spielen!“ sagte das Mädchen energisch.

Auf einmal ging alles ganz schnell! Der streunende Hund kam um die Ecke gerannt, Chocolat, der ihm hinterher wollte, sprang nach vorn. Im selben Augenblick stolperte Trixi über einen herausstehenden Pflasterstein und fiel hin, so daß ihr die Leine aus der Hand glitt. Die beiden Hunde rannten über die Straße. Bremsen quietschten, es krachte und klirrte. Dann war Stille – Totenstille. Mühsam rappelte Trixi sich auf und spurtete los. Ihre Knie schmerzten bei jedem Schritt. Viel schlimmer aber war die Angst um Chocolat. Die Straße war menschenleer, auch der

streunende Hund war verschwunden. Wo war Chocolat? Gehetzt sah Trixi sich um. Da! Der junge Hund lag mitten auf der Fahrbahn und rührte sich nicht. Unter ihm breitete sich ein großer Blutfleck aus. „Chocolat!“ schrie Trixi gellend, stürzte auf ihn zu und kniete sich neben ihn. „Chocolat!“ schluchzte sie. Der Welpe wimmerte leise.
Knapp vor Trixi kam mit quietschenden Bremsen ein klappriger, alter Getränkelaster zum Stehen. Ein junger Afrikaner sprang heraus. „Tu es folle?“ rief er aufgebracht und ließ in gebrochenem Französisch einen Wortschwall los, warum sie hier im Dunklen mitten auf der Straße saß, und daß er sie beinahe überfahren hätte. Dann bemerkte er Chocolat und Trixis blut- und tränenverschmiertes Gesicht. „Oh – Je t'aide.“ Rasch holte der junge Mann seinen Mantel aus dem Führerhäuschen. Das Mädchen verstand. Gemeinsam zogen sie vorsichtig den Mantel unter Chocolat hindurch, faßten ihn je an zwei Ecken und trugen den Welpen so, behutsam in den Laster. Der junge Mann fuhr los. Trixi zeigte ihm den Weg.
Wie vorher brachten sie den jungen Hund im Mantel in die Praxis und legten ihn auf den Behandlungstisch. Panisch stürzte Trixi ins Haus hinüber und rief gellend nach Olivier. „Was ist?“ Er kam aus dem Wohnzimmer gerannt. „Chocolat ... er ist ... blutet ... angefahren ...“, stammelte das Mädchen mit schreckensbleichem Gesicht. „Wo ist er?“ Olivier wollte nach seiner Jacke greifen. „Nein – in der Praxis!“
Chocolat atmete flach und stoßweise. Der junge Afrikaner hatte sich auf einen Stuhl gesetzt und drehte seine Mütze in den Händen. Schnell und geschickt untersuchte Olivier den kleinen Hund. Trixi biß sich auf die Lippe. „Keine inneren Verletzungen“, murmelte Olivier. Trixi atmete auf. „Und sonst?“ fragte sie ängstlich. Olivier hatte Chocolat vorsichtig auf die andere Seite gedreht und entdeckte jetzt die stark blutende Platzwunde am linken Hinterschenkel. Rasch reichte das Mädchen ihm Tupfer und den Rasierapparat. „Isch muß sie nä'en. – Betäubung!“ Als die Spritze wirkte, nähte Olivier die Wunde und verband sie. Außerdem bekam Chocolat einen großen steifen Kragen um den Hals, damit er sich die Wunde nicht wieder aufkratzen konnte. Trixi streichelte ihren Liebling zärtlich. „Keine Sorge!“ tröstete Olivier sie. „Die Platzwunde wird 'eilen très vite und die Prellungen sind nischt so schlimm, aussi. – Er 'at Glück ge'abt, das Auto

muß ihn nur nosch von 'inten erwischt 'aben. – Wie ist das eigentlisch passiet?" Aufgeregt erzählte Trixi ihm die ganze Geschichte und betonte, wie sehr ihr der Afrikaner geholfen hatte. Olivier lud ihn ein, zum Essen zu bleiben, worauf der junge Mann heftig auf ihn einzureden begann. „Was ist los?" fragte Trixi, die nicht viel verstanden hatte. Nur, daß er „Toto" hieß und einen einfach unaussprechlichen Nachnamen besaß. „Er 'at gesagt, daß er unbedingt sofort weg muß. Er muß seine Tour nosch zu Ende fahren, sonst er bekommt großen Ärger! – Aber isch 'abe ihn eingeladen für Samstag, zum Essen", erwiderte Olivier.
Dankbar gab Trixi Toto die Hand und drückte sie fest. „Merci. Merci bien. – Leih ihm doch Deinen alten Regenmantel, Olivier. Dann können wir seinen reinigen lassen, bis Samstag!" Toto war zwar fast ebenso groß wie Olivier, aber ziemlich dünn, so daß der Regenmantel nur so an ihm herumschlotterte.
Als der junge Mann gefahren war, meinte Oivier: „Zieh Dir erstmal etwas Trockenes an! Chocolat wird sowieso schlafen, maintenant." Besorgt sah er an dem klatschnassen und dreckigen Mädchen hinunter – und stutzte plötzlich. „Dit, ma petite, was ist mit Deinen Knie?" Trixi versuchte, ihre Jeans auszuziehen und schrie auf. So fest klebte der rauhe Stoff der Hose an ihren aufgeschlagenen Knien. Olivier hob das Mädchen einfach hoch und setzte es neben Chocolat auf den Behandlungstisch. Dann zog er vorsichtig die Jeans von Trixis Beinen, desinfizierte ihre Knie und verband sie. „C'est ca", meinte er. „Jetzt paßt Du gut zu Deinem Chocolat." Trixi schnitt eine Grimasse. „Was machen wir jetzt eigentlich mit ihm?" fragte sie. „Er kann doch auf keien Fall Treppen steigen!" „Hm", überlegte Olivier. „Am besten, wir 'olen seinen Kasten 'erunter in die Diele und Du baust Dir daneben auf das Feldbett." „Gute Idee!" stimmte Trixi zu und wollte aufstehen. „Arrète." sagte Olivier. „Bleib sitzen, isch masch das schon." Er ging hinauf in Trixis Zimmer und trug Chocolats Bettkasten in die Diele. Dann holte er das alte Feldbett aus dem Keller, legte Trixis Bettzeug darauf und brachte ihr ihren warmen Trainingsanzug mit. „'ier, zieh Dir endlisch etwas Trockenes an!" „Oh – danke!"
Vorsichtig nahm Olivier den schlafenden Chocolat auf die Arme, trug ihn in die Diele hinüber und legte ihn behutsam in seinen Kasten.

Für die nächsten beiden Tage schrieb Olivier Trixi eine Entschuldigung, damit sie nicht in die Schule gehen mußte, sondern auf ihren verletzten Chocolat aufpassen konnte. Dagegen hatte Trixi natürlich nichts einzuwenden, da sie mit ihren verbundenen Knien ohnehin nicht so gut hätte radfahren können. Außerdem war ein scheußliches Herbstwetter: es stürmte und regnete ohne Unterlaß.
Am ersten Tag mußte Olivier den jungen Hund immer vor die Tür tragen, wenn dieser nach draußen mußte. Chocolat konnte ja nicht selbst laufen, und für Trixi war er wirklich langsam viel zu schwer. Aber einen Tag später schaffte Chocolat es schon, wenn das Mädchen ihn festhielt und stützte. „Ich bin ja so froh, daß Dir nicht mehr passiert ist, mein Kleiner", sagte Trixi glücklich und kraulte ihren Liebling hinter den Ohren. Chocolat leckte ihr über die Hand.

Der beste Pferdepfleger

Am Samstag kam Toto zum Mittagessen. Trixi öffnete ihm die Tür. „Salut, M. . . . Puh! . . ." Sie konnte sich seinen Nachnamen einfach nicht merken, geschweige denn aussprechen. „Toto", sagte er schlicht. „Je suis Toto." Dann erkundigte er sich sofort nach Chocolat. Trixi führte den jungen Afrikaner in den Flur, wo ihr Hund friedlich auf einem von Julias geliebten Flickenteppichen lag und genüßlich an einem Hundeknochen kaute.
Da das Essen noch nicht ganz fertig war, bat Olivier Toto ins Wohnzimmer, um sich ein wenig mit ihm zu unterhalten. Scheu setzte sich Toto auf die äußerste Kante der Couch und drehte wieder seine Mütze in den Händen. Irgendwie schien er bedrückt. Aber Olivier hatte offensichtlich nicht nur auf Tiere eine beruhigende Wirkung. Denn, nachdem er zuerst einmal ein bißchen über das Wetter geredet hatte, brachte er den jungen Mann vorsichtig dazu, ihm seine Sorgen und Probleme zu erzählen.
Der arme Toto, der übrigens aus Schwarzafrika kam und seine Heimat verlassen hatte, um Arbeit zu finden, hatte seinen – sowieso sehr schlecht bezahlten – Job als Getränkelieferant verloren, weil er Trixi und Chocolat nach Hause gefahren hatte und deshalb zu spät gekommen war. Dazu wußte er nicht, wo er wohnen sollte, wie Olivier nach und nach herausbekam.

Trixi war bestürzt, Toto tat ihr sehr leid. Außerdem fühlte sie sich irgendwie mitschuldig. Vielleicht könnte er ja auch in der Praxis helfen, überlegte das Mädchen, oder im Garten, oder ... „Ich hab's!“ rief Trixi plötzlich mit leuchtenden Augen. „Olivier, wir brauchen doch einen Pferdepfleger! Und Tiere mag er doch!“ Wie sich herausstellte, war Toto nicht nur sehr tierlieb, sondern kannte sich auch noch recht gut mit Pferden aus. Trixi war hellauf begeistert. Und Toto erst! Er wollte sofort die Pferde sehen. Eifrig führte Trixi ihn zu den Außenboxen, zeigte ihm die Pferde und stellte sie einzeln vor: „ihre“ geliebte Florinda, die hübsche, zierliche, nußbraune, vierjährige Traberstute und den gutmütigen, alten Falben Pierre – und im Laufstall, der sich auf der gegenüberliegenden Seite des Hofes befand, die kräftige, achtjährige Schimmelstute Yvonne mit ihrer graubraunen Tochter Yvette und – Toto war schlichtweg hingerissen, als er sie sah – Belle, die wunderschöne, kupferrote, sechsjährige Vollblutstute mit ihrem süßen Fohlen Beauté. „Belle. Vraiment très belle“, murmelte er immer wieder und strich ihr zart über den schlanken Hals. „Essen ist fertig!“ ertönte eine Stimme. Trixi und Toto liefen ins Haus zurück.
Olivier, Julia, Trixi und Toto saßen am Tisch. Tante Mathilde, angetan mit einem schwarzen Kleid und weißer Rüschenschürze, trat aus der Küche, um das Essen aufzutragen. Als sie aber den dunklen Toto mit seinen krausen Rastalocken erblickte, stockte sie, und das freundliche Lächeln erstarb auf ihren Lippen. Ein Wilder! – An „ihrem“ Tisch, in „ihrem“ gepflegten Haus! Mathilde war entsetzt. Glücklicherweise hatte Toto nichts bemerkt, da er sich angeregt mit Julia und Trixi unterhielt, aber Olivier sah die alte Frau scharf an und bedeutete ihr, das Essen zu verteilen. Mathilde tat es rasch, mit unergründlichem Gesicht. Dann floh sie in „ihre“ Küche, obwohl Olivier sie aufgefordert hatte, sich doch zu ihnen zu setzen. Mißbilligend schüttelte Olivier den Kopf und seufzte. Das würde ein hartes Stück Arbeit geben – mit seiner guten, alten Mathilde! Toto blickte ihn fragend an, so daß Olivier, um abzulenken, mit dem jungen Mann „das Geschäftliche“ besprach – wie er sich ausdrückte.
Toto würde als Pferdepfleger und Stallbursche angestellt werden, was von Pferde füttern und putzen, über Sattelzeug pflegen, bis ausmisten, auch Gartenarbeit umfaßte, dafür Kost und Logie frei, zuzüglich eines Taschengeldes. Eines der beiden Gästezim-

mer, entweder im Erdgeschoß, oder unter dem Dach, konnte Toto auswählen. Der Afrikaner war so froh, daß er mit allem einverstanden war.
Mathilde hatte während dieses Gesprächs durch das Schlüsselloch gelinst und Toto scharf beobachtet. Aber wenn sie ehrlich war, konnte sie – vielleicht von seinem fremdländischen Aussehen abgesehen – nichts an ihm aussetzen, denn „der Wilde“ saß gerade und aufrecht auf seinem Stuhl und benutzte Messer und Gabel genauso wie die anderen, obwohl die gute Mathilde voller Vorurteile Gegenteiliges erwartet hatte. Gewissenhaft verteilte sie den Nachtisch – „Mousse au Chocolat“ – in vier Glasschüsselchen und trug das Tablett zum Tisch.
Als Mathilde nach dem Essen das Geschirr abräumte, lobte Toto, wie gut es ihm geschmeckt habe und daß er sich über die „Frei-Kost“ richtig freue. Daraufhin war Mathilde schon etwas milder gestimmt. Sie schenkte dem Afrikaner sogar ein kleines Lächeln.
„Soll ich Dir die Zimmer zeigen, Toto? – Montrer les chambres?“ fragte Trixi. Erfreut stimmte Toto zu. Er wählte das größere der beiden Gästezimmer, das unter dem Dach neben Trixis hübscher Dachkammer lag, und ebenfalls eine Gaube und ein angrenzendes Bad besaß. Lachend erklärte Trixi dem erstaunten jungen Mann, daß sie deshalb so viele Gästezimmer mit Bad besäßen, weil die Vorbesitzer, die Olivier das Haus vererbt hatten, diese immer an Feriengäste vermietet hätten.
In Totos Zimmer standen ein kleines Sofa, ein quadratischer Holztisch mit zwei Stühlen, eine schwere Truhe, wie Trixi sie auch besaß, und ein echt bretonisches Schrankbett, von dem der junge Afrikaner total fasziniert war. Immer wieder öffnete er die Schranktüren und legte sich probeweise auf das Bett, das Mathilde noch beziehen mußte. Trixi lachte. Sie freute sich, daß es Toto, den sie schon richtig gern mochte, so gut gefiel. Unbemerkt war Olivier ins Zimmer getreten und räusperte sich. Er wollte mit dem jungen Mann dessen Habseligkeiten, die nur aus zwei schäbigen Koffern und einem alten Rucksack bestanden, abholen fahren.
Später, als Toto sich in seinem Zimmer häuslich eingerichtet und seine wenigen Sachen verstaut hatte, sah er zuerst zu, wie Trixi mit „ihrer“ Florinda in der Halle trainierte, danach – die Pferde durften noch ein wenig auf die Koppel – misteten sie gemeinsam die beiden Ställe aus und verteilten das Kraftfutter in den Krip-

pen und das Abendheu in den Raufen. Dann brachten Trixi, Florinda und Toto den alten Pierre in die Box, außerdem Sylvie und Blanche, die beiden Ziegen. Belle und Yvonne, die beiden Mutterstuten, brauchten nicht hereingeholt zu werden – sie bewohnten mit ihren Fohlen ja einen Offenstall, den sie nach Belieben aufsuchen oder verlassen konnten. Allerdings mußte Toto unbedingt noch Belle, die schöne Vollblutstute, die ihm so gut gefel, ausgiebigst striegeln und verwöhnen.

Oliviers tolle Idee

„Flo-rin-da!" Trixi, die eben gerade erst aus der Schule gekommen war, lief in Reithosen und Stiefeln zur Koppel, von der Toto fröhlich pfeifend die Pferdeäpfel entfernte. Kein freudiges Wiehern ertönte. Seltsam, dachte Trixi und beschleunigte ihre Schritte. Da es auf der Koppel kaum Bäume gab, war sie gut zu überblicken. Yvonne und Belle grasten dicht nebeneinander, die beiden Fohlen spielten Fangen, der alte Pierre stand, ein Hinterbein entlastend, da und döste geruhsam, und Florinda ... Trixi war, als griffe eine kalte Hand nach ihrem Herz – Florinda fehlte! „Er hat sie verkauft, er hat sie bestimmt verkauft ...", hämmerte es in Trixis Kopf. „Tootoo!" schrie sie. „Wo ist Florinda? – Où est-ce que Florinda?" In seinem holprigen Französisch wollte Toto zu einer längeren Erklärung ansetzen. „Wo?" fuhr Trixi ihn an. Mitfühlend sah der Afrikaner sie an und deutete zur Halle hinüber. „Un client veut la vendre", fügte er hinzu. Trixi rannte los. Wutentbrannt stürmte sie in die Halle. Und tatsächlich! Ein fremder, bärtiger Mann saß auf „ihrer" Florinda, Mr. Steinberg lehnte mit verschränkten Armen an der Wand. Aber das nahm Trixi alles gar nicht richtig wahr, sie sah nur Florinda – die angstgeweiteten Augen, den völlig verspannten Rücken, den hochgerissenen Kopf mit den dicht angepreßten Ohren, den herausgedrückten Unterhals und den wild hin und her peitschenden Schweif. Der Fremde ritt die zierliche Stute mit seinem eigenen, sehr scharfen Gebiß, Peitsche und Sporen – falls man dies überhaupt „reiten" nennen konnte, denn Florinda hatte solche Angst und war so verspannt, daß sie keinen vernünftigen Schritt tat. Mr. Steinberg hatte das Mädchen bemerkt. „Ah, Trixi, da sind Sie ja! Wie finden Sie sie? Ganz schön feurig, meine kleine Florinda, was? Da braucht man schon eine starke Hand, um die zu bändigen!" Trixi schnaufte verächtlich und warf ihm einen vernichtenden Blick zu. „Der Mensch hat wirklich überhaupt keine Ahnung von Pferden", dachte sie verzweifelt und wandte sich ab, sie konnte das „Schauspiel" nicht länger mit ansehen.

Traurig verließ Trixi die Halle und flüchtete zu Toto, der ihr erzählte, wie lange Mr. Steinberg und der Fremde gebraucht hatten, um die kleine Traberstute einzufangen und zu satteln. „Schwacher Trost!" meinte Trixi unglücklich und verkroch sich mit ihrem Chocolat – wenigstens den konnte ihr keiner wegnehmen – in ihr Zimmer, wo sie sich schluchzend auf das Bett warf. Chocolat, der gar nicht verstand, was eigentlich los war, schmiegte sich fiepend an sie. Später, Trixi wußte nicht, wie lange sie so dagelegen war – sie mußte wohl eingeschlafen sein – kam Toto herein und sagte, sie solle sich um Florinda kümmern. „Was!? Sie ist noch da?" Trixi richtete sich auf. „Der Fremde hat sie nicht gekauft?" hoffte sie. Toto schüttelte den Kopf. Ungläubig sah Trixi ihn an. „Pas encore", dämpfte er ihre Freude. Das Mädchen seufzte und ließ wieder den Kopf hängen. Toto hatte Recht, daß dieser Mann sie nicht gekauft hatte, hieß ja noch lange nicht, daß kein anderer sie kaufen würde.

Hastig rannte Trixi in die Halle, wo sie eine völlig verstörte Florinda vorfand. Die zierliche Vollblutstute stand schweißnaß und zitternd da, weil sie sich im Zügel verfangen hatte, als sie wie eine Wilde buckelnd und bockend durch die Halle gerast war. Trixi kochte vor Wut – nicht einmal abgesattelt hatte Mr. Steinberg sie. Wenn sie sich nun verletzt hätte!? „Florinda!" rief das Mädchen. Die Stute wieherte leise und wollte herkommen. Mit einem Sprung war Trixi bei ihr. „Meine arme Süße!" murmelte sie zärtlich. „Was haben die bloß mit Dir gemacht? – Hoh, ganz ruhig!" Vorsichtig befreite sie Florindas Vorderbeine aus dem Zügel und nahm ihr die scharfe Zäumung, die die Stute in den Maulwinkeln wund gescheuert hatte, und den Sattel ab. Florinda schnaubte und rieb ihren Kopf an Trixi. Dann suchte sie sich schnobernd eine geeignete Stelle, um sich erst einmal ausgiebig zu wälzen.

Nachdem ihr Fell getrocknet war, durfte die nußbraune Stute noch ein wenig auf die Koppel – und als sie am Abend neben dem alten Pierre in ihrer Box stand und von Trixi ihr Futter bekommen hatte, war für sie die Welt wieder in Ordnung. Aber für Tri-

xi nicht! Das Mädchen fürchtete, daß Mr. Steinberg die Stute dennoch so schnell wie möglich verkaufen würde. „Was soll ich bloß machen?" dachte Trixi immer wieder völlig verzweifelt. Schweigsam saß sie beim Abendessen am Tisch und stocherte lustlos in ihrem Teller herum, obwohl sie von Mathildes Kochkünsten sonst immer so begeistert war. Außerdem wunderte sich Olivier, daß Trixi sich überhaupt nicht nach seinen Patienten und seiner Arbeit erkundigte, wie sie es sonst immer tat.
„Dit, ma petite..." fragte er, als er in Trixis Zimmer gekommen war, in das diese sich sofort nach dem Essen zurückgezogen hatte. „... was 'ast Du? Du bist traurig, n'est-ce pas? Willst Du es mir nischt erzählen?" Plötzlich brach Trixi in Tränen aus. „Es ist wegen Florinda!" schluchzte sie. „Ich hab' doch schon immer Angst gehabt, daß Mr. Steinberg, dieser blöde, gemeine Kerl, sie einfach verkauft. Und heute war so ein brutaler Rohling da, der sie Probe geritten hat – mit Sporen ... und einem ... ganz scharfen Gebiß ... und ..." Sanft streichelte Olivier Trixis Rücken, sprach beruhigend auf sie ein und reichte ihr ein Taschentuch. Das Mädchen schneuzte sich heftig. „Und das Problem ist, ich kann überhaupt nichts dagegen machen, wenn er sie verkauft. Mir gehört sie ja nicht, sondern ihm!" „Oui, c'est ..." Olivier stutzte plötzlich. „Arrète, ma petite. J'ai une idèe. Du 'ast mir doch einmal erzählt, daß Du Dein Taschengeld immer sparst, und des'alb ziemlisch viel Geld 'ast auf Deine Konto, n'est-ce pas?" Trixi schniefte und nickte. „Isch weiß natürlisch nischt, was Deine Eltern würden dazu sagen, aber Du selbst könntest sie doch kaufen." Fassungslos sah Trixi ihn an. „Genau!" rief sie plötzlich mit leuchtenden Augen. „Ich kaufe sie! Ich spare ja sowieso schon lange auf ein eigenes Pferd!" Dann erlosch das Strahlen. „Aber wenn mein Geld nicht reicht? Und wenn meine Eltern dagegen sind, so daß ich nicht weiß, wo ich sie unterstellen soll? ..." „Hmm", überlegte Olivier. „Isch könnte Dir das restlische Geld lei'en, oder Du arbeitest es ab, indem Du mir 'ilfst, obwohl isch nischt glaube, daß sie so besonders teuer sein wird: als Traber taugt sie nischts, weil sie zu langsam war, und sonst weiß Mr. Steinberg dosch nischt, was Du ihr 'ast beigebrascht. Und sie kann auf alle Fälle est einmal 'ier bleiben, wenn Du wieder nach 'ause mußt und nischt weißt, wo'in mit ihr ..." „Olivier!" jubelte Trixi und fiel ihm um den Hals. „Du bist der Beste! – Danke, danke, danke!" Verlegen brummend wehrte Olivier das Mädchen

ab. „Schon gut. An Deiner Stelle, isch würde jetzt sofort anrufen Mr. Steinberg!“ „Jetzt noch?“ meinte Trixi zweifelnd. „Ist das nicht unhöflich, so spät?“ Olivier lachte grimmig. „Normalerweise schon! Aber ‚unser guter‘ Mr. Steinberg ist ja nischt gerade der 'öflischste, aussi.“ „Okay!“ Trixi sprang die Treppe hinunter. „Wenn er Probleme mascht, rufst Du misch, ma petite!“ rief Olivier ihr hinterher. „Alles klar!“

Aufgeregt wählte Trixi Mr. Steinbergs Nummer. Sie hatte Glück, er war selbst am Apparat. „Mr. Steinberg? Guten Abend, hier ist Trixi – Beatrix Reuter. Sie wollen doch Florinda verkaufen und ich ...“ „Yes! Ich will, und ich werde. What's the matter, my dear?“ So eine blöde Frage, Trixi hätte ihm am liebsten die Augen ausgekratzt. „Das ist gut“, sagte sie mühsam beherrscht. „Ich – möchte sie nämlich kaufen.“ Mr. Steinberg lachte. „Well, von mir aus. Mir ist egal, wer sie kauft!“ Trixi schluckte ihre böse Antwort gerade noch hinunter und entgegnete betont gleichgültig-freundlich: „Sehr gut. Wieviel würden Sie denn verlangen?“ „In DM – Moment! – 5000!“ „4000. Mehr ist sie auf keinen Fall wert, sie kann ja überhaupt nichts“, sagte das Mädchen hart und dachte bei sich: „Wenn Du wüßtest!“ „Sie sind mein Ruin, young lady ...“ – Trixi glaubte, sich verhört zu haben – „... aber okay. Ich lasse euch ein Fax zuschicken mit dem Vertrag und den Papieren.“ „Gut. Aber gleich morgen!“ „Yes, of course!“

„Und? Was 'at er gesagt?“ Olivier kam, gefolgt von Julia, in die Diele. Trixi strahlte. „Ich krieg' sie – für 4000 DM. Dabei wollte er erst 5000. Aber er ist wirklich ein Sch ...“ Olivier räusperte sich vernehmlich. „Warum? Sie hat doch Recht!“ verteidigte Julia das Mädchen. „Morgen schickt er ein Fax!“ sagte Trixi und gähnte. „Ich geh' jetzt schlafen. Gute Nacht! – Und Olivier?“ „Oui?“ „Nochmal danke!“ „Oui, oui. Bonne nuit.“

Am nächsten Tag wechselte die nußbraune Traberstute tatsächlich ihren Besitzer, da Mr. Steinberg beschlossen hatte, doch lieber Golfspieler statt Pferdehalter zu werden. Trixi war überglücklich, obwohl sie sich überhaupt nicht vorstellen konnte, daß Florinda jetzt wirklich ihr gehörte und sie keine Angst mehr zu haben brauchte, daß ihr jemand die kleine Stute wegnehmen könnte. Nun konnte das Mädchen auch mit den anderen darüber lachen, daß der Fremde Florinda deshalb nicht gekauft hatte, weil sie ihn in hohem Bogen abgeworfen hatte – wie Toto gestenreich erzählte.

Geronimo

Maurices Pullover hatte Trixi immer noch, da er sie zwar ein paar Mal angerufen, sich seither aber nicht mehr hatte blicken lassen. Dabei dachte sie oft an ihn. Ob es ihm wohl auch so ging?
Trixi putzte gerade ihre Florinda – jetzt gehörte die Stute ja wirklich ihr – als sie Hufgetrappel hörte. Erregt blähte Florinda die Nüstern und wieherte. Von der Straße schallte ein Antwortwiehern. Die zierliche Vollblutstute scharrte mit den Hufen. Suchend blickte Trixi sich um. Das andere Pferd, ein kräftiger, dunkelbraun/weiß-gescheckter Wallach, kam genau auf den Hof zu, und sein Reiter war – Maurice. „Salut, Trixi!" rief er fröhlich und winkte. „Ca va?" „Hallo! Gut", entgegnete das Mädchen verblüfft. „Was machst Du denn hier?" „Disch ab'olen, zum Ausreiten. Wo 'eute ausnahmsweise mal schönes Wetter ist!" „Gute Idee!" meinte Trixi. „Ich muß aber noch Hufe auskratzen und satteln. Warte halt solange!" „D'accord." Maurice sprang vom Pferd und band den Wallach – mit einigem Sicherheitsabstand – neben Florinda an. „Soll isch Dir was 'elfen?" Das Mädchen schüttelte den Kopf.
„Ist er das?" „Oui. Darf isch vorstellen – Geronimo – Trixi!" Trixi ließ den Schecken an ihrer Hand riechen. „Geronimo. Ein schöner Name! Bist ein feines Pferd ..." Neugierig schnoberte der kräftige Wallach in ihrem Gesicht herum. Das Mädchen lachte. „... Ja, Geronimo, Du bist ein ganz Lieber. Braver Junge!" Maurice grinste. „'ier wird nischt mit meinem Pferd geflirtet, kümmere Disch lieber mal um Deines!" „Aye, aye, Sir!" sagte Trixi lachend. „Bin schon unterwegs!" Rasch ging sie zu ihrer ungeduldig am Strick ziehenden und unwillig mit den Hufen stampfenden Stute hinüber, um sie zum Reiten fertigzumachen. Maurice trat neben die beiden. „Ist das Florinda?" „Wie sie leibt und lebt!" entgegnete Trixi angesichts des – heute sehr offensichtlichen – Temperaments ihrer Stute. „So ein 'übsches Pferd. Und dieser Mr. Steinberg kümmert sisch wirklisch über'aupt nischt darum?" Trixi schnitt eine Grimasse. „Der soll bloß bleiben, wo der Pfeffer wächst! – Florinda ge'ört jetzt mir!" Ihre dunkelblauen Augen blitzten. Wütend erzählte sie Maurice die Geschichte mit dem Proberitt. „Finde isch prima, daß Du sie ihm abgekauft 'ast, ihr paßt nämlisch wirklisch gut zusammen!" meinte er. „Und dabei hatten wir am Anfang solche Probleme

miteinander. Stimmt's, meine Süße?" Trixi klopfte Florinda den Hals und legte ihr den hellen Vielseitigkeitssattel, den sie vor ein paar Tagen gebraucht gekauft hatte, auf. Übermütig schnappte die kleine Stute nach dem Sattelgurt. „Na, na!" mahnte Trixi. „Ich dachte, das hätten wir hinter uns!?" Geschickt streifte sie Florinda das gebißlose Hackamore über und setzte noch ihre Reitkappe – darauf bestand Olivier – auf. „So! Fertig! Wo reiten wir hin?" Maurice machte ein geheimnisvolles Gesicht. „Laß Disch überraschen, isch 'abe mir eine tolle Route ausgedascht!"
„Na gut!"
Endlich hatte Trixi es geschafft, aufzusitzen, da Florinda ständig hin und hertänzelte und keinen Augenblick stillstand. „Aber eine Bedingung: gleich am Anfang eine Galoppstrecke, damit meine Süße hier etwas Dampf ablassen kann!" „D'accord. Pas de problème; es ist ja gerade Ebbe."
Im Schritt verließen sie den Hof und bogen in den Feldweg zum Strand ein. Florinda war heute so übermütig, temperamentvoll und lauffreudig, daß Trixi sie kaum halten konnte. Wahrscheinlich trug dazu auch das, zwar sonnige, aber ziemlich stürmische Spätherbstwetter bei. Ein Glück, daß der kräftige Scheckwallach Geronimo, den Maurice mit Westernsattel und „Snaffel-Bit" (Wassertrense) ritt, so ein ruhiger, umgänglicher Zeitgenosse war, den nichts so leicht aus der Ruhe bringen konnte. Faul war er deshalb aber nicht.
Kaum berührten Florindas Hufe den Sand, explodierte sie. Übermütig buckelnd fiel sie in Galopp, Trixi hatte alle Mühe, ihre „lustigen Hopser" auszusitzen. Maurice konnte sich ebenfalls kaum auf dem Pferd halten – vor Lachen. „Da rüber!" rief er und deutete in die Richtung, in der man undeutlich-verschwommen das andere Ufer erkennen konnte. „Wir reiten 'ier quer rüber und lassen den ganzen Aber (eine Art Fjord an der nordöstlichsten Küste der Bretagne) aus! D'accord?" Trixi hob die Hand, zum Zeichen, daß sie ihn verstanden hatte.
Mit dem Sturm um die Wette, galoppierten sie, nachdem sie das Festland und die vorgelagerten Inselchen hinter sich gelassen hatten, quer über den Meeresboden des Aber, der tief in die Küste einschnitt, zum gegenüberliegenden Ufer hinüber. Als die beiden Pferde dort mit ein paar kraftvollen Sprüngen die Dünen erklommen hatten, war selbst Florinda ziemlich außer Atem. So ritten sie erst einmal im Schritt weiter, da der Weg, den sie nun

einschlugen, sehr steinig war. Durch eine dichte Dornenhecke vom Meer getrennt, war der Weg windgeschützt, so daß man sich gut unterhalten konnte.
„Hast Du Deinen Pullover eigentlich gar nicht vermißt?" fragte Trixi, ohne Maurice anzusehen. „Doch. Sehr!" entgegnete er nachdrücklich und blickte sie von der Seite an. „Warum hast Du ihn dann nie abgeholt?" Trixi spielte weiter an Florindas Mähne herum. „Bei Dir ist er dosch bestens aufge'oben", meinte Maurice. „Chocolat vermißt Annie sehr", versuchte Trixi es schüchtern wieder. „Warum hat Annie ihn nicht mehr besucht?" „Es ging nischt", sagte Maurice plötzlich ernst. „Isch konnte unmöglisch weg, mein Vater 'atte einen Unfall." „Warum hast Du das am Telefon nicht gesagt? Ich hätte es doch verstanden! Vielleicht hätte ich euch helfen können!" fragte das Mädchen bestürzt. Maurice zuckte die Schultern.
„Wo müssen wir jetzt lang?" lenkte Trixi ab, da sie spürte, daß er nicht darüber sprechen wollte. „Hm. Warte mal!" Maurice dachte einen Augenblick nach. „Ja, genau! Links!" Das Mädchen bog in den schmalen, unwegsamen Pfad ein, auf dem sie nur hintereinander reiten konnten. „Warst Du hier schon öfter?" rief Trixi über die Schulter zurück. „Oui. Aber im Sommer ist es nischt schön. Da gibt es furschtbar viele Mücken, wegen der 'ekken. Außerdem ist es ausch ziemlisch 'eiß und stickig."
Als sie vorsichtig eine stark befahrene Straße überquert hatten und ein Stück auf einem geteerten Weg geritten waren, ging es im flotten Trab einen breiten Sandweg entlang, der durch eine Landschaft mit heidekrautartigem Bewuchs führte. „Es ist zwar wirklich sehr schön hier, aber was ist die geheimnisvolle Überraschung?" wollte Trixi wissen. „Das wirst Du gleisch se'en, wir sind nämlisch fast da!" versprach Maurice verheißungsvoll. Damit mußte Trixi sich zufrieden geben. An dem starken Wind merkte sie, daß sie dem Meer wieder näherkamen, als sie im Galopp weiterritten, bis sie einen mit Kies bestreuten Parkplatz, zu dem eine kleine Straße führte, erreicht hatten.
„Die Pferde müssen wir 'ier lassen!" bestimmte Maurice, sprang ab und band Geronimo an einem Geländer fest. Trixi machte es ihm nach. „Komm!" Er nahm sie bei der Hand und erklomm, sich gegen den Wind stemmend, die vor ihnen liegende Anhöhe. „Voilà!" schrie Maurice gegen das Brausen des Sturmes, der die beiden fast herunterblies, an. „Fantastisch!" Trixi war überwäl-

tigt von diesem Schauspiel der entfesselten Naturgewalten. Unter ihnen fielen schroffe, zackige Klippen steil zum Meer hin ab. Hoch spritzte die salzige Gischt auf, wenn sich die gewaltigen Wogen an der zerklüfteten Felswand brachen. Immer wieder rollten die Wellen von Neuem heran. Die Luft war erfüllt vom Toben des Sturmes, dem Tosen des Meeres und dem Gekreisch der Möwen.
Trixi sah sich um. Weiter hinten stand ein vielarmiger Wegweiser. Ein Schild zeigte auf das Meer hinaus, ein anderes genau in die entgegengesetzte Richtung. „London" und „Paris" stand darauf, mit Kilometerangaben. „Lustig, n'est-ce pas?" brüllte Maurice ihr ins Ohr. „Nach London ist es 'ier viel nä'er als nasch Paris. 'ättest Du das gedascht?" Trixi schüttelte den Kopf.
Eine Weile genossen sie noch die eindrucksvolle Wildheit der Natur, dann traten sie vorsichtig den Rückweg an. Geronimo döste friedlich, aber Florinda wartete schon sehnsüchtig und begrüßte ihre junge Besitzerin mit einem ungeduldigen Wiehern. Rasch eilte Trixi zu ihr und legte ihr die Arme um den schlanken Hals. „Feines Mädchen! Ich bin ja wieder da! Du hast Dich schön ausgeruht, und jetzt reiten wir weiter." Die kleine Stute schnaubte und scharrte mit dem Vorderhuf. Lachend band Trixi sie los und schwang sich in den Sattel.
Zurück ritten sie, meist im flotten Trab, über Feldwege und schmale Straßen, die durch reizvolle kleine bretonische Dörfer führten, deren schiefer- und strohgedeckte Häuschen aus grau verwittertem Naturstein mit ihren in leuchtenden Farben gestrichenen Fensterläden, Türen und Gartenzäunen ein hübsches Bild boten. Im Galopp ging es einen Sandweg entlang, und nachdem sie Trixis heimatliches Dorf durchquert hatten, bogen sie in den Feldweg ein, der zum Anwesen der Lapin führte. Es begann bereits zu dämmern, als sie im Schritt auf den Hof ritten. Die Pferde dampften. „Merde!" fluchte Maurice. „Meine Eltern werden sisch Sorgen maschen!" „Am besten rufst Du gleich an", meinte Trixi und ließ sich aus dem Sattel gleiten. „Ich gebe inzwischen Geronimo was zum Saufen." „Merci." Maurice übergab ihr die Zügel seines Wallachs, rannte zur Haustür hinüber und klingelte. Olivier öffnete. „Ah, Maurice! Ihr seid zurück – bien. Was ist?" „Könnte isch zu 'ause anrufen, s'il vous plaît?" fragte Maurice höflich. „Nischt mehr nötig ..." Olivier lächelte. „... isch 'abe Deinen Eltern schon Bescheid gegeben. Du kannst zum

Abendessen bleiben und Dein Pferd über Nascht 'ierlassen, isch fahre Disch dann später 'eim." Verblüfft sah Maurice ihn an. Dann rief er erfreut: „Merci, M. Lapin, merci beaucoup. Trixi kann wirklisch froh sein, daß sie Sie 'at!" „Na, 'offentlisch kann sie auch froh sein, daß sie Disch 'at", meinte Olivier verschmitzt. Maurice wurde rot und sagte verlegen : „Isch gehe misch jetzt um Geronimo kümmern ..." „Tu das!" entgegnete Olivier schmunzelnd. „Und dann kommt zum Essen! Wenn ihr fertig seid." Maurice nickte und verschwand in Richtung Stall. „Und?" rief Trixi ihm entgegen. „Was haben sie gesagt? Sind sie arg sauer?" „M. Lapin ist wirklisch super!" erwiderte Maurice. „Stell Dir vor, er 'atte schon längst bei mir zu 'ause angerufen und meinen Eltern gesagt, daß er misch später 'eimfährt, damit isch zum Abendessen bleiben kann. Und Geronimo soll isch über Nascht einfasch bei Eusch lassen." „Stimmt. Olivier ist einsame Spitzenklasse!" bestätigte Trixi zufrieden.
Sie hatte ihre verschwitzte Stute schon abgesattelt, mit Stroh abgerieben und eingedeckt. Jetzt kratzte sie Florinda noch rasch die Hufe aus, bevor sie die Stute in ihre Box brachte, wo Toto bereits das Futter in der Krippe verteilt und die Raufe mit duftendem Heu gefüllt hatte. Der alte Pierre in der Nachbarbox begrüßte seine „Adoptivtochter" – wie Julia immer sagte – mit einem sanften Brummen. Die beiden steckten kurz die Nasen zusammen und bliesen sich zärtlich in die Nüstern, dann begann Florinda, gierig zu fressen. Auch der Scheckwallach Geronimo, den Maurice auf der anderen Seite neben die zierliche Traberstute gestellt hatte, verschlang hungrig sein Abendfutter.
In der Küche war es – nach dem kalten Wind draußen – wohlig warm und duftete appetitlich nach Mathildes leckerem Kartoffelauflauf. Trixi und Maurice brachten einen Geruch nach Meer, Stall und Pferden herein. Es wurde ein richtig gemütlicher Abend. Dicht gedrängt saßen sie zu sechst – Mathilde hatte sich zu ihnen gesellt – um den schweren Holztisch, lachten und redeten, und ließen sich den Auflauf schmecken.
Bis Maurice endlich nach Hause kam, war es fast zwölf Uhr. Ein Glück, daß morgen Sonntag war!

Der Wanderzirkus

„Trixi!" rief Julia nach oben. „Was ist denn?" Trixi beugte sich über das Treppengeländer. „Du sollst sofort zu Olivier in die Praxis kommen! Aber zieh Dir eine Jacke an, ihr müßt wegfahren." „Okay!" Rasch schlüpfte Trixi in ihre gefütterten Gummistiefel, schnappte sich eine Jacke und flitzte in die Praxis hinüber, wo Olivier gerade die benötigten Medikamente und Instrumente in seiner bauchigen Ledertasche verstaute. Bei Trixis Eintreten blickte er auf. „Ah, da bist Du ja, ma petite. Bien." „Worum handelt es sich denn?" fragte Trixi neugierig, während sie die Autopapiere in seine Jackentasche steckte. „Ein Bekannter aus St-Renan 'at misch angerufen", erklärte Olivier, als sie zu seinem Geländewagen liefen und losfuhren. „Dort ist ein Wanderzirkus – wie sagt man – gestrandet. Sie 'aben ausch ein paar Tiere, die ge'alten werden unter unmöglischen Bedingungen – et 'albver'ungert und krank oder – je ne sais pas encore ... Darum isch brausche Deine 'ilfe!" Trixi freute sich über das Lob, wenn ihr die armen Tiere auch furchtbar leid taten. „Ja, und was ist mit den Leuten?" „'atten eben kein Geld mehr und sind abge'auen oder so..." Er zuckte die Schultern. „Also ich weiß nicht..." Trixi schüttelte den Kopf. „... ich könnte das nicht, meine Tiere im Stich lassen!" „Das sagst Du...", meinte Olivier nachdenklich. „... aber bevor man selbst ver'ungert?" „Trotzdem!" entgegnete Trixi nachdrücklich. „Ich würde lieber mein letztes Stück Brot mit Florinda und Chocolat teilen, als sie auszusetzen, oder so!" Olivier lächelte traurig. „Très bien. Aber leider denken nur wenige Leute wie Du."
Die Überreste des Wanderzirkus' waren nicht zu übersehen. Auf einer schlammigen Wiese an der kleinen Landstraße standen ein – offensichtlich verlassener – angerosteter Wohnwagen und zwei halbzerfetzte Zelte, deren abgerissene Planen im Wind flatterten. Trixi und Olivier stiegen aus dem Auto und sahen sich um, als sie ein klägliches Meckern hörten. Zwischen dem Wohnwagen und dem kleineren der beiden Zelte war ein magerer, struppiger, dunkler Ziegenbock angepflockt, der das Stückchen Gras, das er erreichen konnte, längst abgefressen hatte. „Der arme Kerl!" rief Trixi entrüstet. Olivier öffnete den Zeltvorhang und prallte zurück vor dem Gestank, der einem engen mit Mist angefüllten Verschlag entströmte, in dem ein dürres Schwein lag, das sich

rasch aufrappelte und vor Hunger wie angestochen zu quieken begann. In einem kleinen Käfig saß außerdem eine Stallhäsin mit neun Jungen. Trixi sagte nichts mehr, aber ihr leichenblasses Gesicht sprach Bände. „Komm!“ preßte Olivier zwischen den Zähnen hervor. „Wir müssen nosch in das andere Zelt schauen.“

Als sie das größere Zelt betraten, bot sich ihnen ein so schrecklicher Anblick, daß Trixi aufschrie. In provisorischen Ständern waren drei halbverhungerte, klapperdürre Kreaturen angebunden, die man nur mit Mühe als eine graue, zottige Eselstute, einen Friesenwallach mit herausstehenden Hüftknochen und einem Stern auf der Stirn und eine Shetlandponystute, die in sauberem Zustand wohl ein Tigerschecke war, identifizieren konnte. Bis über die Fesselgelenke standen die drei im Morast, ihre Hufe hatten sicherlich seit Monaten keinen Schmied mehr gesehen – so lang und ungepflegt waren sie – und die Tiere waren so unterernährt, daß man ihre Rippen zählen konnte. „Am besten wäre es, man würde sie alle einschläfern“, knurrte Olivier. Entsetzt sah Trixi ihn an. „Non, non, ma petite“, beruhigte er sie. „Wir werden sie eben mit nach 'ause nehmen – genug Platz 'aben wir ja – und se'en, was sisch maschen läßt. – Allerdings sollten sie nischt mit unseren Tieren zusammenkommen, wegen der Ansteckungsgefahr.“ Trixi nickte. „Außerdem müssen wir sie erstmal alle waschen. Aber wie bringen wir sie bis nach Hause? Wir haben doch keinen Hänger!“ Olivier überlegte eine Weile, dann meinte er. „Erschrick jetzt nischt, ma petite! Aber 'ier im Ort ist eine Schlascht'of, die 'aben Viehan'änger, vielleischt wir könnten da einen leihen.“ „Gut.“ Mitleidig gab Trixi jedem Tier ein bißchen von dem Heu, das Olivier in weiser Voraussicht mitgenommen hatte, und versprach, gleich wiederzukommen. Dann stiegen sie wieder ins Auto und fuhren zu dem Schlachthof, dessen Besitzer wirklich bereit war, ihnen einen kleinen Viehanhänger, den Olivier an seinen Geländewagen anhängen konnte, auszuleihen.

Vorsichtig führten sie den Friesenwallach, die Eselin und die Shetty-Stute aus dem kaputten Zelt. Willenlos und resigniert folgten ihnen die ausgemergelten Tiere mit langsamen, mühevollen Schritten in den Hänger, wo Trixi und Olivier sie so fest und sicher wie möglich anbanden, damit sie nicht umfielen. Olivier würde eben sehr langsam und vorsichtig fahren müssen.

Der Ziegenbock kam auch noch in den Anhänger, die Hasen paßten mit ihrem Käfig auf die Rückbank, und das Schwein packte

Olivier kurzentschlossen mit einem Stück der Zeltplane in den Kofferraum, da keine andere Möglichkeit mehr blieb. „Hoffentlich fällt Julia nicht in Ohnmacht – und Mathilde!" meinte Trixi. Olivier stöhnte. „'ör bloß auf! – Toto wird jedenfalls bekommen jetzt viel Arbeit."
Aber Julia überraschte wieder einmal sogar ihren Mann mit ihrer Reaktion. Als sie die ungepflegten, halbverhungerten Tiere sah, und hörte, daß die Leute vom Wanderzirkus sie einfach sich selbst überlassen hatten, loderten ihre grünen Augen haßerfüllt auf, und sie fauchte böse: „Wenn ich die erwische! Wenn die Viecher kein Geld mehr bringen, läßt man sie einfach verhungern! Das hab' ich gern!"
Mit vereinten Kräften wuschen Trixi, Olivier, Toto und Julia die Tiere unter dem Vordach des Stalles mit heißem Wasser, das Mathilde abkochen mußte, und viel milder, desinfizierender Seife. Toto zog den drei „Pferden" und dem Ziegenbock mit dem Schweißmesser das Wasser aus dem Fell, Olivier und Trixi untersuchten und verarzteten sie – ansteckende Krankheiten hatten sie glücklicherweise nicht – und Julia legte ihnen alte Wolldecken, die Mathilde gestiftet hatte, über. Das Schwein wurde kräftig abfrottiert, was es sich wohlig grunzend gefallen ließ. Dem Ziegenbock fehlte außer einer „kräftigen Brotzeit" – wie Julia es ausdrückte – nichts, so daß Trixi ihn zu Sylvie und Blanche, ihren beiden Ziegen, in den Stall bringen konnte. „Komm, Du Struppi! Deine beiden hübschen Damen warten schon auf Dich!" forderte sie ihn auf. Das ließ sich „Struppi" natürlich nicht zweimal sagen! Meckernd stellte er sich an der Halbtür der Box, die die beiden Ziegen gemeinsam bewohnten, auf die Hinterbeine.
Der Esel- und der Shetlandponystute ging es – den Umständen entsprechend – ebenfalls relativ gut. Mit dem Friesenwallach sah es schon schlechter aus: er war so geschwächt, daß er kaum alleine stehen konnte. Außerdem war sein stumpfes Fell mit kahlen Stellen übersät. Das Schwein und die Häsin würden durchkommen, aber für drei der neun Häschen kam jede Hilfe zu spät. Eines war schon tot, und die beiden anderen mußte Olivier einschläfern.
Müde und traurig brachten sie die anderen Tiere in den Stall. Der Friesenwallach kam in die Box neben Trixis Florinda. Wie eine groteske Karrikatur wirkte er neben der edlen, trainierten, gut gepflegten Vollblutstute mit ihrem nußbraun glänzenden Fell

und der seidig schimmernden Mähne. „Wir werden Disch wieder 'inkriegen, das verspresche isch Dir, Etoile!" sagte Olivier fest. „Wie nennst Du ihn? ‚Stern'?" Unbemerkt war Trixi neben ihn getreten. „Das paßt gut zu ihm. – Und weißt Du was, Olivier? Er ist zwar jetzt in einem schrecklichen Zustand und hat keine Papiere – der Stern ist ja auch nicht besonders rassetypisch für einen Friesen – aber schau ihn doch mal an, seinen Kopf, seine Beine. So übel ist er gar nicht! Und vorhin haben wir doch festgestellt, daß er erst sieben ist. – Also, ich glaube auch: aus unserem Etoile wird nochmal was!" Olivier legte den Arm um ihre schmalen Schultern und drückte sie fest.

Die nächste Box teilten sich die – jetzt schneeweiße – Shetty-Stute mit den lustigen schwarzen Tupfen auf dem Fell und die kleine, graue Eselin, die sich offenbar sehr gut verstanden. „Esel heißen doch immer ‚Grisella', wir sollten sie ‚Giselle' nennen!" schlug Trixi vor. „Bien", meinte Olivier. „Und morgen, sie dürfen alle auf die Koppel, wenn schönes Wetter ist!"

Am selben Abend noch vereinbarte Olivier einen Termin mit dem Schmied, da die Hufe der Neuankömmlinge dringendst der Pflege bedurften, und auch die der vier anderen Pferde, die wegen der vielen weichen Sandwege ohnehin „barfuß" – ohne Eisen gingen, mußten wieder ausgeschnitten, begradigt und glattgefeilt werden.

Trixi rief bei den Coubertin an, um Maurice die große Neuigkeit zu erzählen. Er freute sich sehr und versprach, am nächsten Tag vorbeizukommen. „Kann isch Monique, meine kleine Schwester, mitnehmen?" fragte Maurice. „Sie steht gerade neben mir und nervt mich die ganze Zeit, das Luder! – Aua!" „Was ist passiert?" erkundigte sich Trixi belustigt. „Nischts weiter. Sie 'at misch nur gegen das Schienbein getreten." Trixi lachte. „Das kenne ich! Wie alt ist sie eigentlich?" „Fast zwölf – und fresch wie. . ." Eine Weile waren nur Füßetrappeln und französische Stimmen im Hintergrund zu hören, dann meldete sich Maurice wieder. „So jetzt ist Ruhe! Wir kommen mit den Pferden. Oder besteht Ansteckungsgefahr?" „Nein, nein!" beruhigte Trixi ihn. „Sie sind zwar unterernährt und sehr schwach, aber sonst ist alles okay. Wir haben sie auch schon gewaschen, geimpft und entwurmt." „Bien. A demain, Trixi." „Bis morgen!"

Am nächsten Tag war es trocken, und eine blasse Wintersonne sandte ihre wärmenden Strahlen, so daß man – gleich nachdem der Schmied dagewesen war – auch die Neuankömmlinge unbesorgt auf die Koppel lassen konnte.
Florinda, die Trixi schon am Vormittag geritten hatte, und der alte Falbe Pierre kamen zu den beiden Mutterstuten Yvonne und Belle, mit ihren fast sechs Monate alten Stutfohlen, so daß Etoile, der Friesenwallach, die Eselin Giselle und die – noch namenlose – Shetty-Stute auf der großen Weide ungestört grasen und sich ein wenig bewegen konnten.
Ungläubig staunend stand Etoile da, er konnte sein Glück kaum fassen! Zaghaft ging er, unbeholfen wie ein neugeborenes Fohlen, ein paar Schritte, als müßte er testen, ob er es, nachdem er so lange im Ständer angebunden gewesen war, noch könne. Als der Wallach merkte, wie gut er mit den frisch gepflegten Hufen zu laufen vermochte, probierte er sogar noch einen kurzen, staksigen Trab, bevor er genüßlich zu grasen begann. Die beiden kleinen Stuten waren da nicht so zimperlich! Gierig stürzten sie sich auf das Gras, sobald sie es erblickt hatten. Olivier lehnte neben Trixi am Koppelzaun. „Isch werde nosch einen Stall bauen müssen für das Schwein und die Ziegen. Sie können nischt bleiben im Pferdestall, wir müssen die Boxen unbedingt wieder vermieten. Es wird viel kosten, unsere Sorgenkinder – äh ...“ „Aufpäppeln?“ riet Trixi. „Oui, c'est ca – aufpäppeln; – 'offentlisch, wir finden jemanden, der ...“ „Von dem wir mit gutem Gewissen viel verlangen können, stimmt's?“ ergänzte Trixi. Olivier nickte seufzend. „Aber ein Glück, daß wir 'aben Toto, maintenant. Du könntest nischt schaffen die ganze Arbeit allein!“ „Stimmt“, bestätigte Trixi. „Außerdem muß ich leider gut sein in der Schule und Dir viel in der Praxis helfen, damit ich Tierärztin werden kann.“ Freudig überrascht bickte Olivier sie an. „Du willst wirklisch Tierärztin werden? Das freut misch!“ Lachend fügte er hinzu: „Wenn isch alt bin und auf'öre, kannst Du ja meine Praxis übernehmen!“ „Echt? Danke!“ Olivier sah auf die Uhr. „Oh! Isch muß dringend weg! Willst Du mit?“ „ Nee ...“, sagte Trixi gedehnt. „Das geht jetzt nicht ...“ „Ah, oui.“ Olivier schmunzelte. „Maurice kommt gleisch, n'est-ce pas? – Also dann, viel Spaß! Au revoir.“ „Ade, mach's gut!“ rief Trixi ihm nach und freute sich, daß er immer so verständnisvoll war. Eigentlich verstand sie sich mit Olivier viel besser als mit ihrem Vater, überleg-

te sie, und es kam ihr vor, als würde sie Olivier schon viel länger kennen.
Ein helles Wiehern riß Trixi aus ihren Gedanken, Florinda galoppierte am Zaun entlang und blickte gespannt zum Hoftor hinüber. Das mußten Maurice und seine Schwester sein! Trixi lief ihnen entgegen. „Hallo!" „Salut, Trixi, ca va?" – „Salut. Je suis Monique." Die beiden stiegen ab, banden ihre Pferde vor dem Stall an und lockerten die Sattelgurte.
Monique war dünn und drahtig. Sie hatte dieselben Augen wie ihr Bruder, aber glatte, dunkle Haare, die zu einem Pagenkopf mit frechen Ponyfransen geschnitten waren. Ihr Welshpony, eine etwa zehnjährige, robuste Hellfuchsstute mit dichter, welliger Mähne paßte gut zu ihr.
„Was 'abt ihr alles für Tiere?" fragte Monique gleich. „Darf isch sie alle sehen?" Trixi mußte lachen. „Ja, klar! Komm mit!" Gemeinsam gingen sie zu den Mutterstuten, deren freche Fohlen Monique einen Schrei des Entzückens entrissen. Maurice hatte es mehr Belle, die wunderschöne, kupferrote Vollblutstute angetan, die auch Totos erklärter Liebling war. „Yvonne hier..." Trixi deutete auf die etwas grobknochige Schimmelstute. „... und ihre Tochter Yvette gehören Marie, einer sehr netten jungen Frau. Sie hat Yvonne übrigens vor dem Schlachter gerettet, nachdem die Arme in einem Reitstall einen schlimmen Unfall beim Springen hatte, wegen Überforderung. Man hat sie einfach in ein viel zu hohes Hindernis reingejagt – krach! – und dann: ab in die Wurst!" Trixi redete sich wieder einmal richtig in Rage; wie immer, wenn es um ihre geliebten Tiere ging. Maurice war auch ganz bestürzt. „So eine Schweinerei!" meinte er. „Also, isch glaube jedenfalls, diese Marie gefällt mir jetzt schon!" „Schön, das freut misch!" sagte eine weibliche Stimme hinter ihm. Abrupt drehte Maurice sich auf dem Absatz um und sah Marie überrascht an. Monique fing an zu kichern.
Trixi stellte die drei einander vor und fragte: „Was machst Du, Marie?" „ Isch reite ein bißchen aus. Die Kleine nehme isch mit." Liebevoll halfterte sie ihre Stute, die vertrauensvoll den Kopf an ihr rieb, auf. „Oh, schade!" rief Monique. „Yvette ist sooo süß!" Die junge Frau lachte. „Vielleischt, Dein Bruder bringt Disch wieder einmal mit, dann kannst Du sie wieder besuschen." Und mit einem liebevoll-spöttischen Seitenblick auf Trixi fügte sie hinzu: „Er scheint ja zu kommen öfter!" Monique zog

ihre Stupsnase kraus und grinste frech. „Oui, das denke isch ausch!" Ausnahmsweise verzichtete Maurice darauf, seine vorlaute kleine Schwester am Kragen zu packen – aber wirklich nur ausnahmsweise!
Ablenkend erzählte Trixi den beiden Geschwistern, als Marie mit ihren Pferden verschwunden war, Belles Geschichte. „Unser Bébé, ich meine Beauté, sind wir vermutlich bald wieder los. M. Bernadotte holt sie sicher so bald wie möglich in einen Trainingsstall", sagte sie traurig und seufzte. Gerade wollte Maurice sich trauen, das Mädchen zu trösten, als Monique schon wieder rief: „Ah – und das ist Florinda?" Er hätte seine kleine Schwester wieder einmal erwürgen können! „Ja, genau." Trixi klopfte ihrer zierlichen, nußbraunen Vollblutstute zärtlich den Hals. „Sie kommt aus Amerika und ist ein ehemaliger Traber. Aber das hat Dir Maurice sicher schon erzählt!" Monique nickte eifrig. „Und der Wallasch?" „Das ist der alte Pierre. Er hat einem alten Bauern gehört, der zu seiner Familie in die Stadt ziehen mußte." „Der ist lieb." Das Mädchen gab dem Alten eine Karotte. „Oh! Und das sind die vom Zirkus, n'est-ce pas?"
„Stimmt." Gutmütig zeigte Trixi ihr auch noch den Friesen, die Eselin und das Shetty. „Candy", murmelte Monique. „Was ist los?" Verständnislos sah Trixi sie an. „Candy", wiederholte Monique. „Das 'aben wir gestern in Englisch gelernt. Sie sieht dosch aus wie eine Süßigkeit!" „Gut", meinte Trixi. „Wenn Du meinst! Hat sie wenigstens auch endlich einen Namen. – Du kannst übrigens 'mal kommen, wenn sie sich etwas erholt hat, und ausprobieren, was sie kann. Ich bin nämlich etwas groß für sie!" Monique war begeistert. „Merci, Trixi. – Kann isch ein bißschen 'ierbleiben und misch mit ihr bekannt maschen?" „Klar!" entgegnete Trixi. „Dann zeige ich Maurice schon mal die Ziegen und das Schwein. Du kannst dann ja nachkommen!" „D'accord." Eifrig wandte Monique sich wieder der getupften Shetty-Stute zu.
„Boff!" stöhnte Maurice, als seine kleine Schwester außer Sicht war. „Endlisch sind wir sie los!" „Warum?" meinte Trixi. „Sie ist doch ganz in Ordnung." „Ja, schon", gab Maurice zu. „Aber sie kann einem ganz schön auf die Nerven gehen! Das wirst Du sischer ausch nosch merken." Trixi zuckte die Schultern und führte ihn um das Haus herum in den Vorgarten, den die Ziegen abweiden durften. „Von Sylvie und Blanche hab' ich Dir ja schon

erzählt. Und das da ist Struppi! Aber paß auf, er stößt manchmal!" „Wirklisch? Kann isch mir gar nischt vorstellen", entgegnete Maurice und machte ein paar Schritte auf den dunklen Ziegenbock zu. Trixi griff nach seinem Arm. „Bleib da! Er macht's wirklich – frag Olivier. Der hat schon mal ganz schön was abgekriegt. Ich glaub', Struppi mag keine Männer." Maurice grinste schelmisch. „Na gut! Immerhin weiß isch jetzt, daß Du Disch sorgst um misch!" „Eingebildet bist Du wohl gar nicht, was?" fragte Trixi liebenswürdig. „Und falls es Dich interessiert: ich wollte nur den armen Struppi davor bewahren, sich wieder aufregen zu müssen!" „Oh!" feixte Maurice. „Seit wann bist Du denn so schlagfertig?" „Ich bin nicht nur schlagfertig – ich bin auch schlagkräftig!" sagte Trixi trocken und hielt ihm ihre geballte Faust unter die Nase. „Okay – ich geb' s auf!" lachte Maurice. „Wo ist das Schwein?" „Im Pferdestall in einer Box. Wir können es nicht rauslassen, weil es den Garten und die Koppeln total umgraben würde. Aber Olivier will noch einen Stall mit Auslauf bauen."

Mit diesen Worten öffnete Trixi die Boxtür. „Bonjour, Monsieur." Das Schwein verbeugte sich artig und grunzte. „Asseyez-vous, Monsieur", forderte Trixi es dann mit einer einladenden Handbewegung auf. Sofort setzte es sich wie ein Hund auf die Hinterkeulen. Maurice klatschte Beifall und lachte: „Oh – l'escalope formidable!" „L'escalope? Was heißt das?" fragte Trixi argwöhnisch. Er grinste über das ganze Gesicht. „Das würdest Du jetzt gerne wissen, n'est-ce pas?! – Verrate isch Dir aber nischt!" „Oh, Du gemeiner Kerl! Dann frag ich eben Olivier!" „Non. Frag lieber Mathilde. sie ist dosch für die Mahlzeiten zuständig, oder?" „Mahlzeiten!?" Langsam dämmerte es Trixi. Sie erinnerte sich an die Speisekarte, als sie mit Julia in Paris gewesen war. „Escalope avec des pommes de terre" – Schnitzel mit Bratkartoffeln – hatte da gestanden. „Schnitzel!?" rief sie in gespielter Entrüstung. „Monsieur ist kein Schnitzel! Paß lieber auf, daß ich Dich nicht zu Hackfleisch verarbeite!" Das Mädchen griff nach der Mistgabel. „Gnade, Gnade!" wimmerte Maurice und warf sich auf die Knie. „Na gut!" meinte Trixi, die im Gegensatz zu ihm sah, daß Chocolat von hinten kam. Mit einem kräftigen Rempler beförderte der junge, noch sehr schlaksige Neufundländerrüde Maurice gänzlich auf den Boden. Trixi fing so an zu lachen, daß sie sich nicht mehr auf den Beinen halten konnte und sich ebenfalls auf den Boden setzte. Die beiden hatten sich gerade wieder etwas beruhigt, als Monique ankam und verwundert fragte: „Was mascht ihr denn da?" Trixi und Maurice sahen sich an – und brachen schon wieder in Gelächter aus. „Püh!" Monique kratzte sich am Kopf. „Das soll einer verstehen!? – Und isch daschte immer, je älter man wird, desto weniger albern ist man!"

Joyeux Noel – Fröhliche Weihnachten!

Der kleine Nadelbaum, der das ganze Jahr über in einem großen Pflanzenkübel im Garten stand, hatte wieder – in der Gesellschaft zahlreicher Stechpalmenzweige und Weihnachtssterne – seinen Platz im Wohnzimmer eingenommen. Weihnachtslieder vor sich hinsummend schmückte Tante Mathilde ihn mit niedlichen Holzfigürchen und selbstgebastelten Strohsternen, hängte knakkige Nüsse und verführerisch rotbäckige Äpfel, die Olivier von einem armen Bauern als „Tierarzthonorar" bekommen hatte, in seine Zweige und steckte die Kerzen fest. In der Küche brodelte und bruzzelte es auf dem Herd in den verschiedensten Töpfen und Pfannen, und auch dem Backofen entströmte ein verheißungsvoller Duft.

Etwas wehmütig betrachtete Trixi diese ganzen Vorbereitungen, wenn sie an zu Hause, an ihre Eltern und ihre drei kleinen Geschwister dachte. Agda, ihre Mutter, hatte bei ihnen immer den Weihnachtsbaum geschmückt und alles vorbereitet, während ihr Vater solange – zuerst nur mit Trixi, später dann auch mit Florian, Fabian und der kleinen Anita – einen langen Spaziergang durch die glitzernde und glänzende, weihnachtlich geschmückte Stadt und über die gefrorenen Felder gemacht hatte. Am schönsten war natürlich immer die Bescherung gewesen, vor allem für die drei Kleinen ... Verstohlen wischte Trixi sich über die feuchten Augen.

„Du ... traurig, Triksi?" fragte Toto mit seinen geringen Deutschkenntnissen, die das Mädchen ihm bisher beigebracht hatte – dabei lernte er immer noch schneller Deutsch als Trixi Kishuaeli – mitfühlend. „Ich traurig ... auch ... weit weg ... Familie ... Haus ..." „Zu Hause!" verbesserte Trixi und umarmte den jungen Afrikaner. „Du hast Recht, Toto! Dabei geht's uns doch wirklich gut hier! Und eine Familie sind wir doch

eigentlich auch! Oder?" „Oui", nickte Toto und lächelte. „Tu es ma petite soeur – kleine Swester." Trixi lächelte zurück. „Merci – mon grand frère."
„Mon Dieu! Mon Gateau!" Mathilde, mit verschwitztem Gesicht, aufgelöstem Dutt und fliegenden Schürzenbändern, eilte in die Küche, aus der ein etwas brenzliger Geruch kam. Trixi und Toto sahen sich an und lachten. „Komm!" sagte Trixi. „Holen wir die Pferde rein." Der Afrikaner sah sie etwas zweifelnd an, er verstand wohl nicht ganz, was sie meinte. Da vollführte das Mädchen einen Bocksprung und galoppierte wiehernd aus dem Wohnzimmer. „Ah! Je comprends, je comprends!" lachte Toto und lief hinterher.
Mit den Halftern in der Hand stand Olivier auf dem Hof und wartete. „Da seid ihr endlisch! Sie sind dosch schon so 'ungrig." Er händigte Trixi Florindas Halfter aus und Toto das von Candy und Giselle. „Halt!" rief Julia. „Wartet! Ich nehme Pierre. Ich wolte doch dabei sein bei der Pferde-Bescherung!"
Freudig erregt drängelten die Pferde in den – von Trixi ebenfalls weihnachtlich geschmückten – Stall, als wüßten sie genau, daß sie heute etwas ganz besonders Leckeres in ihren Krippen vorfinden würden. Candy und Giselle hatten sich ohnehin wieder einen „dicken Ponybauch angefuttert" – wie Julia es treffend ausdrückte – aber auch Etoile, der rassige Friesenwallach, hatte sich ganz gut herausgemacht. Seine mageren Flanken begannen langsam, sich zu runden, die kahlen Stellen waren verschwunden, und sein schwarzes Fell bekam einen samtigen Glanz. Außerdem hatte der schüchterne Wallach wieder Vertrauen gefaßt – vor allem zu Olivier.
Trixi umarmte ihre Florinda und wünschte der Stute „Fröhliche Weihnachten!" „Es ist zwar das erste Weihnachten ohne meine Familie", meinte sie, „dafür aber auch das erste mit meinem eigenen Pferd. – Ist doch gut, jetzt haben wir alle ein eigenes Pferd – nur Toto braucht noch eines!" „Untersteh Dich!" rief Julia drohend aus Pierres Box. „Aber wie ich euch kenne, schafft ihr das schon noch!" Trixi und Olivier lachten. „Wo ist Toto eigentlich?" Suchend blickte Julia sich um. „Bestimmt bei Belle – und Yvonne", meinte Olivier. „Nö!" kicherte Trixi. „Bei Yvonne ist schon Marie – ihr Auto steht nämlich im Hof!" „Oh – dann gehe ich mal zu ihr!" Julia klopfte den gutmütigen alten Falben noch einmal zum Abschied, dann schloß sie seine Boxtür und verschwand

in Richtung Laufstall. Trixi und Olivier versorgten noch Escalope und die drei Ziegen, denen Olivier mit Totos tatkräftiger Hilfe einen kleinen, zweigeteilten Offenstall mit angrenzendem, ebenfalls getrenntem Auslauf gebaut hatte. Die Hasenfamilie bewohnte ein schmales Gehege mit Häuschen, direkt daneben.
Plötzlich klingelte es, erschrocken fuhr Trixi zusammen. Olivier lachte. „Das ist Mathildes Weihnachtsglocke, ma petite. Vite, vite, allons-nous, j'ai beaucoup de faim." „Oui, moi aussi. Mir knurrt schon richtig der Magen!" Vor der Haustür trafen die beiden auf Toto und Julia, Marie war wieder nach Hause zu ihrer Familie gefahren.
Nachdem sie mindestens fünf Weihnachtslieder gesungen hatten – darauf bestand Mathilde; und wer konnte ihr schon widerstehen!? – setzten sich alle an den festlich gedeckten Tisch. Mathilde trug auf, was ihre Kochkünste nur hergaben. Ein leckeres Gericht, appetitlich angerichtet auf einem hübschen Teller, folgte dem anderen, so daß Chocolat nicht mehr von Trixis Seite wich und jeden ihrer Bissen mit bittenden Blicken verfolgte. „Pfui, Choco!" schimpfte das Mädchen. „Du sollst nicht betteln! Mach Platz!" Der junge Neufundländerrüde sah sein Frauchen gekränkt an und zog sich beleidigt zu seiner Mutter unter den Tisch zurück.
Nach dem Essen gingen sie ins Wohnzimmer hinüber. Olivier entfachte im offenen Kamin ein knisterndes Feuer, Julia zündete die Kerzen am Weihnachtsbaum an und Mathilde legte eine Schallplatte mit fröhlichen französischen Weihnachtsliedern auf.
Für jedes Mitglied ihrer „Ersatzfamilie" hatte sich Trixi eine nette Kleinigkeit überlegt, die sie nun unter dem Weihnachtsbaum verteilte. „Ihr seid ja verrückt!" rief sie freudig überrascht, als sie dabei die vielen für sie bestimmten Geschenke entdeckte. Von Tante Mathilde, die immer an das Praktische dachte, bekam das Mädchen einen Schal, ein Stirnband und dazu passende Handschuhe – natürlich selbstgestrickt. Julia hatte ein wunderschönes Bild in Aquarell von Florinda gemalt. „Mensch, Julia, super! Du müßtest in irgendeiner Pferdezeitschrift – oder so – anbieten, daß Du Tierporträts machst. Die Leute würden sich nur so drum reißen!" Julia lächelte. „Hab' ich schon! Das hast Du mir nämlich schon öfter gesagt." Das nächste Geschenk – eine rotblau-karierte Pferdedecke und Gamaschen, passend zu Florindas rotem Halfter, außerdem eine schneeweiße Sattelunterlage – war von Oli-

vier. „Für Deine Turniere mit Deiner Florinda", meinte er. Trixi freute sich: „Na prima! Dann kann ich mich ja gleich anmelden!"
Ganz unten lag ein kleines, unscheinbares Päckchen. „Was ist das?" fragte Trixi erstaunt. „Von mich!" entgegnete Toto und sah sie erwartungsvoll an. Gespannt wickelte Trixi das Papier ab. Zum Vorschein kam ein schmales Palmblattkästchen, das mit Hilfe eines schön geflochtenen Bändchens verschlossen war. Als Trixi das Kästchen öffnete, stieß sie einen Schrei des Entzückens aus, denn darin lag eine Halskette aus zahlreichen winzigen holzgeschnitzten und bemalten Tierfigürchen – Zebras, Giraffen, Gazellen, Löwen ... „Fantastisch!" rief Trixi. „Wer hat das gemacht?" Toto lächelte stolz und tippte sich mit dem Zeigefinger an die Brust. „Was? – Du?" fragte das Mädchen ungläubig staunend. „Oui. Gelernt von mein Opa. – Mais, il kann viel besser", fügte er bescheiden hinzu. „Oh non!" protestierte Trixi. „C'est super! Merci beaucoup – grand frère!"
Von ihren Eltern war aus China ein großer, dicker Brief mit Bildern, die ihre kleinen Geschwister ihr – kindlich-krakelig, dafür aber mit umso mehr Liebe – gemalt hatten, und vielen Fotos ihrer Familie angekommen, in den Trixi sich natürlich sofort vertiefte. Plötzlich stupste eine feuchte Nase das Mädchen an. „Wuff!" machte Chocolat nachdrücklich. „Oh, Choco!" Trixi knuddelte den jungen Rüden liebevoll. „Du hast Dein Weihnachtsgeschenk ja noch gar nicht gekriegt. – Komm mit!" Chocolat bellte und folgte seiner jungen Herrin freudig wedelnd in die Küche, wo er eine dicke Wurst bekam, die er gierig verschlang.

Das Drei-Königs-Springen

Schon als Trixi das erste Mal in „Le Cheval", der Pferdezeitschrift, die Olivier seit längerer Zeit abonnierte, vom Drei-Königs-Springen – so genannt, da es jedes Jahr an Heilig-Drei-König stattfand – gelesen hatte, war es ihr nicht mehr aus dem Kopf gegangen. Nachdem sie nun noch zu Weihnachten von Olivier die „Turnierausrüstung" für Florinda bekommen hatte, beeilte sich Trixi, sich mit ihrer Stute für die leichte E-Klasse anzumelden.

Florinda war zum Putzen vor dem Stall angebunden. Ihr seidiges, glattes Haarkleid hatte sich zu einem ziemlich plüschigen Winterfell ausgewachsen, was der edlen Vollblutstute ein etwas seltsames Aussehen verlieh – vor allem nach dem Einflechten von Mähne und Schweif. „Aber das macht überhaupt nichts!" tröstete Trixi sich und ihr Pferd. „Du siehst zwar jetzt nicht so elegant aus – wir machen ja auch keine Dressur – aber dafür bist Du ein glückliches Pferd mit viel Koppelgang! Außerdem sind viele andere Pferde bestimmt geschoren, was auch nicht g'rade besser aussieht, finde ich. Stimmt's, meine Süße?" Florinda schnaubte zufrieden. Ihr war alles egal, solange nur ihre junge Besitzerin bei ihr war, der sie vertraute.
„Bist Du fertig, ma petite?" fragte Olivier, der die Stute im geliehenen Pferdeanhänger zum Turnier fahren würde. Auch Julia wollte, bewaffnet mit ihrem Skizzenblock, mitkommen, während Tante Mathilde und Toto sich um den Haushalt und die Tiere kümmerten. „Jawohl, alles klar!" Trixi band Florinda los und führte die Stute, die ihr willig folgte, in den Hänger, wo diese sich sofort über das prall gefüllte Heunetz hermachte.
Das Drei-Königs-Springen fand in einer großen, neu gebauten Reithalle statt. Als Abreiteplatz diente ein ausrangiertes Zirkuszelt. Olivier parkte direkt neben dem Stall. Da es schon wieder in Strömen goß, mußte Florinda solange im Hänger bleiben, bis Trixi ihre Startnummer und ein Programmheft abgeholt hatte. „Scheiß-Regen!" murrte das Mädchen, als es durch die Pfützen zurück zum Transporter rannte. Florinda wieherte und scharrte mit den Hufen. „Ja, ja, meine Süße, ist ja gut!" Rasch kroch Trixi hinein, nahm ihrer Stute die Decke und die Transportbandagen ab, sattelte sie und legte ihr, zum Schutz der zarten Fesseln, sorgfältig die Springgamaschen an. „Fertig, Olivier!" „D'accord." Er öffnete die Hängerklappe und achtete darauf, daß Florinda nicht neben die Rampe trat, als Trixi sie vorsichtig aus dem Transporter führte. Aufgeregt sah die zierliche Stute um sich und blähte erregt die Nüstern. „Oh, oh!" brummte Olivier beruhigend, während Trixi ihren alten Trainingsanzug, den sie zuvor über den blütenweißen Turnierhosen und einem sauberen, weißen Rolli getragen hatte, aus- und das schwarze Jacket anzog. Zum Schluß setzte sie noch ihre Reitkappe auf und schlüpfte in die blank polierten Reitstiefel. „Alles klar!" Liebevoll nahm Trixi Florinda am Zügel und führte sie zum Zelt hinüber.

Nach dem Abreiten, wobei die Stute sich recht gut angestellt hatte, kehrte Trixi zu Olivier zurück und fragte: „Wo ist eigentlich Julia?" Olivier grinste. „Auf ‚Motivfang', naturellement. Neuerdings, sie ist ganz wild auf Pferdeporträts. – Ah, da ist sie ja! Kommst Du allein zurescht, maintenant?" Trixi nickte. „Bien. Wenn Du dran bist, bin isch wieder da und 'elfe eusch rüber in die 'alle. D'accord?" „D'accord." erwiderte das Mädchen und winkte Julia, bevor die beiden in der Menge verschwanden.
„Oh, hallo, Beatrix! Was machst Du denn auf einem Turnier!?" hörte Trixi plötzlich eine unangenehme, nur zu gut bekannte Stimme hinter sich. Abrupt drehte sie sich um und stand direkt vor einem großen, kräftigen, dunkelbraunen Wallach mit breiter, weißer Blesse. Auf seinem Rücken thronte, arrogant wie immer, – Mélanie. Sie trug teure Lederstiefel und ein maßgeschneidertes Jacket. „Was wohl? Reiten natürlich!" entgegnete Trixi unfreundlich. Spöttisch kräuselte Mélanie die Lippen. „So?! Aber doch sicher nicht mit diesem kleinen Klepper?!" „Doch", antwortete Trixi mühsam beherrscht. „Mit meiner rein-ras-si-gen Voll-blut-stute!" Mélanie lachte gekünstelt und schrill. „Vollblüter! Die sind doch alle überspannt und verrückt!" Trixi blickte nur verächtlich auf die zahlreichen Hilfszügel, die Sporen und den Springstock, die die Schwarzhaarige gebrauchte, um ihr Pferd „unter Kontolle zu halten", wogegen sie ihre Florinda einzig und allein mit einem schlichten, gebißlosen Hackamore ritt. „Und wie Dein Gaul schon aussieht! Wie ein wolliges Schaf! Das ist doch kein Pferd! – So sieht ein richtiges Pferd aus!" Stolz deutete Mélanie auf ihren hünenhaften Wallach, der eigentlich viel zu groß für sie war.
Gerade hatte Trixi beschlossen, sich einfach auf keine weiteren Streitigkeiten einzulassen und zu gehen, als Mélanie schon wieder eine neue Gemeinheit einfiel. „Vollblüter taugen höchstens für Rennen, wobei Trabrennen für mich das Letzte sind! Außerdem soll Dein Gäulchen ja nicht einmal dafür gut genug gewesen sein, da es zu langsam war! Nicht wahr?" „Woher weißt Du das?" „Tja, das hat mir Maurice erzählt. – Wir sind sehr gut befreundet, weißt Du?!" Trixi wurde blaß. „. . . Coubertin?" fragte sie mit zittriger Stimme. „Genau der!" Hochnäsig blickte Mélanie auf Trixi hinunter.
Mit steinerner Miene saß Trixi auf und lenkte Florinda zu ihrem Transporter hinüber, wo Julia im Stehen an einer Skizze herum-

zeichnete. Erstaunt blickte sie auf. „Was machst Du denn hier? Olivier wartet schon auf Dich. Du bist doch gleich dran!" „Vergiß es! Ich will nach Hause!" schrie Trixi. „Wie bitte?!" Julia zog die Augenbrauen zusammen. „Also, was ist los?" Nach und nach bekam sie aus dem schluchzenden, schniefenden Mädchen heraus, was passiert war. „Und deshalb willst Du jetzt nach Hause fahren?" fragte Julia entgeistert. Trixi nickte. „Ich starte nicht." „Du bist eine heillose Idiotin!" sagte Julia schonungslos. Gekränkt wandte Trixi sich ab. „Wenn Du jetzt kneifst, hat diese Mélanie doch genau das erreicht, was sie wollte! Die hat doch nur Angst vor Dir als Konkurrenz! – Also, fahr' heim, dann hat sie Grund, über Dich zu lachen!" „Numéro dix-neuf et vingt!" ertönte der Lautsprecher. „Also los, Trix, Du bist dran!" rief Julia kämpferisch. „Gib's ihr!" Keuchend und völlig außer Atem kam Oivier angerannt. „Da bist Du, ma petite, isch 'abe Disch überall gesuscht! Du wurdest schon aufgerufen – Nummer 19!" Ohne eine Antwort abzuwarten, hievte er Trixi auf Florinda, packte die Stute am Zügel und setzte sich in Richtung Reithalle in Trab.
Sie kamen gerade noch rechtzeitig! Der Reiter vor Trixi hatte eben den Parcours verlassen, als Olivier Florinda mit einem Klaps auf das Hinterteil entließ. Rasch trabte Trixi zu den Richtern hinüber, um zu grüßen. Natürlich wollte Florinda wieder einmal nicht stillstehen! „Numéro dix-neuf, Béatrice Reuter sur Florindà." Die zierliche Stute wieherte und scharrte aufgeregt mit den Hufen. Mélanie, mit der Nummer 20, die vor der Schranke wartete, lachte höhnisch. Trixi bekam einen knallroten Kopf.
Da ertönte zum Glück die Startglocke, so daß Florinda – wohl in der Erinnerung an ihre Rennbahnzeit – wie der Blitz losschoß. Plötzlich erwachte Trixi aus ihrer Erstarrung, parierte kurz zum Trab durch, um die Stute wieder unter Kontrolle zu bringen, und lenkte sie auf das erste Hindernis, einen kleinen Steilsprung, zu. Wie ein Pfeil von der Sehne, schnellte Florinda hinüber. „Jawohl, feines Mädchen! Weiter geht's!" In einem irrsinnigen Tempo überwand die kleine Stute erfolgreich ein Hindernis nach dem anderen. „Klong!" Florinda war zu spät abgesprungen und hatte mit dem Hinterfuß angeschlagen. Polternd fiel die Stange zu Boden. Trotzdem war Trixi sehr zufrieden mit ihrem Pferd. Das war mehr, als sie erwartet hatte! Mélanie, die bei Trixis Ritt etwas blaß geworden war, grinste schon wieder hämisch. „Übrigens ist Maurice da, um mich siegen zu sehen!" sagte sie überlegen lä-

chelnd, als sie an Trixi vorbei in den Parcours einritt. „Na und!" entgegnete Trixi betont gleichgültig und klopfte Florinda den Hals.
Mélanies riesiger Wallach war zwar nicht schlecht; ruhig und kraftvoll überwand er die Hindernisse, aber ihm fehlte irgendwie die nötige Begeisterug, fand Trixi. Dennoch blieb der Dunkelbraune zu ihrem Leidwesen fehlerfrei. Mélanie lächelte selbstzufrieden. „Siehst Du, das habe ich Dir ja gleich gesagt! Du warst ja ganz gut, aber jetzt hast Du mal gesehen, wie man das macht! Naja, war ja klar, daß Du gegen mich und mein Pferd mit Deinem – Rennpferdchen keine Chance hast!"
Da es bis zur Siegerehrung noch ein wenig dauern würde, wollte Trixi Florinda erst einmal zum Hänger zurückbringen. „Eh, Trixi!" Das Mädchen blieb stehen und blickte sich suchend um. Eine kleine, drahtige Gestalt mit dunklem Pagenkopf und lustigen Ponyfransen bahnte sich einen Weg durch die Menge. „Salut, Trixi!" rief Monique fröhlich. Trixi stockte der Atem. Also hatte Mélanie doch die Wahrheit gesagt: Maurice war hier – aber ihr hatte er doch erzählt, er sei bei Verwandten zu Besuch!? „Hallo, Monie." entgegnete sie lahm. „Ist ... ist Maurice auch hier?" „Oui, oui. Er suscht Disch überall!" nickte Monique. „Warum? Ich meine, warum seid ihr hier?" „Na 'ör 'mal!" protestierte die Kleine. „Isch mußte extra mitkommen, damit er Disch reiten sehen kann! – Unsere Verwandten 'ätten uns sonst nämlisch nischt 'ergefahren", fügte sie erklärend hinzu. „Wirklich?" Trixi konnte es kaum glauben. Doch Monique nickte eifrig. „Oh, Monie, Du bist super! Danke!" Trixi fiel ihr um den Hals, bevor sie mit den Worten – „Oh, ich muß ja zur Siegerehrung!" – samt ihrer Stute verschwand. Erstaunt blieb Monique zurück. „Püh!" machte sie und kratzte sich am Kopf. „Langsam versteh' isch über'aupt nischts mehr!"
Zur Siegerehrung mußten sich Trixi und Mélanie mit ihren Pferden nebeneinander aufstellen. „Du hast doch nicht etwa irgendwelche Hoffnungen!?" fing die Schwarzhaarige schon wieder an, aber Trixi reagierte einfach nicht. Nach einer kleinen Ansprache, von der Trixi nicht viel verstand, tönte der Lautsprecher, während sich der Preisrichter eifrig auf sie zubewegte: „La première, avec quatre faux, mais un temps formidable, c'est le numéro dixneuf – Béatrice Reuter sur Florindà." Trixi glaubte, sich verhört zu haben. Das war doch nicht möglich!

Doch der Preisverleiher steckte Florinda eine leuchtend gelbe Rosette an das Hackamore und schüttelte Trixi die Hand. „Félicitations!“ „Merci beaucoup“, entgegnete das Mädchen völlig perplex. Mit offenem Mund saß Mélanie auf ihrem Wallach und wußte nicht, was sie sagen sollte. Aber als sie die silberne Schleife für den zweiten Platz erhalten hatte, zeterte sie auf französisch los: „Was soll das? Warum kriegt die den ersten Platz? Ich war viel besser, ich hatte null Fehler, und die vier!“ Der Preisrichter erwiderte mit schneidender Stimme: „Sie haben aber die Höchstzeit überschritten; und wenn Sie sich weiterhin so unsportlich benehmen, lasse ich Sie vom Platz werfen!“ Mélanies Mund klappte zu wie eine Mausefalle. Ihr hübsches Gesicht war haßerfüllt verzerrt, und sie bombardierte Trixi mit giftigen Blicken, als sie fluchtartig mit ihrem Wallach die Halle verließ. Trixi sparte sich einen Kommentar, aber bei der Ehrenrunde flüsterte sie ihrer Florinda ins Ohr: „Du bist die Beste, mein kleines, verrücktes, schafwolliges Rennpferdchen!“
„Super, ma petite!“ – „Na siehst Du, und Du wolltest heimfahren!“ Olivier und Julia liefen auf Trixi zu, um ihr zu gratulieren. „Sagt mal, hat Mélanie wirklich die Höchstzeit überschritten?“ fragte das Mädchen. „Natürlich!“ erwiderte Olivier erstaunt. „Das wurde dosch nasch ihrem Ritt durschgesagt. 'ast Du das nischt ge'ört?“ Von der anderen Seite sagte plötzlich eine bekannte Stimme: „Salut, Trixi, ca va?“ „Maurice!“ rief Trixi erfreut. „Und ich dachte schon ...“ „Was?“ fragte er. „Ach nichts! Vergiß es! ... Schön, daß Du extra gekommen bist!“

Pferde-Kindergarten

Yvette und Beauté, die beiden Stutfohlen, waren nun schon fast sieben Monate alt, so daß es wirklich langsam an der Zeit war, sie abzusetzen – auch wenn es Trixi, Olivier und Marie sehr schwer fiel. Die drei lehnten, die Ellenbogen auf die oberste Latte gestützt, am Zaun des Auslaufs und beobachteten die beiden Fohlen mit ihren Müttern. Yvette und Beauté hatten schon lange nicht mehr so staksige Storchenbeine wie am Anfang, und ihr weiches Babyfell war einem wolligen Winterpelz gewichen.
„Wie 'aben Sie sisch das Absetzen vorgestellt, M. Lapin?“ fragte Marie. „Oh, isch daschte, am besten, wir lassen die Fohlen 'ier,

und die beiden Stuten komen wieder jede in eine Box im anderen Stall", erwiderte Olivier. „Außerdem, isch 'abe mir überlegt, wir könnten nosch zwei bis vier andere Absatzfohlen – natürlisch nur Stuten – dazunehmen." Marie nickte und Trixi machte einen Luftsprung vor Freude. „Wirklich, Olivier? Das ist ja super! – Hast Du schon jemanden?" „Oui, einer, mit einem Kaltblutfohlen, 'at zugesagt. Er wartet nur auf meinen Anruf!" „Toll!" rief Trixi begeistert. „Und sonst? Ich meine, wir sollten sie erst absetzen, wenn wir noch jemanden haben. – Drei sind immer schlecht! Vor allem, weil Yvette und Bébé sich ja schon kennen, und die Kaltblüterin dann der Außenseiter ist." „Oui", nickte Olivier. „C'est juste. Des'alb, er wartet ja auf meinen Anruf."

Später telefonierte Trixi mit Maurice, da sich die beiden zum Ausreiten verabreden wollten. Natürlich erzählte sie ihm von den Absatzfohlen. „Ihr sucht noch jemanden?" fragte Maurice. „C'est magnifique. Isch weiß nämlisch jemanden! Die Tochter von Bekannten von uns – sie ist 19, also zwei Jahre älter als isch – 'at ein Stutfohlen gekauft und suscht nosch einen Platz. Bei uns 'at sie schon gefragt, aussi, – aber bei eusch ist das natürlisch viel besser!" „Heh, das ist toll!" meinte Trixi. „Wann kann sie es bringen?" „Sofort! Im Moment steht es nosch bei seiner Mutter, obwohl Chantal es ja schon gekauft 'at." „Chantal?" „Oui", antwortete Maurice. „So 'eißt sie. Isch kenne sie schon ganz lange – wir 'aben schon zusammen im Sandkasten gespielt, tu sais? Ihre Eltern stammen aus der Caribic, sind aber selbst schon 'ier geboren. Du magst sie bestimmt, sie ist sehr nett. – Monique ist immer ganz begeistert von ihr." „Naja, ich werde sie ja bald kennenlernen! Und das Fohlen? Hast Du es schon gesehen?" wollte Trixi wissen. „Pardon, Trixi, erzähle isch Dir nasch'er – isch komme dosch sowieso gleisch mit Geronimo vorbei. Isch muß jetzt Schluß maschen, sonst beschweren sisch meine Eltern wegen der 'ohen Telefonreschnung. D'accord?" „D'accord. Bis gleich!" „Oui. Au revoir, Trixi."

Toto hatte im „großen" Stall zwei leere Boxen nebeneinander für Belle und Yvonne hergerichtet, während Trixi und Olivier inzwischen den Laufstall samt Auslauf gemistet hatten.
Zuerst wurden wie immer Pierre, Florinda und Etoile, Candy und Giselle von der Koppel hereingeholt, bevor Marie und Toto

Yvonne und Belle aufhalfterten und ebenfalls in ihre Boxen brachten. Trixi und Olivier lockten die beiden Stutfohlen, die so in ihr Fangen-Spielen vertieft waren, daß sie das Weggehen ihrer Mütter überhaupt nicht mitbekomen hatten, von der Weide in den Auslauf.

Ratternd und schnaufend fuhr ein alter Traktor, an den ein kleiner Viehwagen angehängt war, auf den Hof. Zwei Gestalten – zum Schutz gegen den scharfen, kalten Wind unkenntlich vermummt – stiegen von ihrem luftigen Gefährt. „Bonsoir!" Die größere der beiden entpuppte sich als ein kräftiger, korpulenter Mann mittleren Alters, die kleinere als ein hübsches, junges Mädchen mit langen, glatten, dunklen Haaren, dunklen Augen und zartbrauner Haut. Ein weiches Lächeln umspielte seine vollen Lippen.

Das mußte Chantal sein! Wirklich eine richtige Caribic-Schönheit, fand Trixi. Toto mußte wohl Ähnliches denken – der arme Kerl wußte gar nicht mehr, wo er zuerst hinsehen sollte!

Olivier und der korpulente Mann – M. Kervennec – schüttelten sich freundschaftlich die Hand. Sie kannten sich bereits, da M. Kervennec, der einen kleinen Bauernhof mit einer Rinderzucht und zwei Kaltblütern besaß, ein „Stammkunde" von Olivier war. Anschließend stellte Olivier alle Anwesenden einander vor. „Oh, Du mußt sein Trixi!" meinte Chantal freundlich, als sie Trixi die Hand gab. „Maurice mir 'at erzählt von Disch – très beaucoup!" „Wirklich?" Trixi errötete.

Plötzlich meldeten sich die Hauptpersonen zu Wort: die beiden Stutfohlen wieherten und schlugen so heftig mit den Hufen gegen die Innenwände des Viehwagens, daß der ganze Anhänger wackelte. „Oh la la, Louise!" Rasch öffnete M. Kervennec die Klappe. Louise, die kräftige, kleine, fuchsfarbene Kaltblüterin zerrte mit wild rollenden Augen an ihrem Anbindestrick. Beruhigend sprach M. Kervennec auf das Fohlen ein, während er es losband, um es – da die beiden quer im Anhänger gestanden hatten – vorsichtig vorwärts die Rampe hinunterzuführen. Da hatte er aber die Rechnung ohne Louises Dickkopf gemacht! Zuerst wollte die kleine Stute überhaupt nicht mitkommen. Sie rammte buchstäblich „die Beine in den Boden" und stemmte sich gegen den Zug am Halfter. Doch als M. Kervennec einmal kurz lockerließ, sprang sie mit einem großen Satz die Rampe hinunter, so daß sie ihren Besitzer fast umriß. Zum Glück war M. Kervennec selbst so kräftig. – Ein anderer hätte das herumstampfende, wiehernde und sich bäumende Fohlen sicherlich nicht halten können!

Im Gegensatz zu Louise war Arlette, Chantals kastanienbraunes Warmblutfohlen mit den schwarzen Beinen und der schwarzen Mähne ein richtig liebes, braves und überaus sanftes Stütchen. Zwar etwas aufgeregt schnaubend, ließ sie sich dennoch folgsam von Chantal aus dem Anhänger führen.

Im weiten Auslauf angekommen, konnten Chantal und M. Kervennec gerade noch die Halfter abnehmen, bevor die vier Stutfohlen in einer Staubwolke verschwanden. Louise galoppierte, daß die Erdbrocken von ihren großen Hufen nur so weggeschleudert wurden, als die kleine Beauté, leicht wie ein Vogel, an ihr vorbeiflog.

Es war wirklich lustig, den beiden zuzusehen, da sie sich farblich zwar glichen wie ein Ei dem anderen – sie hatten sogar beide den selben großen, runden, weißen Fleck auf der Stirn –, Louise aber stark und kräftig, und Beauté zart und zierlich war. Dabei waren sich die zwei auch noch charakterlich sehr ähnlich – wild und temperamentvoll –, wogegen Arlette und Yvette mehr zum sanften, friedliebenden Pferdetyp gehörten. Die kleine Braune und das Schimmelfohlen schienen sich auf Anhieb gut zu verstehen, denn schon nach kurzer Zeit unternahmen sie die ersten Versuche, sich gegenseitig zu „beknabbern".

Als die vier Fohlen sich endlich etwas beruhigt hatten, wurden sie für die Nacht in den geräumigen Laufstall getrieben, wo in vier separaten Krippen – damit es keinen Streit gab – eine schmackhafte, warme Mahlzeit auf die Stütchen wartete.

Währenddessen zogen sich die „Zweibeiner" in das gemütlich warme Haus zurück, um erst einmal einen heißen Tee zu trinken und zu Abend zu essen. „Lustig, nicht?" meinte Trixi. „Jetzt haben wir ein Vollblut-, ein Halbblut-, ein Warmblut- und ein Kaltblutfohlen!" „Oui", ergänzte Olivier. „Jetzt uns fehlt nur nosch ein Ponyfohlen ..." „Olivier!" rief Julia. „Hör bloß auf!" Toto, der das deutsche Gespräch angestrengt verfolgt hatte, sagte schlicht. „Candy?" „Naja!" scherzte Trixi. „Wer weiß!? Der nächste Frühling kommt bestimmt!" Julia warf ihr einen vernichtenden Blick zu.

Im Atelier

„Julia?“ Trixi, mit einem Tablett beladen, klopfte behutsam mit der Fußspitze gegen die Tür des Ateliers. „Trix?“ ertönte Julias Stimme aus dem Innern. „Komm rein!“ Mit dem Ellenbogen drückte Trixi die Klinke herunter, bevor sie sich vorsichtig rückwärts durch die Tür schob. Neugierig blickte Trixi sich um, es war das erste Mal, daß sie Julias „Heiligtum“ betrat. Der Raum war ziemlich groß, und die Dachschräge bestand fast nur aus Glas, um die zum Malen geeigneten Lichtverhältnisse zu schaffen. Überall standen Leinwände und Staffeleien, mit kaum begonnenen und fast vollendeten Bildern, herum und in einer Ecke stapelten sich Skizzenblöcke und Zeichenpapier, während in der anderen ein mit Farbtöpfchen und Paletten beladenes Tischchen stand. Auf einem Stuhl lagen Pinsel und Bleistifte, in den verschiedensten Größen und Stärken, kreuz und quer durcheinander. Julia selbst kauerte, angetan mit einem alten – ihr viel zu großen – Hemd von Olivier, mitten in diesem Durcheinander auf dem Fußboden und zeichnete an einer Skizze herum. „Darf ich mal sehen?“ Unbemerkt war Trixi neben sie getreten. Julia blickte auf. „Achja, Du bist's.“ Verärgert knüllte sie das Papier zusammen und zielte auf den Papierkorb, ohne ihn zu treffen.
„Was ist los?“ fragte Trixi und stellte das Tablett, in Ermangelung einer geeigneteren freien Fläche, kurzerhand auf dem Boden ab. „Ach!“ schimpfte Julia. „Ich probiere jetzt schon seit Stunden an dieser blöde Skizze herum! Aber es klappt einfach nie!“ „Komm!“ meinte Trixi. „Laß uns erst mal Kaffee trinken, und dann sehen wir weiter!“ „Na gut!“ Seufzend steckte Julia den Bleistift in ihren karottenroten Schopf. Trixi verteilte Geschirr und Besteck, goß den Milchkaffee in die Tassen und legte jedem ein dickes Stück von Mathildes leckerem Butterkuchen auf den Teller. „Mmh!“ Herzhaft biß Julia hinein. „Unsere Tante Mathilde ist die Beste!“ „Stimmt!“ bestätigte Trixi und leckte sich die Lippen. „Sag 'mal, was willst Du eigentlich malen, was Dir nie gelingt?“ „Müssen!“ entgegnete Julia düster. „Leider müssen! Das ist so ein vermaledeiter Auftrag, der bis nächste Woche fertig sein muß! – Den Hintergund hab' ich schon lange fertig, aber jetzt fehlt mir noch ...“ Plötzlich hielt sie inne und starrte Trixi unverwandt an. Unbehaglich rutschte das Mädchen auf dem Teppich hin und her. „Was schaust Du mich so an?“ „Setz Dich mal da

hin!“ Julia warf ihre Malutensilien vom Stuhl und stellte diesen in die Mitte des Raumes. Erstaunt nahm Trixi Platz.
Julia kniff ihre grünen Augen zusammen und begutachtete das Mädchen kritisch von allen Seiten. „Setz Dich mal mehr seitwärts! – Ja, genau. Und jetzt dreh den Kopf ein bißchen! – Nein, stop, zu viel! – Jawohl, so ist's gut! – Wo ist mein Bleistift?“ Trixi tippte sich stumm an die Stirn. „Was!? – Achso, ja!“
Mit ein paar Bleistiftstrichen zeichnete Julia eine Skizze auf das Papier. „Hm!“ Nachdenklich legte sie den Kopf schief. „Nein wart' mal! Wir brauchen was anderes!“ Julia blickte sich suchend im Zimmer um. „Ha! Ich hab's!“ Eifrig zog sie unter ihrem Regal eine stabile Holzkiste hervor, auf der Trixi sich nun – möglichst dekorativ versteht sich – niederlassen mußte. Das Mädchen gab sich wirklich alle Mühe, aber Julia war nicht so leicht zufriedenzustellen. „Wenn Du Model werden willst, mußt Du noch ein bißchen üben!“ scherzte sie. „Was heißt hier wollen!“ entrüstete sich Trixi. „Du hast mich doch einfach überrumpelt! – Darf ich wenigstens mal erfahren, was ich eigentlich darstellen soll?“ „Jawohl, darfst Du, mein Kind!“ alberte Julia. „Eine Meerjungfrau, auch Nixe genannt.“
„Ojeh, ojeh!“ stöhnte Trixi und betrachtete zweifelnd ihren dikken Pullover und die bequemen Leggins. Julia war ihrem Blick gefolgt. „Also, der Pullover muß natürlich weg! Die Leggins kannst Du lassen, dann hab' ich gleich den Rand von Deinem Fischschwanz! Und die Haare müssen offen sein!“ Ächzend verdrehte Trixi die Augen.
Als Julia das genervte Mädchen endlich, mit bloßem Rücken und aufgelöstem weißblonden Haar, in der gewünschten Weise postiert hatte, schwärmte sie begeistert: „Herrlich! Fantastisch! Du bist die geborene Nixe!“ „Darf ich mal meinen Hintergrund sehen?“ lenkte Trixi verlegen ab und wollte aufstehen. „Bist Du wahnsinnig!?“ rief Julia aufgebracht. „Bleib bloß so sitzen! – Ich zeig's Dir.“ Stöhnend hievte sie eine große Staffelei in Trixis Blickfeld. „Toll! “Das Mädchen war begeistert. In den verschiedensten Blau- und Grüntönen wogte das Meer über die Leinwand, so daß Trixi meinte, die Brandung rauschen zu hören und den salzigen Wind auf der Haut zu spüren. „Wirklich super! Und wo komm' ich hin?“ „Hier!“ Stolz deutete Julia auf einen großen Felsen, um den die Gischt spritzte.
In der nächsten Woche ging Trixi täglich zu Julia ins Atelier, um

ihr als Nixe Modell zu sitzen. Zuerst war Trixi nicht sonderlich begeistert gewesen – vor allem das lange Stillhalten fiel ihr schwer –, aber dann wurde es doch immer sehr gemütlich, woran Tante Mathildes Backkünste nicht ganz unschuldig waren. Außerdem machte es Trixi großen Spaß, sich mit Julia über alles Mögliche zu unterhalten – „so von Frau zu Frau" – wie Julia scherzhaft sagte. „Und ich hab' mal gemeint, man könnte nicht ernsthaft mit ihr reden!" dachte Trixi bei sich.

Angestrengt thronte Trixi auf ihrem Podest, während Julia die ersten Umrisse der Nixe auf ihr Gemälde übertrug. „Warum habt ihr eigntlich keine Kinder?" fragte das Mädchen plötzlich in die Stille hinein. Julia warf den Pinsel weg, schlug die Hände vor das Gesicht und brach in Tränen aus. Erschrocken und verstört sah Trixi sie an, was hatte sie nun schon wieder falsch gemacht!? „Julie ...", fragte das Mädchen verzweifelt. „Was ist denn los? Hab' ich was Falsches gesagt? Es tut mir so leid!" Julia putzte sich heftig die Nase. Dann sagte sie ruhig: „Ist schon gut, Du kannst nichts dafür! – Ich will es Dir erklären: wir hatten schon mal ein Kind ... eine Tochter ... aber es war ... sie ist ... sie ist nach drei Tagen gestorben ... und jetzt ... jetzt kann ich keine Kinder mehr bekommen!" „Oh, Julia – es tut mir so leid!" flüsterte Trixi betroffen. Nach einer Weile fügte sie zaghaft hinzu: „Aber vielleicht tröstet es Dich wenigstens ein bißchen, daß Du ... Du hast ja jetzt mich!" „Ja." Julia lächelte schmerzlich und drückte Trixi fest an sich. „Ich hab' ja jetzt Dich – meine große Tochter – ... sie wäre jetzt vier ..."

So ein Zirkus

„Also Tschüß, Vroni – alte Streberleiche – Mach's gut!" rief Trixi scherzhaft. „Na, so übel ist Dein Zeugnis ja auch wieder nicht!" protestierte die kleine Schweizerin. „Naja, dank Deiner Hilfe – und dank unseres hypergenialen Schulsystems, unserer überaus liebreizenden Lehrer, unserer ...", alberte Trixi weiter. „Halt die Klappe und hau ab!" unterbrach Vroni sie liebenswürdig. „Sonst ist Dein Bus weg!" „Was!? – Oh, Scheiße!" Trixi packte ihre Schultasche und spurtete los. „Schönes Wochenende!" rief Vroni ihr nach. „Und viel Spaß mit Deinem Zoo!"

„Zirkus!" brüllte Trixi zurück und erklomm atemlos als Letzte den Einstieg des Schulbusses. Seufzend ließ sie sich auf einen freien Sitz fallen und sah zufrieden beim Fenster hinaus. – Sie hatte ein – für ihre Verhältnisse – wirklich gutes Halbjahreszeugnis bekommen, mußte wegen des verlängerten Wochenendes vier Tage nicht zur Schule gehen, nach den vielen Regentagen war heute endlich einmal wieder einigermaßen schönes Wetter, Maurice würde nachher vorbeikommen ... was wollte man mehr!?

Beim Mittagessen – zur Feier des Tages gab es „Gallettes", mit Pilzen und Gemüse gefüllte Pfannkuchen aus dunklem Buchweizenteig, und zum Nachtisch „Crêpes" – sagte Olivier: „Isch 'abe 'eute Naschmittag keine Patienten, und es ist so schönes Wetter, wie wär's , wenn wir 'eute mal würden ausprobieren unsere Findelkinder?" „Super Idee!" meinte Trixi. „Dann ruf ich Maurice an, er soll seine kleine Schwester mitbringen – wegen Candy!" „Oui. C'est bien."

Trixi und Marie kamen gerade mit Florinda und Yvonne vom Ausreiten zurück, als Maurice und Monique mit Geronimo und Gwendolyn auf den Hof ritten. „Salut, Trixi, ca va? – Mme Loisel!" – „Ah, hallo, da seid ihr ja!" – begrüßten sie sich. Trixi klopfte ihrer Florinda liebevoll den Hals und saß ab. „Bringt eure zwei doch auf die Koppel, es wird sicher länger dauern!" schlug sie Maurice vor. „Bien. – Mais vertragen sie sisch mit den anderen?" warf er ein. „Keine Sorge, die Koppel ist zur Zeit ungenutzt. Unsere stehen nämlich auf der anderen Seite, hinter der Halle, damit Belle und Yvonne ihre Fohlen nicht sehen – und umgekehrt." erklärte Trixi. „Oh, oui, c'est bien."
„Beeilt eusch mal!" rief Olivier vom Stall herüber. „Isch bin fertig mit Etoile, er wird ungeduldig sonst!" Der Rappwallach, der sich vom heruntergekommenen Klepper zu einem rassigen Friesen gemausert hatte, war bereits gesattelt. Mit einem sanften Wiehern begrüßte er seine Boxennachbarin und Freundin Florinda. „Okay, okay – sind schon unterwegs!"
Nachdem sie die vier Pferde abgesattelt und auf die verschiedenen Koppeln gebracht hatten, fingen Trixi, Maurice und Monique die Shetty-Stute Candy und die Eselin Giselle ein und banden sie zum Putzen vor dem Stall an. Marie war zur Fohlenkop-

pel hinübergegangen, um mit ihrer Yvette ein wenig Führen zu üben.

„Wo ist Candys Sattel?“ fragte Monique, nachdem sie der kleinen Stute die Hufe ausgekratzt hatte. „Wir haben noch keinen für sie.“ entgegnete Trixi bedauernd. „Nur eine Trense.“ „Soll isch mal probieren, ob ihr Gwens paßt?“ „Wenn Du meinst, gute Idee!“ „Okay.“ Behutsam legte Monique dem Shetty ihren Sattel auf den Rücken. „Und? Geht's?“ fragte Trixi neugierig. „Ja, schon!“ stöhnte die Kleine mit hochrotem Gesicht. „Aber sie ist so fett, isch kriege den Sattelgurt einfasch nischt zu!“ „Warte mal!“ meinte Maurice. „Isch 'elfe Dir, laß misch mal versuschen!“ Er zog mit aller Kraft und schaffte es schließlich – ins letzte Loch. „Uff! Was füttert ihr der Guten denn? – Und was ist mit Giselle?“ „Ach“, meinte Trixi, „auf die setz' ich mich 'mal drauf, sie ist ja ein ganzes Stück größer als Candy.“ „Prima Idee!“ spottete Maurice. „Muß ein tolles Gefühl sein – dieser Aufstieg!“ „Wie bitte, was meinst Du?“ fragte das Mädchen mißtrauisch. „Naja – so von Vollblut auf Esel!“ neckte Maurice sie. „Haha!“ machte Trixi, und Monique sprang ihr bei: „Immer nosch besser, wie wenn Du Disch auf Giselle setzt – so, ein Esel reitet auf einem Esel – mein sehr verehrter 'err Bruder!“

„Da 'ab isch mir ja was Schönes eingebrockt!“ stöhnte Maurice und floh – vor der weiblichen Übermacht – zu Olivier, um ihm das Tor zur „Reithalle“ zu öffnen. Lachend führten die beiden Mädchen Candy und Giselle ebenfalls hinein. Maurice schloß hinter ihnen das Tor. Dann hielt er die Eselin, damit Trixi auf ihren ungesattelten Rücken klettern konnte. Inzwischen waren auch Olivier und Monique aufgesessen. Aber es wurde eine schlichtweg katastrophale „Reitstunde“!

Giselle wollte zuerst überhaupt nicht losgehen, soviel Trixi auch trieb. Selbst Maurices Ziehen und Anschieben half nichts. Doch als das Mädchen der Eselstute resigniert den zottigen, grauen Hals klopfte und sagte: „Naja, dann halt nicht, ist ja auch nicht so schlimm!“ begann diese, wie ein Rodeopferd im Wilden Westen, zu bocken, so daß Trixi, die sich auf dem bloßen, glatten Eselrücken natürlich nicht halten konnte, in hohem Bogeen in den Sand flog. „Mon Dieu! Ist Dir was passiert?“ fragte Maurice besorgt. Ächzend rappelte Trixi sich auf. „Nein, nein, es geht schon! – Das war wohl mal ihre Zirkusnummer, oder was?“ fügte sie mit Galgenhumor hinzu und humpelte zu der Holzbank hin-

über, um sich erst einmal hinzusetzen. „Soll isch sie wieder auf die Koppel bringen?“ fragte Maurice hilfsbereit. Vorsichtig nickte Trixi mit dem Kopf, ihr tat alles weh.
Solche Sperenzchen machte die faule Shetty-Stute Candy nicht, da sie der Meinung war, es sei völlig ausreichend, ein paar Runden in einem langsamen, gemütlichen Schritt zu gehen und diesen unter keinen Umständen – etwa durch einen kleinen Trab oder gar Galopp – zu unterbrechen. Außerdem rutschte Gwens – offensichtlich doch recht schmaler – Sattel hoffnungslos auf ihrem breiten , runden Rücken hin und her.
Und Etoile? Der kräftige Wallach war zwar sehr aufmerksam, lieb und folgsam, wie man sich ein Pferd nicht besser hätte wünschen können, hatte aber seine eigenen Ansichten über das, was er an einem – einer Manege auch nur im entferntesten gleichenden – Ort zu tun hatte. Der Friese warf seine Beine im Spanischen Schritt, daß es eine Freude war – nur hatte Olivier leider überhaupt keine Einwirkung darauf.
„Oh,das wird prima beim Ausreiten!“ meinte Trixi, die sich – bei Maurices freundschaftlicher Fürsorge – schnell von ihrem Sturz erholt hatte, lachend zu Olivier. „Was denkst Du, wie die Leute schauen, wenn Du so daher kommst!“ „Haha!“ brummte Olivier und klopfte Etoile liebevoll den Hals. „Isch 'abe eine viel bessere Idee – wir werden ihn einfahren, dann kann isch Julia mitnehmen, die wird sisch freuen!“ „Das ist wirklich eine tolle Idee!“ Trixi war begeistert. „Aber weißt Du was? – Sag ihr nichts, damit könnten wir sie doch an ihrem Geburtstag überraschen!“ „Oui, oui, mais das dauert dosch nosch so lange ...“ „Eben, drum!“ meinte Trixi verschmitzt. „Dann haben wir ja noch genug Zeit.“

Frühlingserwachen

Nach dem langen Winter – den „schwarzen Monaten“ – mit zahlreichen Regenschauern und häufigen Stürmen, die wild um das Haus geheult und einlaßbegehrend an den Fensterläden gerüttelt hatten, wurde es endlich wieder Frühling. Die Sonne sandte ihre wärmenden Strahlen, die Vögel zwitscherten, frisches junges Gras sproß saftig auf den Weiden und die milde, laue Luft lud zu einem Spaziergang durch die Natur ein.
So zahlreich wie das Erika in den Dünen vermehrten sich die

Kanninchen, Sylvie und Blanche, die beiden Ziegen, bekamen braune und lustig gefleckte Zwillinge, Minuit, Trixis schwarzer Kater, ging nächtelang auf Brautschau, und die Neufundländerhündin Umbra wurde ständig von zahlreichen Verehrern umlagert.
Zum ersten Mahl in diesem Jahr konnte man, noch mit einem warmen Pullover bekleidet, am Wochenende im Freien frühstükken, da morgens die Sonne auf die Terrasse schien. Olivier und Julia saßen bereits am Tisch, während Tante Mathilde in der Küche Kaffee kochte. „Bonjour, tous les deux!" riefen Trixi und Toto, die gerade mit Chocolat aus dem Stall kamen, im Chor und nahmen auf der Gartenbank Platz. Julia blickte von der Zeitung auf und sah die beiden mit zusammengekniffenen Augen lauernd an. „Sagt mal, ist irgendwas?" „Nein – wieso?" fragte Trixi scheinheilig und Toto machte ein gleichmütiges Gesicht. Seufzend wandte Julia sich wieder ihrer Zeitung zu, während Mathilde den Kaffee und die frischen Baguettes brachte. Hungrig begannen sie zu essen, die salzige Meeresluft machte Appetit. „Herzlichen Glückwunsch!" platzte Trixi plötzlich heraus. „Eh?" – „Wie bitte!?" Verständnislos sahen die anderen – außer Toto natürlich – das Mädchen an. „Herzlichen Glückwunsch zu Deinen beiden neuen ‚Stammkunden', Olivier!" ergänzte Trixi spitzbübisch. Irritiert runzelte Olivier die Stirn. „Was? – Was meinst Du?" Trixi und Toto brachen in Gelächter aus. „Jetzt werd' mal etwas deutlicher, Trix!" sprang Julia ihrem Mann bei. „Ich würde die beiden mal impfen", kicherte Trixi. „Das muß man doch innerhalb von 24 Stunden tun, oder!?" Olivier schlug sich mit der flachen Hand an die Stirn, und Julia stöhnte: „Nein! Welches von den Biestern hat jetzt wieder Junge gekriegt?" „Candy – et Giselle!" erwiderte Toto äußerst zufrieden. „Was! – Gleich beide auf einmal!?" rief Julia entsetzt und gab dem jungen Afrikaner einen freundschaftlichen Rippenstoß. „Brauchst gar nicht so unverschämt zu grinsen, nur weil Du das schon länger vermutet hast!"
Als Olivier seine Tasche und Julia ihren Skizzenblock geholt hatte, liefen die vier zum Stall hinüber. Kopfschüttelnd begann Mathilde, den Tisch abzuräumen. Die Arme verstand langsam überhaupt nichts mehr.
Damit Olivier die beiden Neugeborenen untersuchen und impfen konnte, ohne sie erst umständlich einfangen zu müssen, hatten

Trixi und Toto die Fohlen vorerst samt ihren Müttern im Stall gelassen. „Oh , sind die süß!“ rief Julia entzückt und begann sofort, eine Skizze von den zwei kleinen Hengsten anzufertigen. Die beiden waren aber auch zu niedlich: Candys Sohn sah aus wie ein kunterbunt zusammengeflicktes Plüschpferdchen und Giselles Sprößling, den Trixi und Toto bereits einstimmig „Gaston“ getauft hatten, war mit seinem dunkelbraunen Wuschelfell, dem hellen Mehlmaul, dem lustigen Quastenschwänzchen und seinen großen langen Ohren der geborene Komiker, bei dessen Anblick man einfach lachen mußte.
„D'accord.“ Olivier, der im Stroh gekniet hatte, klappte seine Tasche zu und stand auf. „Ihr könnt sie rausbringen, maintenant. – Aber auf die vordere Koppel, neben unsere ‚Kindergarten‘. Nischt zu die anderen.“ „Okay. Ist gut.“
Auf der Koppel begannen Candy und Giselle sofort zu grasen, während ihre beiden kleinen Söhne – nach einem kräftigen Schluck an der mütterlichen „Milchbar“ – ein Spielchen anfingen. Neugierig kamen Beauté, Louise, Yvette und Arlette, die inzwischen vom staksigen, struppigen, stelzbeinigen Fohlen zu vier hübschen Jährlingsstuten herangewachsen waren, an den Zaun getrabt, der die beiden Koppeln voneinander trennte. Die zarte, feingliedrige Fuchsstute Beauté war – sich der tatkräftigen Unterstützung ihrer imposanten Kaltblüter-Freundin Louise bewußt – wie immer die Mutigste, ganz im Gegensatz zu ihrer nervösen, überängstlichen Mutter Belle.
Übermütig machte die kleine Vollblüterin einen Bocksprung und galoppierte – gefolgt von ihren drei Kameradinnen – mit weit geblähten Nüstern und stolz erhobenem Schweifchen in rasantem Tempo über die Koppel. Candy und Giselle, auf der anderen Seite des Zaunes, warfen die Köpfe hoch und galoppierten – ihre beiden kleine Söhne „bei Fuß“ – eine Runde mit.
Trixi, die neben den anderen am Koppelzaun lehnte, fing an zu lachen. Es war zu komisch, wenn man Beautés schnellen leichtfüßigen Galopp mit Gastons witzigen, steifbeinigen Bocksprüngen verglich. „Unser Bébé wird sischer mal ein gutes Rennpferd werden“, meinte Olivier plötzlich. „Hat sich M. Bernadotte denn mal gemeldet?“ fragte Trixi, ohne den Blick von Gaston und seinem „Zwillingsbruder“, der wegen seiner bunten Jacke inzwischen den Namen „Clochard“ (Landstreicher) bekommen hatte, zu wenden. „Oui“, entgegnete Olivier. „Er will bald vorbeikom-

men – mit eine Trainer." „Was!?" Erschrocken fuhr Trixi herum. „Keine Sorge, ma petite!" Beruhigend legte er ihr die Hand auf die Schulter. „Sieh sie Dir dosch an! Sie ist so klein und zart, nosch nischt entwickelt genug für die Einreiten – das wird M. Bernadotte der Trainer sagen, aussi." „Bist Du sicher?" zweifelte das Mädchen. „Ecoute, isch bin Tierarzt und als Tierarzt isch sage Dir: Beauté kann tragen nischt den leischtesten Jockey. Elle est trop petite, encore." „Na hoffentlich!" mischte Julia sich da ein und seufzte: „Ich weiß nicht, aber ich würde Bébé auch sehr vermissen, genauso wie alle anderen von unseren Viechern!" „Oho!" feixte Trixi. „Das ist ja was ganz Neues!" Verlegen lächelnd fuhr Julia sich durch ihren karottenroten Schopf und fragte ablenkend: „Wollt ihr mal meine Skizzen von Clochard und Gaston sehen?" „Aber klar! Gerne!" meinte Trixi und blinzelte Olivier spitzbübisch zu.

Eine ganz besondere Schnitzeljagd

Als Trixi am Montag Nachmittag aus der Schule kam, wurde sie zwar wie immer freudig von ihrem Neufundländer Chocolat begrüßt, aber das Wohnhaus erschien ihr seltsam still und verlassen. Nichts rührte sich, beide Autos waren weg – und auch Umbra war nirgends zu sehen. „Merkwürdig, wirklich merkwürdig!" dachte das Mädchen laut, schloß die Haustür auf und betrat, gefolgt von Chocolat, die Diele. „Hallo! Ist da jemand? Wo seid ihr denn alle!?" Keine Antwort. – Aber was war das? Trixis Blick fiel auf die große Kommode. Neben dem Telefon lag ein Zettel, auf dem flüchtig – wie in großer Eile – hingekritzelt, stand: „Escalope ist weg. Sind ihn suchen. Mathlide ist noch beim Einkaufen. Gruß – Julia!"
Sacht flatterte der Zettel zu Boden, als Trixi, ihrem Chocolat, der das alles sehr aufregend fand, dicht auf den Fersen, zu dem kleinen, zweigeteilten Offenstall hinüberlief, den zur einen Hälfte die sieben Ziegen und zur anderen Escalope bewohnten. „Aber wie soll der denn rausgekommen sein?" fragte Trixi Chocolat. Der legte den Kopf schief und wedelte freundlich, da er nicht wußte, was sein Frauchen von ihm wollte.
„Oh nein! Jetzt weiß ich's!" Das große Erdloch war nicht zu übersehen – ganz offensichtlich hatte Escalope sich unter dem

Maschendrahtzaun hindurchgegraben. Zahlreiche Spuren zeugten noch von seiner Befreiungsaktion. Nachdenklich betrachtete Trixi das Loch. „À propos Spuren!“ rief sie plötzlich . „Komm, Chocolat!“ Die Spur führte eindeutig nach vorn in den Garten. Seltsamerweise hatte Escalope weder beim Komposthaufen noch beim Gemüsebeet haltgemacht, sondern war zielstrebig zum Gartenzaun gelaufen, dessen morscher Zustand ihm den Weg in die Freiheit ermöglicht hatte. Bis hierher war das Ganze kein Problem gewesen, doch nach dem harten Untergrund des Feldweges verlor die Spur sich im Gestrüpp. Vergeblich spähte Trixi mit Adleraugen auf den Boden, konnte aber nichts mehr entdekken. „Merde!“ Ratlos kehrte sie in den Garten zurück und setzte sich auf die Stufen vor der Haustür. „Was meinst Du, Choco? Heute morgen, als Toto ihn gefüttert hat, war er noch da. Das war gegen sieben ... Wenn er dann angefangen hat zu graben – drei bis vier Stunden hat das bestimmt gedauert, dann war ungefähr elf Uhr, als er abgehauen ist. Hm! Jetzt ist fast 16 Uhr, also hat er fünf Stunden Zeit gehabt. Die Frage ist: wie weit kommt ein Schwein in fünf Stunden? ... Und wo wollte er bloß hin? Ich versteh das nicht, hier geht's ihm doch wirklich gut! – Weißt Du was; Choco, ich zieh mir jetzt mal ganz schnell alte Klamotten an und dann gehen wir auch auf die Suche! Warst Du wenigstens gleich Gassi!“

Knapp zehn Minuten später verließ Trixi mit Chocolat das Haus – natürlich nicht, ohne ebenfalls einen Zettel hinterlassen zu haben – und schlug zuerst einmal den Weg in Richtung Strand ein, auf der Suche nach Spuren den Blick immer am Boden, so daß sie beinahe gegen eine Gartenmauer gelaufen wäre. Die Gartenmauer war ziemlich hoch und umschloß ein großes Grundstück, auf dem eine noble Villa stand, die nicht besonders gut in die urwüchsige Landschaft paßte.

Gerade wollte Trixi sich uninteressiert wieder abwenden, als sie in dem einstmals sicher sehr gepflegten Rosenbeet eindeutige Spuren der Verwüstung bemerkte, die untrüglich auf Escalope hinwiesen. Gewandt schwang das Mädchen die Beine über die Mauer und ließ sich auf der anderen Seite zu Boden fallen.

Systematisch durchkämmte Trixi den ganzen Garten, fand zwar noch eine Menge weiterer Spuren, konnte Escalope aber nirgends entdecken. „Ah, vielleicht hier?“ Sie kniete sich auf den Boden und schielte unter eine Hecke, als sich hinter ihr plötzlich jemand räusperte. Erschrocken fuhr Trixi herum und blickte genau in das schwammige Gesicht eines älteren Mannes, der sie irgendwie seltsam ansah. Als er nun auch noch näher kam, ein fieses Grinsen in seinem feisten Gesicht, bekam Trixi es wirklich mit der Angst zu tun. „Chocolat!“ schrie sie gellend und streckte abwehrend die Hände aus. Wie eine Kanonenkugel kam Chocolat plötzlich aus einer Hecke geschossen, er mußte die Stelle gefunden haben, wo Escalope in den Garten eingedrungen war. Noch nicht ganz ausgewachsen und recht schlaksig, war der junge Neufundländerrüde doch eine imposante und furchteinflößende Erscheinung – besonders wenn er wütend war. Und jetzt war er wütend! Mit gesträubtem Nackenfell stellte er sich bedrohlich knurrend vor sein junges Frauchen und zeigte sein gefährliches, schneeweißes Gebiß. Wie hypnotisiert auf den großen Hund starrend, zog sich der dickliche Mann Schritt für Schritt zurück, bis er seine Villa erreicht hatte, schlüpfte hinein und knallte rasch die Tür hinter sich zu.

Trixi packte ihren Chocolat am Halsband, fand das Gartentor – und rannte den ganzen Weg nach Hause. Vor der Haustür stand Olivier, um zu sehen, wo sie bleibe. Schluchzend und völlig außer Atem flüchtete Trixi sich in seine Arme. Liebevoll streichelte Olivier ihren Rücken und fragte besorgt: „Was 'ast Du, ma petite? Tu es triste wegen Escalope? Er ist längst wieder da! Und rate mal, wo er war – bei eine Bauernhof. Er 'at nämlisch eine Freundin gefunden!“ Trixi schüttelte den Kopf. „Non? Mais, was ist es dann, ma petite? Willst Du mir nischt sagen, was Disch bedrückt?“ Es brauchte lange, bis er die ganze Geschichte aus dem verstörten Mädchen herausbekam.

„Merde!“ fluchte Olivier. „Dieser Mistkerl! Isch kenne ihn, das ist eine – wie sagt man – komische Kauz, niemand 'ier mag ihn. Mais isch galube nischt, daß er Dir wirklisch etwas tun wollte. Et calme-toi, maintenant, isch bin ja bei Dir. Aber geh nischt mehr alleine weg, d'accord?“ „D'accord“, schniefte Trixi und mußte im selben Augenblick lachen, weil Chocolat sich wedelnd zwischen sie drängte, jaulend an seiner jungen Herrin hochsprang und ihr die Tränen ablecken wollte. „Tu es un chien très bien!“ lobte Olivier den Neufundländer. Trixi umarmte ihren „kleinen Liebling“ und drückte ihr Gesicht in sein weiches Fell.

„Willst Du Escalope sehen?“ fragte Olivier. „Ja klar!“ Gemeinsam gingen sie zu dem kleinen Offenstall hinüber, wo der Eber

sich gierig über seinen Futtertrog hermachte. Das Loch unter dem Zaun hatte Olivier mit großen Steinen angefüllt. „Der kommt nischt mehr raus!" sagte Olivier stolz.
Am nächsten Morgen war Escalope wieder weg. Diesmal hatte er ein loses Brett gefunden. Olivier und Trixi fuhren gleich los, jetzt war ja klar, wo der Eber sich befand. „Was hast Du jetzt vor?" fragte Trixi. „C'est claire. Es bleibt uns nur eine Möglischkeit: wir kaufen ‚la dame de coeur' dem Bauern ab!" „Formidable!" jubelte das Mädchen.
So kam Escalope zu einer hübschen, jungen Sau, die Trixi sofort „Coeur" („Herzchen") taufte, da sie wirklich allerliebst war. „Und sie lebten glücklich und zufrieden bis an ihr Lebensende . . . und wenn sie nicht gestorben sind . . .", alberte Julia, Trixi und Olivier lachten – und Escalope und Coeur grunzten im Chor.

Trixis 16. Geburtstag

„Ummmh!" brummte Trixi unwillig, etwas kitzelte sie in der Nase. Gerade hatte sie so schön geschlafen . . . „Ha-ha-tschi!" Und noch einmal: „Hatschi!" Olivier lachte. „Heureux anniversaire, ma petite!" Er hielt ihr einen überdimensionalen Blumenstrauß unter die Nase. „Selbstgepflückt!" erklärte er stolz. „Du meinst wohl: selbstgeklaut!" entgegnete Trixi und warf ihr Kissen nach ihm. Geschickt wich Olivier aus: „Schlafmütze, eh? Zeit zum Frü'stück! Allez – vite, vite!" Gähnend fuhr Trixi sich durch die total verstrubbelten Haare. „Wieviel Uhr ist es denn?" „Gleisch zehn!" „Was?!? Aber ich hatte doch den Wecker gestellt, damit ich die Pferde füttern kann!?" „Siehst Du" – Olivier grinste schelmisch – „und isch ihn 'abe ausgemascht wieder." „Tu es fol?" Rasch griff Trixi nach ihrem Kissen, das neben dem Bett auf dem Boden lag. Aber Olivier war schneller, packte das Kissen und warf es auf das Bett zurück, wo es hingehörte. „Zieh Dir was über und komm – à la terrasse." Er wandte sich zum Gehen. „Merci pour les fleurs!" rief Trixi ihm nach und schlüpfte – mit ihrem kurzen Nachthemd – in den warmen Trainingsanzug und die Pantoffeln. Dann sprang sie fröhlich pfeifend die Treppe hinunter und lief auf die sonnenbeschienene Terrasse hinaus, wo die anderen schon alle versammelt waren.

„Bon anniversaire!" riefen sie im Chor. Mathilde hatte „ihr" bestes Geschirr aufgedeckt, und mitten auf dem Tisch prangte, von einem Kranz aus Gänseblümchen umrahmt, eine riesige Torte mit sechzehn brennenden Kerzen. „Oh – Mathilde! Marzipantorte mit Walnüssen – Du bist ein Schatz!" Trixi war richtig gerührt. Mathilde lächelte stolz, schnitt die Torte an und lud jedem ein mächtiges Stück auf den Teller, während Julia den Milchkaffee einschenkte.
Nach dem Frühstück ging es an das Geschenke-Auspacken. Julia hatte Trixi auf der kleinen Kommode im Flur einen „Geburtstagstisch" aufgebaut. „Das haben wir früher bei uns zu Hause immer so gemacht", erklärte sie. „Oh, merci. Das ist lieb von Dir." entgegnete Trixi erfreut. „Ist eigentlich keine Post gekommen!?" „Doch, doch, natürlich!" Julia rückte die Geschenke ein wenig zur Seite. „Hier! Da hab' ich sie hingelegt! – Und? Von wem?" „Sei doch nicht so neugierig! – Der dicke Brief ist von meinen Eltern und – He! – Die Karte ist von meinem alten Reitstall! Alle haben unterschrieben! Sogar Herr Winter und der alte Pferdepfleger! – Daß die noch an mich gedacht haben ..." „Und das kleine Kärtchen?" „Was? – Achso, das ist von Maurice", erwiderte Trixi betont gleichgültig. „Soso!" Julia machte ein vielsagendes Gesicht und dachte sich ihren Teil. „Kommt er nicht sowieso noch heute Nachmittag vorbei?" Trixi nickte und begann ablenkend das kleine Päckchen, das ihre beste Freundin Vroni ihr gestern in der Schule gegeben hatte, auszupacken.
Zum Vorschein kamen ein dickes Pferdebuch und eine große Tafel Schokolade. „Kannst Du das lesen, über'aupt?" fragte Olivier. „Oder soll isch Dir 'elfen bei die Übersetzung?" „Nicht nötig!" Trixi lachte. „Es ist deutsch! Aber frag' mich nicht, wo Vroni es her hat!" Von Julia bekam sie natürlich wieder ein lebensechtes Aquarell – diesmal von Gaston und Clochard, den beiden kleinen Hengstfohlen – und einen neuen Pullover. „Oh – toll! Danke Julie!" Trixi gab ihr einen Kuß. „Allerdings hab' ich jetzt bald keinen Platz mehr zum Aufhängen! – Von wem ist das große Paket? Von Dir, Olivier?" „Oui, c'est ca."
Erwartungsvoll riß Trixi das Papier auf und fiel ihm jubelnd um den Hals. Ein neues Zaumzeug mit rot-weiß gemustertem Stirnband, passend zu ihrem gebrauchten Vielseitigkeitssattel, aus hellem Leder. „Und die Kunsstofftrense auch noch! Das kannst Du doch nicht machen – das ist doch viel zu viel!" Olivier lächel-

te: „Die wolltest Du doch kaufen für Deine Florinda zum Dressurreiten, n'est-ce pas?" „Aber noch ein neues Zaumzeug! Ich hätte doch das alte vom Hackamore nehmen können!" Trixi konnte sich gar nicht beruhigen vor Freude.
„Und das ist von Dir, Toto, stimmt's?" Toto nickte erwartungsvoll. Aus einem hübsch bestickten Säckchen förderte Trixi ein zart geflochtenes Gebilde aus Schnüren und Holzperlen zu Tage. „Was ist das?" fragte sie erstaunt. „Oh! Minute! – verwickelt." Mit ein paar raschen Handgriffen entwirrte er die Fäden. „Du weißt jetzt?" „Heh! Klasse!" rief das Mädchen begeistert und umarmte seinen „Ersatzbruder" fest. „Ein Fliegenschutz für Florinda! Du bist ein Genie, Toto! Wie schaffts Du es nur immer, so winzige Sachen zusammenzubasteln? Ich könnte das nicht! – Und jetzt sag bloß nicht wieder, Dein Großvater kann es besser!" „Stimmt aber!" „Ach, Du ..." Trixi knuffte ihn freundschaftlich.

Nachdem Trixi sich gewaschen und richtig angezogen hatte, machten Julia, Olivier und sie erst einmal einen schönen langen Spaziergang mit den Hunden, während Mathilde in der Küche ihrer größten Leidenschaft nachging und all ihre Kochkünste in Trixis Geburtstagsessen, zu dem auch Maurice und seine kleine Schwester Monique eingeladen waren, vereinte.
Eingehakt spazierten Olivier und Julia nebeneinander her und unterhielten sich angeregt. Trixi spielte mit Chocolat und hing ihren eigenen Gedanken nach, als Umbra plötzlich freudig wedelnd auf zwei entfernte Gestalten zulief, die sich bei näherem Hinsehen als Toto und Chantal entpuppten. Händchen haltend waren die beiden so in ihr Gespräch vertieft, daß sie nichts anderes um sich herum wahrnahmen. Unwillkürlich mußte Trixi lächeln. – Der hagere, schüchterne Toto, der anfangs kaum ein Wort herausgebracht hatte – und schon gar nicht Chantal gegenüber!
„Kommt, gehen wir da lang!" Eifrig schob Trixi Olivier und Julia nach links hinüber. „Warum denn ?" fragte Julia erstaunt. „Ach, nur so! Chocolat hat da irgendwas entdeckt. – Umbra, viens ici!"
Als die drei von ihrem Spaziergang zurückkamen, ging Trixi mit dem Buch, das Vroni ihr geschenkt hatte, in ihr Zimmer hinauf, um ein bißchen zu lesen. Die Geschichte war bereits zu Anfang so spannend, daß das Mädchen völlig die Zeit vergaß. Plötzlich klopfte es an der Tür. Erschrocken zuckte Trixi zusammen.

„Komm rein, Olivier!" „Isch bin zwar nischt Olivier, aber trotzdem alles Gute!" entgegnete eine, ihr nur zu gut bekannte Stimme. Trixi fuhr herum und sprang auf. „Oh – Maurice, hallo! Ich hab' Dich gar nicht kommen gehört, das Buch war so spannend! Wo ist denn Monique?" „In der Küsche bei eurer Mathilde, sie muß dosch immer in die Töpfe gucken!" Trixi lachte. „Stimmt! Sie ist ..."
„Jetzt 'ör mal auf mit Monique", unterbrach Maurice sie da. „Isch 'abe Dir nämlisch was mitgebrascht. 'ier!" Er hielt ihr ein kleines Schächtelchen unter die Nase. „Oh, merci. Was ist das?" „Pack es aus!" Als Trixi die Schachtel öffnete, errötete sie vor Freude. Auf einem Stück dunkelblauen Samt lag ein dünnes silbernes Halskettchen mit einem winzigen Anhänger, ebenfalls aus Silber, der ein springendes Pferd darstellte. „Oh, danke, Maurice, vielen, vielen Dank!" rief sie entzückt. Maurice wurde ebenfalls rot und sagte ernst: „Es freut misch, daß sie Dir gefällt! Soll isch ..." Er räusperte sich etwas verlegen. „Soll isch sie Dir ummaschen?" „Ohja, bitte", entgegnete Trixi zaghaft und hielt sich das Kettchen vor, damit Maurice es in ihrem Nacken schließen konnte. „Moment, nimm mal Deinen Zopf aus dem Weg!" Schwungvoll warf er ihren dicken, weißblonden, geflochtenen Zopf über ihre Schulter nach vorne. „Mist! Warte mal, isch krieg den Verschluß nischt zu – mmh – so, jetzt – fertig!" „Merci." Trixi drehte sich wieder um – und stand ganz dicht vor Maurice. Plötzlich sahen sie sich ernst in die Augen, langsam näherten sich ihre Köpfe einander und ... Da platzte Monique herein. Erschrocken fuhren die beiden auseinander und standen betreten wie zwei Schulkinder, die etwas ausgefressen hatten, nebeneinander. „Ist was?" fragte Monique erstaunt. „Nö, warum?" erwiderten Trixi und Maurice wie aus einem Munde. „Isch soll eusch nur von Mathilde ausrischten, daß das Essen fertig ist." Monique zog ihre sommersprossige Stupsnase kraus und grinste frech. Oder zumindest schien es Maurice so. – Ob sie wohl etwas bemerkt hatte?, dachte er bei sich, denn er fürchtete nichts mehr als die spitze Zunge seiner kleinen Schwester.
Bei dem Geburtstags-Festessen hatte Tante Mathilde sich wieder einmal selbst übertroffen, da waren sich alle einig. Es schmeckte einfach wunderbar!
Von Monique hatte Trixi übrigens einen neuen Hufkratzer bekommen, da ihrer schon vor längerer Zeit verloren gegangen

war, und Marie schenkte ihr schicke schwarze Reithandschuhe. „Komm, Trixi!" meinte Maurice. „Reiten wir noch zusammen aus!?" „Auja, isch komme mit!" rief Monique, bevor Trixi noch irgendetwas sagen konnte. „Non, Monie, j'ai une idée beaucoup mieux", mischte Marie sich da ein. „Gehen wir zu den Fohlen dosch und üben mit Yvette, d'accord?" Mit diesem Vorschlag hatte die junge Frau genau das Richtige getroffen, Monique war gleich Feuer und Flamme. „Super! Bonne idée!" rief sie begeistert. „Yvette ist sooo süß! Falls Du sie dosch mal verkaufen willst – isch nehm' sie sofort!" Marie lachte. „Oui, oui, j'en penserai. – Und eusch beiden, je souhaite ein schöner Ausritt!" Verschwörerisch blinzelte sie Trixi und Maurice zu. „Merci bien!" riefen die beiden fröhlich und verschwanden, um ihre Pferde zu holen und fertigzumachen.
„Wohin?" fragte Trixi, als sie es, nach mehreren vergeblichen Versuchen, endlich geschafft hatte, aufzusitzen, da Florinda wie üblich freudig erregt hin und her tänzelte und keinen Augenblick stillstand. „Wart's ab!" Maurice machte ein geheimnisvolles Gesicht. „Oh – nee, nicht noch mehr Überraschungen heute!" stöhnte Trixi. „Ich bin vollkommen ausgelastet!" Maurice lachte nur und ließ seinen Schecken Geronimo im Schritt am langen Zügel vom Hof gehen und in den steinigen Feldweg zum Strand einbiegen. Der harte, kantige Schotter bereitete den Pferden aufgrund ihrer unbeschlagenen Hufe ein wenig Probleme, dafür genossen sie den weichen Sandstrand um so mehr, so daß die temperamentvolle Florinda wieder einmal sofort losstürmen wollte. Trixi hatte große Mühe, sie einigermaßen im Schritt zu halten. „Laß sie dosch!" meinte Maurice. „Galoppieren wir eben. Allez!" „Na gut, Du hast es ja nicht anders gewollt!" Mit dieser „Drohung" gab Trixi Florinda den Kopf frei, so daß die zierliche, nußbraune Vollblutstute wie der Blitz losschoß und Geronimo, der ihr im Weg war, fast über den Haufen gerannt hätte. „Eh!" brüllte Maurice hinter Trixi her. „Wir sind dosch 'ier nischt auf der Rennbahn!" Jetzt konnte Trixi nur noch lachen – sie jedenfalls fühlte sich so!
Nachdem sie noch eine Weile flott durch die blühenden Dünen getrabt waren, erklommen sie auf Maurices Kommando eine Anhöhe und stiegen ab. „Was willst Du hier?" fragte Trixi erstaunt. „Rasten. Das 'ier ist meine Lieblingsstelle!" erwiderte Maurice. „Lieblingsstelle!? Wo's hier so furchtbar ungemütlich windig

ist!?" zweifelte das Mädchen. „Wart's dosch mal ab! Komm mal mit, 'ier 'inter die Felsen!" Erwartungsvoll folgte Trixi ihm auf die andere Seite der wie von Riesenhand aufeinandergetürmten Felsbrocken. Tatsächlich! Hier war es völlig windstill, die Sonne schien her, und außerdem hatte man einen herrlichen Blick auf das im blassen Dunst des Frühlingshimmels endlos erscheinende Meer.

„Na, 'abe isch zu viel versproschen? Wenn wir nosch ein Weilschen warten, können wir den Sonnenuntergang sehen!" sagte Maurice. „Kennt Monique die Stelle?" wollte Trixi wissen. „Non. Pourquoi?" „Hast Du überhaupt schon mal jemanden mit hierher genommen?" „Ja." „So? Wen denn?" fragte das Mädchen enttäuscht und etwas schnippisch. „Geronimo!" grinste Maurice. „Oh, Du Schuft! Du bist ja so gemein! Dafür sollte ich Dich jetzt von den Klippen schmeißen!" „Das würde isch an Deiner Stelle lieber nischt tun, sonst kann isch Dir nämlisch nischt mehr sagen, daß Du die Erste bist, der isch über'aupt jemals meine Lieblingsstelle gezeigt 'abe." „Wirklich?" „Wirklisch!" Ernsthaft hob Maurice seine rechte Hand. „Isch schwöre!" Trixi wurde rot und sah schnell in die andere Richtung.

Plötzlich bekam sie von Florinda, die nach Leckerlis bettelte, einen so kräftigen Stoß in den Rücken, daß sie gegen Maurice flog und sie beinahe beide hingefallen wären, wenn er sie nicht aufgefangen hätte. Beide erröteten und stammelten verlegen eine Entschuldigung. Doch auf einmal brauchten sie nichts mehr zu sagen: vorsichtig näherten sich ihre Gesichter einander und ihre Lippen trafen sich zum ersten Kuß.

„Komm!" sagte Maurice zärtlich und nahm Trixi bei der Hand. „Gleisch geht die Sonne unter." Durch ihre Reitstiefel etwas behindert, kletterten die beiden auf den größten der Felsbrocken und machten es sich in einer Nische bequem. „War das eigentlich Absicht, mit der Lieblingsstelle und so?" wollte das Mädchen wissen. „Isch weiß nischt, vielleischt! Dank Deiner Florinda!" „Du Schuft!" Trixi kuschelte sich dicht an ihn, und Maurice legte ihr seinen Arm um die Schultern. Andächtig sahen sie zu, wie die Sonne, in ihr eigenes gleißendes Licht getaucht, glutrot im Meer versank.

Ferienpläne

„Du, Triksi?" Mit sorgenschwer gerunzelter Stirn steckte Toto den Kopf durch die Tür der kombinierten Sattel- und Futterkammer, wo das Mädchen auf einem Strohballen saß und Florindas Sattelzeug säuberte und einfettete. „Ja?" Trixi sah von dem neuen Kopfstück, das sie sich gerade vorgenommen hatte, auf und blickte ihren „Bruder" fragend an. „Was ist los?" „Muß reden mit Dir." „Ja klar!" Rasch legte sie das Lederzeug beiseite und deutete mit der Hand auf den Srohballen neben sich. „Setz Dich doch hin, grand frère!" „Oui." Nervös setzte er sich auf die äußerste Kante und rutschte ständig unruhig hin und her. Offensichtlich wußte er nicht so recht, wie er beginnen sollte. „Also, jetzt heraus mit der Sprache, was ist los?" ermunterte Trixi ihn. „Oui ...eh ... je ... Chantal ... Chantal et moi, nous ..." „Ja, ich weiß, ich hab' euch gesehen. Und? – Chantal ist doch ein super Mädchen, ihr paßt gut zusammen – wo liegt das Problem?" „Oh, merci. – Nous ..., nous voulons faire de vacances ensemble aux Pâques, tu comprends?" „Naja! Ihr wollt zusammen in die Osterferien fahren – schön! Aber was genau nun Dein Problem ist, versteh' ich immer noch nicht ganz. Habt ihr nicht genug Geld? Ist es das?" „Non, non!" Energisch schüttelte Toto den Kopf, daß seine schwarzen Rastalocken nur so flogen. „Sondern?" „Tu crois que M. Lapin le va permettre?" „Olivier? – Aber Toto ...", lachte Trixi. „Warum sollte er etwas dagegen haben?" „Parce qu' il y a si beaucoup de travail et ..." „Achso! Du meinst, daß er ohne Dich die viele Arbeit nicht schafft! – Na hör mal, ich bin schließlich auch noch da! Außerdem hab' ich doch massig Zeit, wir haben ja auch Ferien!" Etwas zweifelnd sah Toto sie an. „Wenn Du willst, kann ich ja mit Olivier reden, das ist gar kein Problem!" bot Trixi ihm an. „Jedenfalls freue ich mich für Dich, Chantal ist nämlich wirklich echt nett!" „Merci pour tout, ma petite soeur!" sagte der junge Mann, küßte Trixi auf die Stirn und ging wieder an seine Arbeit. „Halt!" rief die ihm nach. „Wohin fahrt ihr denn?" „Dans le Limousin. Faire du camping!" schrie er zurück. „Nicht schlecht!"

Am Abend, als Trixi Olivier in der Praxis half, „den Bürokram" – wie Julia immer sagte – zu erledigen, sprach sie ihn gleich auf Totos Problem an. „Du, Olivier?" „Mmh?" „Toto will mit Chan-

tal in den Osterferien ins Limousin fahren. Das kann er doch, oder?" „Oui, naturellement." murmelte Olivier, ohne von den Rechnungen aufzublicken. „Er kann dosch tun und lassen, was er will. Außerdem 'ast Du des vacances, aussi!" „Eben – das hab'ich ihm auch gesagt! Er hat sich nämlich solche Sorgen gemacht, daß er nicht weg kann, weil Du ihn unbedingt brauchst." „Non, non ..." Olivier winkte ab. „Na prima, da wird er sich aber freuen! Ich ..." Plötzlich schlug sich Olivier mit der flachen Hand an die Stirn. „Oh-non! Merde! C'est impossible!" „Warum denn? Eben hast Du doch noch gesagt ..." „Oui, oui, mais Mathilde 'at frei, aussi und fährt zu ihrer Schwester nasch Paris, und Julia et moi, wir wollten fahren in die Camargue. – Wir 'aben Freunde dort, die 'aben uns eingeladen schon lange einmal", fügte er erklärend hinzu. „Hm. Aber das kannst Du Toto und Chantal doch nicht antun!" entrüstete sich Trixi. „Oui, je sais. – Mais Mathilde 'at Urlaub verdient, aussi. Wir können sie nischt immer so ... eh? ..." „Vereinnahmen?" schlug das Mädchen vor. „Oui, vereinnahmen." Er seufzte. „C'est dommage, mais dann Julia et moi, wir bleiben eben 'ier." „Warum eigentlich?" meinte Trixi da. „Es langt doch, wenn einer hier ist, und ich wollte ja sowieso nicht wegfahren!" „Non, non!" wehrte Oliver sofort ab. „Du bleibst nischt eine Wosche allein!" „Aber warum denn nicht, ich bin doch kein kleines Kind mehr!" „Non, non! Erstens, c'est viel zu viel Arbeit für Disch und außerdem laß' isch Disch nischt ganz allein 'ier draußen, wo es ist so einsam. Non, non, ma petite!"
Plötzlich hatte Trixi eine – wie sie fand – geniale Idee. „Und wenn Maurice herkommen würde!? Dann bin ich nicht allein, er kann mir helfen, unsere ganzen Viecher zu versorgen, und ..." Offensichtlich war Olivier nicht sonderlich begeistert. „Non, je ne sais pas. – Das muß isch erst bespreschen avec Julia, et ..." Brummend wandte er sich wieder den Rechnungen auf seinem Schreibtisch zu. „Aber ich möchte nicht, daß ihr wegen mir auf euren Urlaub verzichten müßt! Außerdem habt ihr das ja auch schon ausgemacht, oder?" ließ Trixi nicht locker. „Arrête maintenant, ma petite, 'ör auf! Isch red' mit Julia, d'accord?"

„Und Du willst die beiden wirklisch eine Wosche ganz allein lassen?" fragte Olivier seine Frau später, als sie zu Bett gegangen waren. „Warum? Maurice ist doch ein netter Junge!" engegnete Julia und gähnte herzhaft. „Eben, des'alb!" sagte Olivier trokken. „Na hör mal!" protestierte Julia energisch. „Ich vertraue Trixi! Du etwa nicht!?" Olivier brummte irgendetwas Undefinierbares. „Du bist doch nur eifersüchtig! Wie alle Väter, wenn ‚ihre' Töchter den ersten Freund haben. Gib's zu!" zog seine Frau ihn auf. „Okay, okay!" knurrte Olivier. „Isch sehe schon, isch bin überstimmt. Ihr Weiber, das 'abt ihr dosch längst abgemascht!" „Gute Nacht, mein alter Brummbär, schlaf gut!" lächelte Julia und gab ihm einen Kuß. „Bonne nuit, Chérie." Olivier drehte sich auf die andere Seite. „Ach, Liebling?" „Hmm?" „Kannst Du morgen 'mal bei den Coubertin anrufen, damit Maurices Eltern wissen, daß wir einverstanden sind, und so?" „Weiß Maurice es denn nosch nischt?" „Du bist gut! Was denkst Du denn!?" lachte Julia. „Natürlich hat Trixi ihn sofort gleich auf der Stelle angerufen!"

Joyeuses Pâques – Frohe Ostern

„Auf Wiedersehen! Gute Fahrt, ihr zwei, und schönen Urlaub!" „Und, Chantal! Daß du ja nett bist zu ‚meinem Bruder'!" feixte Trixi. „Geht in Ordnung!" rief das Mädchen zurück. „Das Gleische gilt für Disch, klar! Daß Maurice sisch nischt nasch'er beschwert bei mir!" Trixi wurde rot. Zum Glück standen Olivier und Julia etwas weiter entfernt, so daß sie es nicht mitbekommen hatten. Fröhlich winkte Toto noch einmal zum Abschied, bevor er den klapprigen, alten, bis obenhin vollgepackten Kombi, den die beiden sich von einem Freund geliehen hatten, startete und vom Hof fuhr.
„Ma petite? Wir fahren dann, aussi, wenn Maurice da ist." Schwungvoll lud Olivier eine große Reisetasche in den Kofferraum seines Geländewagens. „Warum? Ihr braucht doch nicht zu warten", erwiderte Trixi gutgelaunt. „Er wird dann schon kommen!" „Non, non. Isch möschte noch etwas bespreschen mit Deinem 'erzensknaben." „Mon Dieu!" stöhnte das Mädchen und verdrehte die Augen. „Andere Frage: Hast Du an Umbras Futternapf gedacht?" „Oh, non! Je l'ai oublié. Je ..." „Schon gut. Ich hol' ihn! – Wenn ihr mich nicht hättet!" murmelte Trixi im Weggehen. Liebevoll sah Olivier ihr nach und rief: „Bring 'alsband und Leine mit, aussi, – und die alte Steppdecke, s'il te plaît."

Als bereits alles Gepäck im Kofferraum verstaut war und sogar Umbra schon auf der Rückbank Platz genommen hatte, zeugten Hufgetrappel und aufgeregtes Hundegebell endlich von Maurices Ankunft. „Salut, Trixi, ca va?" „Hallo!" Auf einen Begrüßungskuß verzichteten beide freiwillig, um Olivier und Julia nicht zu beunruhigen. „Bonjour, M. Lapin. – Madame! Es tut mir leid, daß isch so spät bin, aber bis isch Annie endlisch überzeugt 'atte, daß sie neben Geronimo 'erlaufen muß ..." Lachend deutete er auf seine junge Neufundländerhündin, die schon wieder wild zappelnd kämpfte, um ihre Leine vom Horn des Westernsattels zu befreien. Geronimo – als echtes Westernpferd – nahm die Sache gelassen.
Nachdem Maurice abgesessen war, ließ er Annie von der Leine. „So warst Du brav, ma fille. So – jetzt lauf zu Chocolat!" Laut bellend zeigten die beiden Hunde ihre Wiedersehensfreude in einer wilden Rauferei. „Maurice, kommst Du mal, s'il te plaît? Isch 'abe etwas mit Dir zu bespreschen", sagte Olivier ernst. „Oui, naturellement." Bereitwillig folgte Maurice ihm in die Praxis hinüber.
„Setz Dich doch!" begann Olivier auf französisch. Folgsam nahm Maurice auf dem angebotenen Stuhl Platz. „Ich will Dir hier keine Moralpredigt halten – das haben sicher auch Deine Eltern schon zur Genüge getan –", fuhr Olivier fort. „... aber ich möchte, daß Du weißt, daß ich das nicht jedem erlauben würde. Schließlich habe ich die Verantwortung für Beatrice – sie ist gerade 16 geworden, Du bist auch erst 18 – und ich hoffe, daß Du mein Vertrauen nicht mißbrauchst! Ich zähle auf Dich! – So, jetzt aber genug, ich bin sowieso kein guter Redner! – Viel Spaß, ihr zwei, wie unser Zoo versorgt werden muß, weiß Trixi ja, und – achja – hier ist mein Hausschlüssel, Trixi hat auch einen, gib ihn mir zurück, wenn wir wiederkommen. – Oh, jetzt müssen wir aber wirklich fahren, sonst kommen wir heute nicht mehr an!"
„Au revoir, ma petite!" Olivier umarmte Trixi noch einmal fest. „'abt ihr ausch wirklisch genug Geld? Oder soll isch dir nosch was geben?" „Nein, Olivier, ihr habt uns genug hingelegt." „Oh – und 'ier ist die Telefonnummer, wenn irgendetwas ist, dann ..." „Olivier!" stöhnte Trixi. „Du hast mir eure Telefonnummer bestimmt schon auf mindestens fünf Zettel geschrieben – ich kenn' sie langsam auswendig! Außerdem macht ihr doch

keine Weltreise!" „Oui, mais ..." „Komm jetzt endlich, Liebling!" unterbrach Julia ihren Mann da. „Tschüß, Trix, macht's gut! Schöne Ferien zusammen. – Aber tu nichts Unüberlegtes, hörst Du? – Also, viel Spaß!" „Danke, euch auch!" Trixi gab ihr einen Kuß. „Bringst Du mir 'nen Bild mit von der Camargue?" „Klar! Mit weißen Pferden und schwarzen Stieren, selbstgemalt, nur für Dich!" „Denk dran, was isch Dir gesagt 'abe, Maurice!" rief Olivier dazwischen. Plötzlich ließ Umbra, die die ganze Zeit brav im Auto gesessen hatte, ein langgezogenes Heulen hören. „Oui, oui. Wir kommen ja schon!" Lachend stiegen Olivier und Julia ein, bevor sie – endlich – winkend vom Hof fuhren.

Als von dem Geländewagen der Lapins nichts mehr zu sehen war, warf Maurice mit einem Jubelschrei die Arme in die Luft, schwenkte Trixi übermütig im Kreis herum und rief: „Über eine ganze Woche nur für uns! Heute ist ja erst Gründonnerstag – das sind – zehn ganze Tage, sind 240 Stunden, sind ..." „Spinner!" lachte Trixi. „Bevor Du weiterrechnest, erzähl mir lieber mal, was Olivier zu Dir gesagt hat." „Sag isch Dir nischt!" trällerte er, während er wie Rumpelstilzchen herumhüpfte. „Ich will's aber wissen!" „Isch sag's Dir aber nischt!" „Bitte!" „Nei-ein!" „Dann muß ich Dich leider vor die Tür setzen!" Lachend schwenkte Maurice den Hausschlüssel, den Olivier ihm gegeben hatte. „Oh, Du gemeiner Kerl, das ist gegen die Spielregel! Gib her!" Rasch griff Trixi nach dem Schlüssel, aber Maurice hob seinen Arm so hoch, daß sie nicht mehr hinkam. Als das Mädchen hochsprang, rannte er durch die Terrassentür ins Haus, Trixi wie der Blitz hinterher. Übermütig jagten die beiden sich durch alle Räume, bis sie im Wohnzimmer völlig außer Atem auf die Couch niedersanken und erst einmal ausgiebig Wiedersehen feierten.

„Maurice! Du hast Geronimo ja noch gar nicht versorgt!" fiel Trixi plötzlich ein. „Oh, Mist! Tatsäschlisch! – Aber das ist nischt so schlimm, er steht sischer nosch da und grast eben. Komm! Wir sehen mal nasch!" Hand in Hand liefen die beiden hinaus. Natürlich stand Geronimo nicht mehr auf dem Hof. Auch als echtes Westernpferd hatte ihm zu lange gedauert, bis sein junger Besitzer sich endlich dazu bequemte, sich um ihn zu kümmern. „Merde! Jetzt ist er natürlisch weg!" fluchte Maurice. „Calme-toi. Er ist garantiert zu unseren Pferden gelaufen", meinte Trixi beruhigend. „Mais 'ier steht er nischt!" Besorgt deutete Maurice zu den beiden, an den Hof angrenzenden Kop-

peln hinüber, worauf sich die vier Jährlingsstuten und Candy und Giselle mit ihren zwei kleinen Hengstfohlen befanden.
„Du bist gut!" scherzte Trixi. „Was will er denn mit zwei alten Müttern oder ein paar albernen kleinen Mädchen!? Wenn, dann ist er natürlich bei unseren Damen. Komm mit!" Das Mädchen hatte Recht. Hinter dem Stall und der großen Halle stand der Scheckwallach an der weitläufigen Koppel und flirtete über den Zaun mit der schönen Fuchsstute Belle – worin er sich auch von seinem Herrn in keinster Weise stören ließ. „Alter Rabauke, Du!" Erleichtert nahm Maurice seinem Pferd den schweren Westernsattel und die Packtaschen ab und hängte sie über den Zaun.
„Meinst Du, isch kann ihn einfasch zu euren reinlassen?" zweifelte Maurice. „Och, ich denke schon. Florinda kennt er ja, der alte Pierre tut niemandem was, die gute Yvonne ist auch sehr friedlich, mit Belle scheint er sich ja gut zu verstehen – wahrscheinlich ist sie schon wieder rossig – und Etoile ist eigentlich auch ganz brav", meinte Trixi. „Außerdem können wir ja noch eine Weile dabeibleiben und beobachten, ob sie sich vertragen, so daß wir im Notfall eingreifen können." „Na gut." Maurice nahm Geronimo am Zügel und führte ihn durch das Koppelgatter, das Trixi rasch wieder schloß, hinein. Neugierig kamen die anderen Pferde herbei, um zu sehen, wer da in ihr „Revier" eingedrungen war. Als Erster roch der alte Pierre prüfend an dem Neuankömmling, befand ihn wohl für akzeptabel und begann wieder friedlich zu grasen. Die anderen folgten dem Beispiel ihres gutmütigen „Herdenvaters" und kümmerten sich nicht weiter um Geronimo.
„Na also, siehst Du!" sagte Trixi zufrieden zu Maurice. Aber da passierte es! Ermutigt durch das Verhalten seiner Artgenossen, marschierte der Schecke zielstrebig auf Etoile, Oliviers schüchternen Friesenwallach, zu, um mit ihm Bekanntschaft zu schließen. Furchtsam wich der Friese ein paar Schritte zurück und stieß dummerweise mit seinem Hinterteil gegen den Stromzaun, so daß er einen Schlag bekam. Erschrocken wiehernd sprang er weg.
Als aber Florinda hörte, daß ihr bester Freund in Not war, stürzte sich die zierliche, kleine Vollblutstute wie eine Furie auf den vermeintlichen Angreifer und jagte den armen Geronimo, der gar nicht wußte, wie ihm geschah, im Galopp über die ganze Koppel – alle anderen hinterher.

Nachdem die sechs Pferde mit aufgewölbten Hälsen und hochgestellten Schweifen im Imponiergehabe durcheinander und umeinander herum gertrabt waren, begannen sie wieder, friedlich zu grasen – Geronimo Seite an Seite mit Etoile, während Florinda sich zu dem alten Falben Pierre gesellte.

„Mon Dieu, Deine Florinda ist vielleischt ein kleines Biest!" meinte Maurice und legte Trixi den Arm um die Schultern. „Genauso wie Du!" „Na warte!" Empört riß das Mädchen sich los. „Soll ich Dich vielleicht auch verkloppen, so wie es mein ‚kleines Biest„ mit Deinem ‚lahmen Gaul' gemacht hat!? Zur Strafe darfst Du ganz allein den Schweinestall ausmisten!" Maurice verdrehte die Augen gen Himmel. „Oh! Womit 'abe isch nur verdient, es zehn Tage mit diesem Weib aushalten zu müssen!" „Sehr witzig!" meinte Trixi sarkastisch. „Kannst Du mir zur Abwechslung auch mal wieder was Nettes sagen?" „Wenn Du brav bist!" „Haha! Ich fürchte, wenn Du so weitermachst, mußt Du heute ohne Abendessen ins Bett, mein Lieber! Und jetzt fang mal mit dem Schweinestall an, damit Du bis zum Schlafengehen damit fertig bist!" „Okay, okay, isch gebe misch geschlagen! Wo ist die Mistgabel?" „Schon besser!"

„Eigentlich könnte ich die Ziegen noch ein bißchen rauslassen", überlegte Trixi, als sie zu dem kleinen, zweigeteilten Offenstall hinübergegangen waren. Rasch nahm sie ein breites Lederhalsband, an dem eine Miniaturkuhglocke befestigt war, von der Wand. Struppi, der dunkle Ziegenbock, meckerte erwartungsvoll. „Na, komm her, braver Junge." Vorsichtig legte Trixi ihm das Halsband um und öffnete das Tor des angrenzenden Geheges. „Jetzt lauf! Aber paß gut auf Deine Familie auf!" Freudig meckernd stürmten Struppi, Sylvie und Blanche, gefolgt von ihren vier Zicklein ins Freie.

„Läßt Du sie einfasch so raus?" fragte Maurice erstaunt. „Ja, klar, das machen wir immer so! Struppi haut nicht ab, dafür gefällt es ihm viel zu gut bei uns. Und die anderen bleiben dann natürlich auch da." „Praktisch. Können sie sisch selbst ihr Futter suschen!" „Ja, zumindest einen Teil." „Und was ist mit den Schweinen?" „Die mußt Du in den Auslauf sperren, wenn Du drinnen saubermachst. Draußen würden sie alles kaputtmachen. Aber manchmal läßt Olivier sie die Beete umgraben, das geht prima! – Aber ihr habt doch auch einen Bauernhof!" „Oui, aber das ist doch nur eine Nebenerwerbslandwirtschaft: eine kleine

Rinderzuscht, ein paar 'ühner und eben Geronimo und Gwen. Meine Mutter managt das alles, ihr ge'ört der 'of, sie 'at ihn von ihren Eltern geerbt. Und mein Vater ...“ „... der aus dem Elsaß kommt ...“, warf Trixi ein. „Genau!“ Lächelnd fuhr Maurice fort. „Mein Vater ist dosch Ingenieur. Aber meine Mutter liebt ihre Kühe. Besonders Napoleon, unseren Zuschtbullen – auf den ist sie furschtbar stolz, weil er schon mehrere Preise gewonnen 'at. Ihr frißt er aus der 'and, aber wehe es kommt ein Fremder ... Napoleon ist wirklisch der beste ‚Wasch'und', den man sisch vorstellen kann! Da muß Annie nosch lange üben!“ Trixi lachte. „Was machen eigentlich Monique und ihre Gwen so allein, ohne Dich?“ fragte sie, während die beiden mit ihrer Mistkarre zum Laufstall der vier Jährlingsstuten hinübergingen. „Allein!? Du bist gut! Sie maschen zusammen mit Moniques bester Freundin und deren Islandpony die Gegend unsischer und treiben sämtlische Bewohner – meine armen Eltern eingeschlossen – in den Wahnsinn!“ rief Maurice theatralisch und tat so, als würde er sich mit der Mistgabel erstechen. Röchelnd ließ er sich ins Stroh fallen. Trixi lachte, daß ihr die Tränen nur so über das Gesicht liefen. „Hör auf! Ich kann nicht mehr! Das war die beste Sterbeszene, die ich je gesehen habe! – Willst du Schauspieler werden?“ „Nö“, grinste Maurice. „Arschitekt.“ Trixi sah ihn an – und brach schon wieder in Gelächter aus. „Jetzt 'ör dosch mal auf zu lachen!“ foppte Maurice sie. „Sonst werden wir 'eute nischt mehr fertig!“

Nachdem die beiden mit vereinten Kräften auch noch den Boxenstall ausgemistet und frisch eingestreut hatten, und in allen Krippen, Trögen und Raufen Futter verteilt hatten, holten sie die Pferde von den Koppeln und fingen die Ziegen wieder ein.

„Mon Dieu, 'abe isch einen 'unger!“ sagte Maurice, als sie ihre dreckigen Stiefel ausgezogen hatten und das Haus betraten. „Wenn Du den Tisch deckst, koch' ich was!“ schlug Trixi vor und veschwand in der Küche. „Teller und Besteck sind in dem großen Wandschrank!“ rief sie zurück. „Oui, oui, 'abe schon gefunden!“ Fröhlich pfeifend begann Maurice, den Tisch zu decken, als er nach einer Weile plötzlich einen ziemlich brenzligen Geruch bemerkte. Prüfend reckte er seine Nase in die Luft. Also doch! Das kam eindeutig aus der Küche! Schwungvoll riß Maurice die Tür auf und stürmte hinein. Erstaunt sah Trixi, die auf dem Fußboden kniete und die Hunde und Katzen fütterte, auf. „Sag mal, merkst Du das gar nicht!" rief er aufgeregt. „Was denn?" „Na, 'ier riescht es dosch total verbrannt!" Suchend blickte Maurice sich um. Auf dem Herd stand nichts. Also riß er kurzentschlossen die Backofenklappe auf – und mußte sich im selben Moment hustend abwenden, weil dicke Rauchwolken aus dem Ofen quollen. „Oh nein! Was hab' ich nur gemacht?" rief Trixi entsetzt und raufte sich die Haare.

Als sich der Rauch ein wenig verzogen hatte, starrten sie beide bekümmert auf die verkohlten Überreste von Mathildes gutem Gemüse-Gratin, das Trixi hatte aufwärmen wollen. „Ich bin so blöd! Jetzt hab' ich alles kaputtgemacht! Was sollen wir denn jetzt essen?" Das Mädchen war den Tränen nahe. Maurice riß erst einmal alle Fenster auf. Dann legte er Trixi den Arm um die Schultern und meinte tröstend: „Ist dosch nischt so schlimm! Spendier es den Schweinen, die freuen sisch. – Komm, isch lade Disch zu einer Pizza ein! In eurem Dorf gibt's ganz tolle, 'ast Du die etwa nosch nie probiert!? Dann wird's aber 'mal Zeit!" „Und die Hunde?" „Die können wir dosch mitnehmen! Waren sie gleisch Gassi. – Und weißt Du was?" Schon etwas getröstet schüttelte Trixi den Kopf. „Morgen koschen wir gemeinsam!" Maurice gab ihr einen Kuß.

Am nächsten Morgen frühstückten sie gemütlich auf der Terrasse – Maurice hatte per Fahrrad frische Croissants geholt, während Trixi die Tiere fütterte – als plötzlich vor der Gartentür mit quietschenden Reifen ein Auto hielt, daß der Kies des Feldweges nur so wegspritzte.

„M. Lapin! M. Lapin, venez, vite!" rief eine aufgeregte Frauenstimme. Erstaunt sahen Trixi und Maurice sich an und rannten um das Haus herum nach vorne. „Où est M. Lapin?" rief ihnen die Frau schon von weitem entgegen. „C'est notre chien! Il est ..." Schluchzend brach sie ab und deutete auf ihren Mann, der einen leblosen, blutverschmierten Schäferhundrüden auf den Armen trug. „Was ist passiert?" fragte Trixi entsetzt, während sie das Ehepaar in die Praxis lotste, wo der Mann den Hund vorsichtig auf dem Behandlungstisch ablegte. „Er ist angeschossen worden", übersetzte Maurice, da das Mädchen die aufgeregt stammelnde Frau beim besten Willen nicht verstehen konnte. Rasch schlüpfte Trixi in ihren Kittel und wusch sich die Hände mit Desinfektionsmittel, bevor sie den Hund untersuchte.

Die Einschußstelle war nicht zu übersehen, Blut quoll unaufhörlich durch das Taschentuch, das der Mann auf die Wunde preßte. „Die Kugel ist noch drin, da kann ich gar nichts machen! Ich bin kein Tierarzt – und Olivier ist ja nicht da! Aber ich werde einen Notverband anlegen, um vorerst die Blutung zu stillen, und sie müssen sofort in die Tierklinik nach Brest fahren. Sag ihnen das, Maurice, ich ruf' schon mal an! Maurice!?" „Oui." Ziemlich grün im Gesicht lehnte er an der Wand.
Nach einem kurzen Telefonat wandte Trixi sich wieder an das Ehepaar. „O.k., alles klar! Die bereiten schon alles vor, in der Klinik. Er hat viel Blut verloren, aber wenn sie sich beeilen, kann er es schaffen. Kennen Sie den Weg? – Ja? – Gut! Dann los!" Vorsichtig bugsierte das Mädchen den Mann, der den Schäferhund wieder auf die Arme genommen hatte, nach draußen und in das Auto. „Also los, fahren Sie! Allez et bonne chance!" „Merci", erwiderte die Frau leise und startete den Wagen.
„Die armen Leute – hoffentlich kommt er durch, so ein schöner Hund ...", meinte Trixi zu Maurice. „Maurice!? Heh! Wo bist Du denn?" Flink lief sie zurück in die Praxis, wo der Junge immer noch in der gleichen Stellung an der Wand lehnte. „Ist Dir nicht gut?" fragte Trixi überflüssigerweise. „Komm, stütz Dich auf mich, ich bring' Dich raus an die frische Luft, dann geht's Dir gleich besser!" Vorsichtig führte sie ihn nach draußen zur Treppe vor der Haustür. „So, setz Dich da hin, tief durchatmen, und wart' schön auf mich, ich geh' nur schnell meinen Kittel ausziehen und räum' ein bißchen in der Praxis auf. – Aber bleib sitzen, steh nicht auf! Nicht, daß Du mir nachher noch umkippst! Okay?" „Ja, Fräulein Doktor!" „Schön. Wenn Du mich schon wieder ärgern kannst, geht's Dir schon wieder viel besser", stellte Trixi fest und verschwand in der Praxis. „Was Du einmal werden willst, brausche isch wohl nischt mehr zu fragen, oder?" meinte Maurice anerkennend, als das Mädchen nach einer Weile wiederkam. „Stimmt", lachte Trixi. „Wie geht's Dir jetzt? Ist Dir noch schlecht?" „Non, non, ist schon wieder okay ..." „Laß 'mal sehen!" Sie beugte sich zu ihm hinunter und begutachtete prüfend sein Gesicht. „Hm. Siehst auch wieder ganz normal aus. Vorhin warst Du nämlich ganz grün im Ges ..." Maurices Kuß hinderte Trixi lange Zeit am Weiterreden. Als er sie endlich wieder losließ, meinte sie trocken: „Also, wenn's Dir schon wieder so gut geht, kannst Du mir jetzt auch misten helfen. Auf, auf, hopp! Die

‚Viecher' wollen endlich raus!" „Oui, oui, isch komme ja schon! Alter Mann ist doch kein D-Zug!" stöhnte Maurice und folgte Trixi zu den Ställen hinüber.
Nach dem Ausmisten machten sie sich ein paar belegte Brote, legten sich auf einer alten Wolldecke in die Sonne und ruhten sich aus.
Später holten sie Florinda und Geronimo von der Koppel, putzen und sattelten die beiden Pferde, und ritten zusammen aus.
Als Trixi und Maurice am Abend wiederkamen, versorgten sie alle Tiere, bevor sie selbst zum Essen hineingingen. Diesmal kochten sie gemeinsam und bekamen auch wirklich – nicht nur genießbare – sondern sogar ziemlich gute – Spaghetti mit Tomatensoße hin.
„Puh! Bin ich satt – ich krieg' keinen Bissen mehr runter!" stöhnte Trixi und rieb sich den Bauch. „Sind aber nosch so viele Nudeln übrig", meinte Maurice, als er einen Blick in den Topf warf. „Isch glaube, irgendwie 'aben wir viel zu viele gemascht!" „Welch kluge Erkenntnis!" erwiderte das Mädchen und gähnte. „Gibt's morgen eben aufgebratene Nudeln mit Ei oder so. – Gehen wir noch mit den Hunden spazieren? Zum Strand?" „Aber da ist dosch jetzt ganz dunkel", wandte Maurice ein. „Na und! Nehmen wir eben eine Taschenlampe mit!" „Na gut. Wenn's unbedingt sein muß!?" „Es muß." „Dabei würde isch jetzt eigentlisch viel lieber ganz gemütlisch fernsehen ...", murmelte Maurice. „Nichts da!" sagte Trixi gnadenlos. „Das wär ja noch schöner. Los, komm! Auf geht's!" Energisch packte sie ihn bei der Hand und zog ihn mit sich.
Mit festen Schuhen und einem warmen Pullover spazierten sie eng umschlungen den Strand entlang, während die beiden Hunde ihren eigenen – für sie äußerst wichtigen – Beschäftigungen nachgingen, was von „ Möwen jagen" über „im Meer baden" bis zu „alte Krebsscheren – und – was – man – sonst – noch – so – findet-fressen" so ziemlich alles umfaßte. Unzählige goldene Sterne spiegelten sich blinkend neben der leuchtenden Mondsichel im dunklen Wasser, und eine frische Brise ließ sanft die Brandung rauschen. Ansonsten wurde die Stille der noch kühlen Aprilnacht durch kein Geräusch unterbrochen.
Plötzlich blieb Maurice abrupt stehen. „Was ist?" fragte Trixi erstaunt. „Mir ist gerade erschreckend eingefallen, daß im Sommer Dein Jahr in der Bretagne zu Ende ist. Und jetzt ist schon April!"

„Ach komm, hör auf! Mußt Du mir unbedingt den schönen Abend verderben! Ich will gar nicht dran denken! Ich ... – ach, vergiß es!" Wütend machte Trixi sich los und stapfte zu ihrem Chocolat hinüber. Die romantische Stimmung war wie weggeblasen. Zurück blieb ein bitteres Gefühl der Leere und Verlassenheit. „Trixi!" Maurice lief ihr nach, nahm sie an den Schultern und drehte sie zu sich herum. „Es 'ilft dosch nischts, wenn Du es verdrängst und einfasch nischt daran denkst! Das ändert dosch nischts!" „Ach, laß mich doch in Ruhe!" Mißmutig schüttelte Trixi ihn ab und wollte weitergehen. Da nahm Maurice ihr Gesicht in seine Hände, sah ihr fest in die Augen und sagte eindringlich: „So, Du ‚kleines Biest', jetzt 'ör mir 'mal gut zu! Selbst wenn du im Sommer wieder zurück nach Deutschland gehen mußt, ändert das über'aupt nischts zwischen uns, weil nämlisch ..." Er holte tief Luft. „... isch liebe Disch!" Dann küßte er sie lange, wie um jeden Widerspruch im Keim zu ersticken.
Die Osterferien vergingen wie im Fluge. Meistens hatten Trixi und Maurice Glück, und das Wetter war schön. So ritten sie viel – sie mußten außer ihren eigenen ja auch die anderen Pferde bewegen –, machten lange Spaziergänge mit Annie und Chocolat oder lagen einfach faul in der Sonne und erzählten sich etwas. Außerdem mußten sie natürlich täglich alle Tiere versorgen, was ziemlich viel Arbeit machte.
Die beiden hatten es sich mit ein paar Kissen auf dem dicken, weichen Wohnzimmerteppich bequem gemacht. Auf dem niedrigen Couchtisch brannte eine Kerze. Heute war ihr letzter Abend, morgen würden Olivier und Julia wiederkommen. „Du verstehst Disch sehr gut mit ihnen, n'est-ce pas?" meinte Maurice. „Ja, sehr! Dabei hatte ich erst solche Probleme mit Julia – sie mußte sich wohl erst an mich gewöhnen. Aber mit Olivier hab' ich mich eigentlich von Anfang an prima vetragen. Wahrscheinlich, weil wir eben auch die selben Interessen haben ...", erwiderte Trixi. „Und wie steht's mit Dir? Mit Deinen Eltern?" „Ziemlisch gut. – Aber Du kennst sie dosch sowieso ..." „Ja. Und ich mag sie sehr gerne." „Eben. Also erzähl' mir lieber mal von Deiner Familie und Deinem Zu'ause in Deutschland!" forderte Maurice Trixi auf. „Ach, da gibt's nicht viel zu erzählen! Wir wohnen in Ulm, in einer Neubausiedlung. Das ist ein kleines Einfamilienhaus, ziemlich modern ..." Es schien ihr alles weit entfernt und sie bemerkte mit Erstaunen, daß es sie kaum mehr berührte.

„... und ich hab', wie Du weißt, drei kleine Geschwister. Florian und Fabian sind fünf – nein – jetzt sechs Jahre alt, Anita ist vier. Mein Vater arbeitet als Journalist und meine Mutter ist ‚nur' Hausfrau ..."
„Das weiß isch dosch alles! – Aber verstehst Du Disch mit den Lapin besser oder mit Deinen Eltern?" Seufzend stützte Trixi ihr Gesicht in die Hände und starrte mit leerem Blick nachdenklich in die Kerzenflamme. „Ich weiß nicht. Aber ich glaube – auch wenn das jetzt komisch klingt – mit Olivier und Julia. Meine Eltern – besser gesagt – vor allem meine Mutter ist noch sehr jung, sie war erst 18 , als sie mich bekommen hat ... zehn Jahre lang war ich ein Einzelkind und dann hatte ich plötzlich – sozusagen auf einen Schlag – drei kleine Geschwister. ... Das war nicht einfach für mich! ... Und außerdem ... außerdem hatte und hab' ich immer das Gefühl, daß ich irgendwie gar nicht so richtig dazugehöre, weil ich nicht dazupasse – ich meine jetzt, altersmäßig ... Die meisten Leute denken sowieso immer – was für eine nette junge Familie – und ich bin wohl die kleine Schwester meiner Mutter!" Plötzlich konnte Trixi alles loswerden, was sie schon seit langer Zeit bedrückte, so aufmerksam hörte Maurice ihr zu.
„Ein Wunschkind war ich jedenfalls nicht, ich war nämlich schon unterwegs, als meine Eltern geheiratet haben. Sie lieben sich wohl schon – aber mein Vater ist ja sowieso nie da – wenn man's genau nimmt, kenne ich ihn kaum. Da hat es meine Mutter natürlich sehr schwer, sie kommt ja aus Schweden, und hat in Deutschland keine Verwandten oder so. Ich wünsch' es ihnen jedenfalls so, – in China – daß dieses gemeinsame Jahr eine Chance für sie ist, für alle fünf, mal eine richtige Familie zu sein. – Es ist seltsam! Wenn ich das jetzt so alles erzähle, sehe ich es wie in einem Film vor mir – aber ich bin nur Zuschauer. – Irgendwie kann ich mir überhaupt nicht mehr vorstellen, in Ulm daheim zu sein! Daheim – das ist doch jetzt hier, ganz normal, als ob es schon immer so gewesen wäre!"
Schweigend verharrten die beiden eine ganze Weile, während jeder seinen eigenen Gedanken nachhing, als Trixi plötzlich meinte: „Maurice?" „Oui?" „So hab' ich noch nie mit jemandem drüber geredet, auch nicht mit Vroni oder so – aber Du kannst so schön zuhören ... das hat mir richtig geholfen ..." „Wirklisch? – Das freut misch! Aber weißt Du was? Du kannst ja auf

jeden Fall in allen Ferien 'erkommen, Olivier und Julia würden sisch bestimmt freuen, sie 'aben Disch nämlisch wirklisch sehr gern, glaube isch." „Und Du?" „Das weißt Du dosch, das 'abe isch Dir dosch schon gesagt!" „Ich will es aber nochmal hören!" „Isch liebe Disch!" „Ich Dich auch. Nochmal! Es ist so schön!" „Isch liebe Disch!" „Ich liebe Dich auch!" „Wir werden uns eben immer Briefe schreiben und telefonieren und Du kommst alle Ferien und..." „Ja!" entgegnete Trixi, und leise fügte sie hinzu: „Aber es ist so weit!"

Es regnete. Trixi stand am Fenster und hielt Ausschau nach Olivier und Julia, während Maurice unten im kleinen Gästezimmer seine Sachen zusammenpackte und gleichmäßig in seinem Rucksack und den beiden Satteltaschen verstaute. Die Tiere hatten sie bereits versorgt, und auch im Haus wieder alles aufgeräumt – sogar ein wenig sauber gemacht.
Holpernd fuhr ein Geländewagen über den unebenen steinigen Feldweg, bevor er unter dem Vordach vor der Garage parkte. „Maurice!" Flink sprang Trixi die knarrende Treppe hinunter. „Sie sind da!" „Oui, isch komme!" rief Maurice zurück. „Dann können wir ihnen gleisch ausladen 'elfen." Schwungvoll riß Trixi die Haustür auf, so daß sich die drei Hunde freudig wedelnd und wild bellend begrüßten, und fiel Olivier und Julia um den Hals. „Hallo! Und? Wie war's in der Camargue?" „Bonjour, ma petite, bonjour, Maurice, ca va?" „Gut. Mensch, Du bist ja richtig braun geworden, Olivier!" „Ja, er schon. Aber ich krieg' immer nur einen Sonnenbrand!" schimpfte die rothaarige, sommersprossige Julia. „Aber schön war's trotzdem! Und bei euch? Wart ihr auch schön brav, ihr zwei? Und habt nichts angestellt?" neckte sie die beiden Jugendlichen. „Mais non, Madame, wir sind dosch immer brav", versicherte Maurice. „Fein. Dann hab' ich euch auch 'was mitgebracht!" Vorsichtig zog Julia ein Bild aus ihrer Reisetasche. „Hier, Trix, das wolltest Du doch. Hab' ich extra für Dich gemalt!" Trixi nickte eifrig. „Merci. Heh super, Julia! Jetzt braucht ihr mir überhaupt keine Fotos mehr zeigen, falls ihr welche gemacht habt. Das hier ist viel besser!" Begeistert stimmte Maurice zu. „Sie können wirklisch toll malen, Mme Lapin! Isch 'abe mir ausch alle Bilder von Ihnen angesehen, die im 'aus 'ängen!" „Oh, dankeschön!" Julia lachte fröhlich. „Ach, genau. Weißt Du was, Du kannst ja das andere Bild haben. Da! Es ist zwar viel kleiner,

aber dann kannst Du es besser mitnehmen.“ „Merci, Mme. Isch werde es, gleisch wenn isch 'eimkomme, in meinem Zimmer auf'ängen.“ versprach Maurice. „Mais maintenant, Du nosch bleibst zum Mittagessen, n'est-ce pas?“ mischte Olivier sich da ein. „Et puis, il pleut. Nasch'er, es 'at vielleischt aufge'ört.“ „Bien. Merci, M. Lapin. Soll isch Ihnen 'elfen, das Gepäck reinzutragen?“ „Oh, merci. Oui, bonne idée ! Allez.“ „Okay, dann machen wir inzwischen 'was zum Essen.“ schlug Julia vor. „Komm, Trix!“
Eine Viertelstunde später saßen sie zu viert um den kleinen runden Holztisch in der Küche und ließen sich Mathildes leckere Gemüsesuppe schmecken, die Julia aufgetaut hatte, während sie sich gegenseitig von ihren Ferien erzählten. „Doch, es war wirklich sehr schön! Die Landschaft ist toll, mit diesen ganzen Sümpfen und so, da mußte ich einfach malen. Auch Arles und Nîmes, die wir uns bei der Hinfahrt angesehen haben, sind zwei sehr hübsche Städte ...“ „Was sind das eigentlich für Bekannte?“ unterbrach Trixi Julias Schwärmereien. „Das ist ein alter Freund von mir, wir 'aben studiert ensemble, er ist Tierarzt, aussi.“ entgegnete Olivier. „Er wohnt mit seiner Frau und seinen drei Kindern in eine kleine, sehr alte Städtschen.“ „Haben sie auch Tiere?“ „Oui, oui. Drei 'unde – irgendwelsche Mischlinge – und ungefähr zehn Camargue-Pferde: ein 'engst, vier Stuten, und ein paar Fohlen und 'albwüschsige.“ „Toll! Seid ihr auch geritten?“ „Oui, naturellement. Und es war sehr schön!“ „Was!? Julia auch?“
„Na hör mal, Trix!“ mischte Julia sich da wieder ein. „Warum sollte ich nicht? Seit meinem guten, alten Pierre hab' ich keine Angst mehr vor Pferden, wo wir jetzt selbst so viele haben! – Aber ich muß gestehen ...“, fügte sie mit einem Augenzwinkern hinzu, „...das Pferd, das ich geritten habe, war auch schon ziemlich alt, sehr lieb und absolut brav!“
Trixi und Maurice lachten. „Aber jetzt erzählt mal, was ihr so gemacht habt, die ganze Zeit. Na los!“ forderte Julia die beiden auf. „Och...“ ,meinte Trixi, „...nicht viel! Geritten, gefaulenzt, die Viecher versorgt ...“ „Einmal waren wir Pizza essen ...“, ergänzte Maurice. „Stimmt. Und gekocht, eingekauft, spazierengegangen – was man halt so macht!“ „Soso, was man halt so macht!“ schmunzelte Julia. „Wann kommen eigentlisch Chantal und Toto wieder?“ fragte Maurice ablenkend. „'eute abend, glaube isch“, antwortete Olivier. „Und Mathilde?“ wollte Trixi wissen. „Damit es hier mal wieder 'was Richtiges zu essen gibt.“

„Morgen, wenn Du bist in der Schule ..." „Erinnere mich nicht daran!" stöhnte das Mädchen. „Dafür, isch kann Disch dann mit nasch 'ause nehmen, weil Mathilde kurz vor'er mit dem Zug in Brest ankommt, ma petite." „Prima! Brauch ich wenigstens nicht mit dem total überfüllten Bus fahren."
„Seht mal!" rief Julia da plötzlich. „Die Sonne kommt raus!" Die anderen wandten sich um und blickten ebenfalls aus dem Fenster. Tatsächlich! Es hatte aufgehört, zu regnen, und die dicke, graue Wolkendecke war aufgerissen. Nur noch vereinzelte Wolkenfetzen trieben am Himmel. „Bien." Maurice stand auf. „Dann gehe isch jetzt. Kommst Du nosch ein Stück mit, Trixi?" „Ja, ja, geh nur!" sagte Julia. „Dann können wir inzwischen unsere Sachen auspacken, Olivier." „Oui", nickte Olivier. „Gehen wir nasch'er nosch mit Etoile und Florinda in die 'alle, ma petite?" „Bonne idée! Aber erst später!" „Oui, oui, naturellement, laßt eusch nur Zeit!"

Während Chocolat und Annie frei mitliefen, hier und dort schnüffelten und sich zwischendurch immer wieder balgten, gingen die beiden Jugendlichen schweigend dicht nebeneinander. Mit der rechten Hand führte Maurice seinen Schecken Geronimo, der brav hinter ihm hertrottete, am Zügel, den linken Arm hatte er Trixi, die sich eng an ihn schmiegte, um die Schultern gelegt.
„Sehen wir uns morgen?" fragte das Mädchen, als sie an die Wegkreuzung kamen, an der sie sich trennen mußten. „Oui, naturellement. Isch komme bei eusch vorbei. Ist dosch praktisch, wenn man ein eigenes Pferd 'at, n'est-ce pas, Geronimo, mon vieux?" sagte Maurice und klopfte seinem kräftigen Schecken liebevoll den Hals. Der Wallach schnaubte und schüttelte heftig seine weißbraune Mähne. „Oui, oui, gleisch bist Du zu 'ause und siehst Deine kleine Freundin Gwen wieder. Aber jetzt warte ' mal kurz, isch muß nämlisch nosch schnell 'was erledigen!" „Kurz!? Und schnell!?" entrüstete sich Trixi. „Das könnte Dir so passen, Freundchen! – Komm mal her!"

Am Spätnachmittag gingen Trixi und Olivier mit ihren Pferden in die Halle. Das Mädchen wollte mit Florinda – natürlich mit dem neuen Gebiß – Dressur üben, was ihnen beiden noch ziemliche Schwierigkeiten bereitete, da sie leider meistens verschiede-

ner Ansicht über den Sinn oder Unsinn dieser Lektionen waren. Etoile sollte nur ein wenig gelockert und bewegt werden, da Olivier ihn ja eine Woche nicht mehr geritten hatte.
„Und? Wie 'at sisch mein Schwarzer benommen, als isch nischt da war?“ „oh, er war lieb und brav wie immer, aber noch schüchterner. Ich glaube, er hat Dich sehr vermißt. Ein paar Mal habe ich ihn geritten, aber meistens nur longiert. Gefahren sind wir gar nicht, das kann ich ja nicht, und da wollte ich nichts kaputtmachen.“ „Bien, ma petite. Wenn Etoile es besser kann, kann isch es dir ja mal beibringen“, erwidere Olivier, der – im Gegensatz zu Trixi – recht gut kutschieren konnte, da er sich vor etwa zwei Jahren einen Traum ermöglicht und – nach einem Lehrgang in Lamballe – das I. Fahr-Abzeichen erworben hatte.
Nach dem Reiten hatten Trixi und Olivier gerade alle Tiere versorgt, als Toto – Chantal hatte er schon nach Hause gebracht – mit dem klapprigen, alten Auto seines Freundes auf den Hof fuhr. „Heh, grand frère! Da bist Du ja wieder!“ rief Trixi begeister und rannte ihm entgegen. „Wie war's?“ Fröhlich begrüßte der junge Mann seine „petite soeur“ und Olivier. „Oh, très beau! Herrlick, Trixi!“ Gemeinsam luden sie das vollgepackte Auto aus, das hörbar erleichtert ächzte, bevor sie zum Abendessen ins Haus gingen.
Natürlich hatte auch Toto noch viel zu erzählen, so daß es schon ziemlich spät war, als Trixi an diesem Abend endlich im Bett lag – obwohl doch morgen wieder Schule war. „Aber sei's drum!“ dachte das Mädchen glücklich. „Es waren schöne Osterferien!“

Camping à la ferme – und andere neue Ideen

Am nächsten Abend tagte beim Essen der „Familien“-Rat, wie Julia schon morgens mit geheimnisvoller Miene verkündet hatte. „Bien“, begann Olivier. „Wie ihr sischer alle wißt, sieht es nischt so – wie sagt man – rosig aus mit unsere Finanzen: unsere ganzen Viescher fressen uns buschstäblisch die 'aare vom Kopf. Besonders ...“ „Aber Du willst sie doch nicht etwa verkaufen!?“ warf Trixi entsetzt ein. Auch Toto sah sehr erschrocken aus. „Non, non, calmez-vous!“ beruhigte Olivier die beiden. „Wir werden weder jemanden verkaufen, ma petite, nosch Disch einsparen, Toto. – Aber was isch sagen wollte: besonders unsere

Tiere vom Zirkus, es 'at viel gekostet, sie wieder aufzupäppeln, Futter und Medikamente et cetera, et cetera. Et maintenant, Julia et moi, wir 'aben gesehen was im Urlaub, was uns sehr gut gefallen 'at – und vielleischt die Lösung unserer Probleme sein könnte. Cela s'appelle „Camping àla ferme" et das war eben ein Bauern'of so wie unserer, schöne Landschaft, und der Bauer 'at auf einer Wiese Leute mit ihren Wohnwagen und Zelten campieren lassen – naturellement gegen Bezahlung, aber billiger wie auf einem rischtigen Camping-Platz ..."

„Tolle Idee!" unterbrach Trixi ihn begeistert. „Und bei uns ist das ja noch viel besser, was wir alles zu bieten haben! Nicht nur schöne Landschaft wie in der Camargue, sondern gleich Strand und Meer, außerdem könnten wir Kutschfahrten und Ponyreiten anbieten – genau: und unsere Ziegen, die Kaninchen und die Schweine als Streichelzoo ..." „Und natürlick Hunde zu mitbringen ..." fiel Toto ein. „Genau! Heh! – Und ihre Pferde könnten sie doch am besten auch mitbringen, falls sie welche haben! Platz haben wir doch noch! – Das ist Spitzen-Klasse!" Trixi war Feuer und Flamme. „Je vois", lachte Olivier „ihr zwei 'abt nosch viel bessere Ideen!"

Aber Tante Mathilde schien nicht besonders begeistert zu sein bei dem Gedanken, daß ihre herrliche Ruhe, die Ordnung und Sauberkeit abgelöst werden sollten durch Trubel, Krach und viel zu viele fremde Leute, die überall „ihre neugierigen Nasen hineinstecken" würden. Außerdem, wo sollten die Besucher ihre Toilette erledigen, duschen und Wasser holen? Und was war mit der Stromversorgung?

„Pas de problèmes", beruhigte Olivier die Aufgebrachte. „Da 'aben wir schon eine Lösung! Mit dem Strom, wir werden verlegen Leitungen so wie in den Ställen. Et puis, wir werden vorerst aufstellen ausrangierte Bauwagen, die isch von einem Bekannten kann bezie'en rescht billig und die wir eben müßten 'errischten. Et pour les Abwässer, wir müssen leiten in die Jauschegrube, die ist dosch angeschlossen." „Das Ganze ist doch dann sowieso immer nur über die Sommermonate, Mathilde. Und Du brauchst Dich ja um nichts zu kümmern." Begütigend legte Julia der alten Frau die Hand auf den Arm. Aber da kannte sie die resolute Person schlecht. „Naturellement, je vais vous aider!" rief Mathilde energisch. „Super", – freuten sich die anderen.

„Aber welche Wiese nehmen wir?" warf Trixi ein. „Die Koppeln

brauchen wir doch!" „Oui, oui. Die Koppeln sind sowieso nischt geeignet. Viel besser ist das ebene Feld mit der kaputten Steinmauer auf der einen Seite, vous savez? Ici, la terre est de très mal qualité, et puis, dort steht ein Garten'äusschen ..." „... unsere zukünftige Rezeption!" ergänzte Julia. „... et es gibt eine Wasseranschluß. C'est bien, n'est-ce pas? – Naturellement, das bedeutet nosch mehr Arbeit pour nous, mais wenn wir alle zusammen'elfen, könnten wir es schaffen bis Mai, Juni. D'accord? – Wir müssen dann eben nosch überlegen, wer übernimmt die 'auptarbeit, auf Dauer?"
Etwas verlegen meldete Toto sich zu Wort. „Moi, je peux le faire!" Überrascht sahen die anderen ihn an. „Oui, moi!" Und dann versetzte der sonst so schüchterne, junge Mann, der meist nicht so recht wußte, was er wollte, oder wie er sich zurechtfinden sollte, alle in großes Erstaunen: er habe im Urlaub beschlossen, in Abendkursen seinen Schulabschluß nachzuholen und er wäre sehr froh, wenn er dann die Verwaltung des „Camping-Platzes" übernehmen dürfe. Olivier und Julia wußten gar nicht, was sie dazu sagen sollten, Mathilde strich Toto gerührt über seine schwarzen Rastalocken – und Trixi traf den Nagel zielsicher auf den Kopf. „Da steckt doch Chantal dahinter! Stimmt's? Gib's zu, grand frère!" „Oui, c'est ca", sagte der junge Afrikaner und wurde noch nicht einmal rot dabei. „Wir zusammen überlegt." „Also, ihr könnt sagen, was ihr wollt! Ich finde das klasse!" meinte Julia energisch. „Toto kann doch nicht sein Leben lang bei uns Stallbursche mit freier Kost und Logis plus kleinem Taschengeld bleiben!" „Oui, moi, je trouve ca, aussi, Toto!" stimmte Olivier zu. „Heh – Moment mal!" rief Trixi lachend. „Was meint ihr, wie toll ich das finde! Ich wollte ihn doch nur ein bißchen ärgern!" „Bien." faßte Olivier abschließend zusammen. „Dann an die Arbeit! Als erstes, isch werde sehen, daß wir bekommen die Bauwagen."

Mitte Mai war alles soweit fertiggestellt, um auf dem „Campingplatz" die ersten Gäste zu empfangen. Natürlich hatten die Vorbereitungen ziemlich viel Arbeit gemacht, aber Trixi war ganz froh, beschäftigt zu sein, da Maurice im Moment ohnehin keine Zeit für sie hatte, weil er für sein bevorstehendes Abitur – in Frankreich „baccalauréat" – lernen mußte. Außerdem wurde das Mädchen so von dem schrecklichen Gedanken abgelenkt, bald nicht mehr hier zu sein.

„Hey! Trix, Toto – da kommt jemand!" rief Julia aufgeregt. „Seht euch das an!" fuhr sie fort, als die beiden neben ihr vor dem winzigen Rezeptionshäuschen standen. „Gleich zwei Familien mit Wohnwagen!" „Es sind sogar Deutsche!" Trixi hatte einen Blick auf die Nummernschilder erhascht. Schon hielten die beiden Gespanne, und aus jedem PKW stieg ein junger Mann. „Ojeh, hoffentlich kann auf dem Bauernhof hier jemand Deutsch!" meinte der eine halblaut. „Aber sicher, damit können wir dienen!" entgegnete Julia freundlich. „Herzlich willkommen! Sie können ihren Platz noch frei wählen, da Sie unsere ersten Gäste sind – in diesem Jahr." „Oh – Dankeschön!" „Und hier haben Sie noch eine Liste mit unseren Preisen und Angeboten!" mischte Trixi sich ein, weil Julia wieder einmal die Hälfte vergaß.
„Wenn Sie mir bitte folgen würden . . ." ,forderte Toto die beiden Männer höflich auf. „Sicker, sie braucken Stromanschluß." „Ja, das ist richtig. – Sagen Sie, stimmt es, daß die Kinder hier reiten können und Kutsche fahren? Wir haben nämlich zusammen fünf!"
„Also, Kutsche, auf alle Fälle." entgegnete Trixi. „Aber Reiten kommt d'rauf an . . ." „Worauf?" „Naja, wir vermieten weder Pferde noch geben wir Reitstunden, aber. . ." „Nein, nein!" lachte der eine Mann. „Sie sind ja erst zwischen zwei und sieben Jahren alt! Ich meinte eigentlich mehr, draufsetzen und 'rumführen. So in der Art." „Achso! Ja, das machen wir."
„Gleich?" fragte eine hohe Kinderstimme und ihr Besitzer, ein strohblonder, etwa siebenjähriger Junge, zupfte Trixi schüchtern am Ärmel. Die drei anderen Kinder, zwei Mädchen und ein weiterer Junge, die – aufgereiht wie die Orgelpfeifen – nebeneinanderstanden, sahen sie ebenfalls bittend an. „Okay, okay!" lachte Trixi. „Dann kommt halt mit, ihr Racker! – Aber wenn vielleicht eine von Ihnen mitkommen würde?" wandte sie sich an die beiden Frauen, die inzwischen ebenfalls ausgestiegen waren. „Oh ja, natürlich! Das ist eine tolle Idee! Ich muß sowieso auf Julian aufpassen", sagte die jüngere der beiden und deutete auf den zweijährigen Knirps, der auf ihrer Hüfte saß. „Prima!" meinte ihr Mann. „Dann können wir anderen wenigstens in Ruhe die Wohnwagen abstellen und die Zelte aufbauen, wenn die Kinder nicht dauernd im Weg sind. Das ist wirklich ein guter Vorschlag von Ihnen!" „Oh – keine Ursache!" erwiderte Trixi fröhlich. „Das mach' ich doch gerne! – Kommen Sie!"

Als sie auf dem Hof, der ein gutes Stück vom „Campingplatz" entfernt lag, angekommen waren, holte Trixi mit einiger Mühe – die beiden wollten sich nämlich nicht von ihren Fohlen trennen – Candy und Giselle von der Koppel und trenste sie auf – nur mit Halfter würden die zwei nämlich ständig Gras fressen. „So, wer möchte zuerst?" „Ich, ich, ich!" schrien die vier Kinder durcheinander. „Langsam! Es können immer nur zwei auf einmal. Aber nur, wenn ihr schön still seid! Die Tiere mögen es nämlich gar nicht, wenn ihr so rumschreit, verstanden!" Vier Münder klappten zu wie die Mausefallen. „Gut. Traust Du Dich auf Giselle?" fragte Trixi den Ältesten. „Das ist die Eselin. Sie ist nämlich manchmal nicht so brav." Der Junge nickte heftig. „Prima! Dann komm, ich helf' dir rauf!" Mit der linken Hand hielt sie Giselle am Zügel, und mit der rechten formte sie eine Räuberleiter, so daß der Junge problemlos auf den Rücken der Eselin klettern konnte. „Bestens. So, jetzt halt Dich gut an dem Gurt hier fest und laß die Beine ganz locker hängen, nicht so klammern ... Ja, so ist's super! Wie heißt du eigentlich?" „Rolf!" strahlte er. „Okay, Rolf. Du machst das so toll, sollen wir mal ein Stück im Trab probieren? Mußt Dich halt gut festhalten." „Aujah! Bitte!" „Also los!" sagte Trixi und schnalzte auffordernd mit der Zunge, damit Giselle antrabte. Aber die freche, kleine Eselin hatte wieder einmal ihren eigenen Kopf! Im holprigen Eselsgalopp preschte sie los, so daß das Mädchen kaum mehr mitkam. „Juhu!" schrie Rolf. „Weiter!"

Dann konnte er sich nicht mehr halten und plumste in den Komposthaufen, wo er mit verdutztem Gesicht erst einmal sitzenblieb. „Hohoho!" sagte Trixi beruhigend und brachte Giselle endlich zum Stehen, während die junge Frau Rolf vom Komposthaufen holte und ihm den Dreck von der Hose klopfte. „Entschuldigen Sie!" meinte Trixi kleinlaut. „Aber ich glaube, Giselle ist wohl nicht so gut geeignet." „Ist doch nicht so schlimm, Rolf ist ja nichts passiert", beruhigte die junge Frau sie. „Ja, zum Glück! – Wollen die anderen trotzdem noch? Candy ist wirklich lammfromm, das schwöre ich!" „Wenn sie wollen, dürfen sie schon. Hm? Moritz? Anne? Ina? – Was ist? Wollt ihr?" Moritz schüttelte heftig den Kopf, aber Anne und Ina nickten. „Okay, hopp, Anne!"

Brav blieb die kinderliebe Candy stehen, ohne festgehalten zu werden, bis Trixi die Kleine auf ihrem Rücken zurechtgesetzt hatte. „Brauchst keine Angst zu haben, Anne. Candy ist wirklich lieb!“ „Die sieht aus wie das Pferd von der Pipi Langstrumpf, gell? Des hat doch auch so Punkte!“ „Genau!“ lachte Trixi. „Das stimmt. Da hast Du gut aufgepaßt.“ Strahlend thronte die fünfjährige Anne, die genauso strohblond war wie ihr großer Bruder Rolf, auf dem breiten Kreuz der runden Shettystute und konnte gar nicht genug bekommen.

Aber langsam wurde ihre ein Jahr jüngere Cousine Ina ungeduldig. „Will auch! Will auch!“ quengelte sie und hüpfte aufgeregt von einem Bein auf das andere. Natürlich wollte Anne aber noch nicht aufhören. Trotzig verzog sie das Gesicht. „Schau mal!“ beschwichtigte Trixi sie. „Du warst doch jetzt schon so lange und Du kannst ja morgen wieder! Ina will jetzt halt auch mal. Und dafür könntest Du ja inzwischen mal mit Moritz die Ziegen füttern gehen, die freuen sich – und der Moritz bestimmt auch, der steht schon die ganze Zeit so traurig 'rum. – Jetzt sei schön lieb, weil die Candy will nur liebe Mädchen rumtragen!“ Das wirkte. Ohne zu zögern ließ die Kleine sich anstandslos von Candys Rücken rutschen und rannte mit ihrem sechsjährigen Cousin Moritz zu den Ziegen hinüber. „Ich darf! Ich darf!“ jubelte Ina, als Trixi sie auf die Shettystute hob.

Nachdem auch Ina noch ein paar Runden um den Hof „geritten“ war, meinte ihre Mutter: „So, jetzt ist aber Schluß, Kinder! Jetzt gucken wir mal, wie weit die anderen mit den Zelten sind, ja? Los, kommt!“ Und zu Trixi gewandt fuhr sie fort: „Vielen Dank, Sie waren mir eine große Hilfe! Aber jetzt möchte ich Sie nicht länger stören, sicher haben Sie auch noch anderes zu tun. – Sind Sie eigentlich Au-pair-Mädchen oder so etwas?“ „Nein, nein!“ lachte Trixi. „Mme Lapin ist eine Freundin meiner Mutter, und solange meine Eltern auf Geschäftsreise sind, wohne ich hier.“ „Schön.“ Die junge Frau lächelte und blickte sich um. „Überhaupt ist es schön hier! Ich glaube, wir müssen jetzt gleich mal ans Meer gehen.“ „Das ist gut, jetzt ist nämlich gerade Ebbe, da können Sie Wattwandern, auf die Felsen klettern und Krebse fangen!“ „Fein, das wird den Kindern Spaß machen! Also, dann nochmals vielen Dank. Kinder! Kommt jetzt bitte! Tschüß, bis später!“ „Ade! Viel Spaß!“

Die junge Frau und die Kinder waren gerade hinter der Wegbiegung verschwunden, als Toto und Julia wiederkamen. „Hallo, ihr zwei!“ rief Trixi fröhlich. „Die sind echt nett, oder?“ „Ja“, meinte Julia zufrieden, „wenn alle unsere zukünftigen Gäste so sind wie diese Berges, dann ...“ „Nur, hoffentlick nock mehr Leute kommen bald!“ meinte Toto. „Keine Sorge, Du wirst schon bald genug zu tun haben!“ lachte Julia und gab dem jungen Afrikaner einen freundschaftlichen Klaps, bevor sie im Haus verschwand und sich zum Malen in ihr Atelier verzog.

„Was machst Du heute abend, grand frère?“ fragte Trixi. „Wir könnten doch eigentlich mal wieder Schach spielen oder so.“ „Eigentlick, ick wollte mit Chantal ins Kino nack Brest, Julia mir gibt ihre Ente“, entgegnete Toto zögernd. „Aber komm dock mit!“ „Ach nee“, meinte das Mädchen gedehnt. „Da stör' ich euch doch nur!“ „Mais non, petite soeur!“ „Doch, doch.“ „Non. Mais je sais: Sofort, Du jetzt téléphoné mit Deine Maurice, er soll heute abend in Ruhe lassen 'mal seine Bücker und sick kümmern um Dick. Allez, vas-y! Sonst ick mack' es! Ick nickt sehen wollen wie verwelkt meine kleine Orckidée!“ „Ach, Toto, Du bist süß!“ Rasch gab Trixi ihm einen Kuß auf die Wange und lief ins Haus, um zu telephonieren.

„Allô?“ meldete sich eine Frauenstimme. „Mme Coubertin? Hier ist Trixi. Kann ich Maurice sprechen, bitte?“ – „Oh, es tut mir sehr leid, aber er ist im Moment bei Pascal, seinem Freund, sie reschnen zusammen die Aufgaben. Worum geht es denn? Kann isch ihm etwas ausrischten?“ – „Naja, Toto und Chantal wollten heute abend nach Brest ins Kino, und mich mitnehmen, und da wollte ich Maurice fragen, ob er mitkommt.“ – „Très bien. Bonne idée“, freute sich Mme Coubertin. „Kommt dosch einfasch 'eute abend vorbei und 'olt ihn ab! Wenn isch ihn erst frage, fällt ihm dosch wieder nosch etwas ein, was er nosch lernen muß, dabei ist 'eute Samstag! Und es würde ihm wirklisch 'mal guttun! D'accord? Wann?“ – „Okay. Um halb acht. Au revoir, Mme Coubertin.“ – „Oui, à bientôt, Trixi.“

„Und?“ fragte Toto neugierig, als das Mädchen den Hörer aus der Hand legte. „Er war gerade nicht da, aber seine Mutter hat gemeint, wir sollen ihn einfach überfallen.“ „Magnifique“, meinte der Afrikaner zufrieden. „Die Frau gefällt mir!“ Trixi mußte lachen. „Wo hast Du denn das schon wieder her?“ „Tja!“ entgegnete Toto geheimnisvoll. „Ick habe da so meine Beziehungen!“ „Wer bringt Dir nur immer die blöden Sprüche bei?“ fragte das Mädchen kichernd. Es hörte sich einfach zu komisch an, wenn Toto irgendwelche passenden Ausdrücke anbrachte, die er

irgendwo aufgeschnappt und sich in voller Länge gemerkt hatte – obwohl seine Deutschkenntnisse ansonsten nicht so besonders groß waren. „Laß Dick nur nickt aus der Fassung bringen!" ergänzte er prompt, so daß Trixi prustend auf einen Stuhl niedersank. „Lacken ist gesund!"
Nach dem Abendessen ging Trixi in ihr kleines Badezimmer hinauf, um sich fertigzumachen. Als sie sich gewaschen hatte, schlüpfte sie in ihren langen, buntgemusterten Zigeunerrock und die halbhohen Lederschuhe und zog einen dicken, hellbraunen Baumwollpullover mit Zopfmuster, den Mathilde ihr gestrickt hatte, über. Dann sprang sie fröhlich pfeifend die Treppe hinunter. „Du fertig?" fragte Toto und klapperte mit den Autoschlüsseln. „Ja, ich brauche nur noch meine Windjacke." „Also, viel Spaß!" wünschte Julia ihnen. „Und Du und Maurice, ihr paßt mir gut auf ma petite auf, Toto!" warf Olivier besorgt ein. „Und kommt nischt so spät! Und..." „Komm, mein Schatz, wir wollten uns doch diese Reportage ansehen!" unterbrach Julia ihn mit zärtlichem Spott. „Die beiden machen doch keine Weltreise, sie fahren nur nach Brest ins Kino!" „Oui, mais ..." „Olivier!" riefen die drei anderen im Chor. „Man kann nie wissen, was nischt so alles kann passieren!" erwiderte Olivier leicht gekränkt. „Ja, Du hast ja vollkommen Recht", lenkte Trixi ein und drückte ihm einen dicken Kuß auf die Wange. „Tschüß! – Und, reiten wir morgen zusammen aus?" „Oui, bonne idée. Viel Spaß, ma petite!" antwortete er, wieder besänftigt. „Merci et au revoir, tous les deux. Komm, Toto, fahren wir!"
Eine Viertelstunde später, nachdem sie Chantal abgeholt hatten, sprang Trixi aus dem Auto und klingelte bei den Coubertins. Monique öffnete. „Salut, was maschst Du denn 'ier?" fragte sie erstaunt. „Hallo, Monie. Maurice abholen. Ist er da?" „Oui, naturellement. Er lernt und lernt und 'at über'aupt keine Zeit mehr für misch!" schmollte die Kleine. „Er ist ein rischtiger Büscherwurm geworden!" fügte sie böse hinzu. „Ich weiß schon, für mich ja auch nicht. Aber hör' mal, Monie, wie wär's, wenn Du mal wieder zu uns kämst? Du könntest mir helfen, unsere ersten Gäste sind nämlich da – mit insgesamt fünf kleinen Kindern! Und die wollen dauernd die Tiere streicheln und auf Candy reiten . . . Hm? Wie wär's?" „Oh – oui, super! Wann?" „Wenn Du halt Zeit hast, vielleicht nächstes Wochenende, okay?" „D'accord, bien. – Maurice ist in seinem Zimmer, Du kennst ja den Weg." „Ja, klar!"

Flink lief Trixi die Treppe hinauf und klopfte an Maurices Zimmertür. Aber nichts rührte sich. Also öffnete sie die Tür und trat ein. Maurice saß – über ein Buch gebeugt – an seinem Schreibtisch und war so in seine Arbeit vertieft, daß er Trixi gar nicht bemerkte. Leise schlich sie sich von hinten an ihn heran und hielt ihm die Augen zu. „Ach, laß den Scheiß!" knurrte er auf französisch und schüttelte ihre Hände ab. „Du weißt doch, daß ich zu tun habe!" „Okay, dann gehe ich eben wieder!" erwiderte das Mädchen gekränkt. „Trixi!" Wie von der Tarantel gestochen, fuhr er auf seinem Stuhl herum. „Trixi! Was machst Du denn 'ier? Oh – excuse-moi, mon amour, daß isch Disch so angefahren 'abe! Aber isch daschte, es wäre Monique schon wieder, die 'at misch 'eute die ganze Zeit gestört. – Aber sag mal, wie bist Du eigentlisch 'ergekommen?" fragte er, während er nach ihrer Hand faßte und sie auf seinen Schoß zog. „Mit Toto und Chantal, wir wollten alle zusammen ins Kino fahren", erwiderte Trixi zwischen zwei Küssen. „Ja – und jetzt?" fragte Maurice nicht sehr geistreich. „Ich hole Dich gerade ab – ist Dir das noch gar nicht aufgefallen?" Wie zur Bestätigung war von draußen ein quäkendes Hupen zu hören. „D'accord, isch muß mir nur nosch schnell die 'aare kämmen." „Wieso? Ich mag sie verwuschelt viel lieber!" Wieder hupte es. „Okay, okay, Du 'ast gewonnen! Gehen wir! Isch sag' nur schnell meinen Eltern Bescheid", antwortete Maurice. „Nicht nötig! – Die sind schon informiert!" „Ah, oui, je comprends – ein abgekartetes Spiel also?" „Genau", entgegnete Trixi liebenswürdig. „Und Du hast keine Chance, mein Lieber, also komm, los!"
Stöhnend verdrehte Maurice die Augen. „Darf isch wenigstens meine Jacke mitnehmen?" „Na gut. Aber nur ausnahmsweise!" erwiderte das Mädchen gnädig. „Mon Dieu, da 'abe isch mir ja was Schönes eingebrockt!" grinste er und griff nach seiner hellen Wildlederjacke, bevor er die Haustür hinter sich schloß.
„Da seid ihr ja endlisch!" rief Chantal ungeduldig. „Wir warten schon ewig!" „Kann ja nischt so schlimm gewesen sein!" feixte Maurice, während er sich neben Trixi auf die schmale Rückbank der Ente zwängte. „Oder, Toto?" „Lenk ihn nischt ab, er muß fahren!" erwiderte Chantal streng. „Na, das sagt die Rischtige!" „Kümmere Du Disch lieber um Deine eigenen Angelegenheiten! Zum Beispiel die, die 'ier neben Dir sitzt und schon ganz vernachlässigt aussieht!" frozzelte das Mädchen zurück.

So ging es die ganze Fahrt nach Brest. Die beiden kannten sich ja schon lange und mußten sich gegenseitig immer ein wenig aufziehen, was auch für Trixi und Toto sehr amüsant war.
Während Toto einen Parkplatz suchte, wo er Julias geliebte Ente abstellte, kauften die drei anderen schon einmal ihre Eintrittskarten und warteten im Foyer. „'abe isch Dir eigentlisch schon gesagt, wie 'übsch Du 'eute abend aussiehst?" fragte Maurice, als Chantal gerade die Filmplakate studierte und deshalb nicht zuhörte. „Nur heute abend?" entgegnete Trixi mit kokettem Augenaufschlag. „Du kleines Biest!" sagte er und zog sie am Zopf. „Eingebildet bist Du wohl gar nicht!?" „Nö", lachte sie fröhlich und hakte sich bei ihm ein. „Gehen wir rein? – Toto ist nämlich gerade gekommen."
Ihre Plätze lagen ziemlich in der Mitte. Sie zogen ihre Jacken aus und setzten sich hin. Bis der eigentliche Film begann, hatten Trixi und Maurice sich viel zu erzählen, da sie sich ja schon eine ganze Weile nicht mehr gesehen hatten. Außerdem lief jetzt ohnehin erst einmal nur Werbung. Als endlich das Licht ausging, legte Maurice seinen Arm um Trixi, und sie bettete ihren Kopf an seine Schulter.
Der Film spielte im 2. Weltkrieg, während der deutschen Besetzung Frankreichs, und handelte von einem jungen deutschen Soldaten, der sich in ein französisches Mädchen verliebte. Obwohl es zu Trixis und Maurices Freude letztendlich ein Happy-End gab – den beiden Filmhelden gelang es zum Schluß , in die Schweiz zu flüchten – war der Film an manchen Stellen so traurig, daß Trixi die Tränen über das Gesicht liefen, besonders in der Szene, als „er" bei „ihrer" Abfahrt winkend am Bahnsteig stand, da es sie wieder einmal daran erinnerte, daß auch sie nicht mehr lange hier sein würde.
„So ein schöner Film!" meinte Toto beim Hinausgehen begeistert. „Zwar nur Hälfte verstanden ..." „Mir ging's genauso", stimmte Trixi ihm zu. Da konnten Chantal und Maurice natürlich nur lachen!
„Elf Uhr. – Kommt, wir gehen nosch ein Stück an der Promenade entlang, das Meer ist naschts so schön!" schlug Chantal vor. „Oder, wann mußt Du da'eim sein, Trixi?" „Um zwölf." „Magnifique – dann 'aben wir ja nosch eine 'albe Stunde Zeit!" freute sich Maurice. Eng umschlungen spazierten sie am Quai des Marinehafens entlang und ließen sich von dem frischen Wind, der

kräftig vom Meer herüberwehte, die Haare zerzausen. Trixis langer Rock flatterte wie eine Fahne, und sie war froh, ihre winddichte Jacke mitgenommen zu haben.
Um rechtzeitig wieder zu Hause zu sein, mußten sie sich leider um halb zwölf auf den Weg machen. Nachdem Toto Maurice und Chantal abgeliefert hatte, steuerte er Julias klapprige, alte Ente in die heimatliche Garage. Leise und vorsichtig, um niemanden zu wecken, schlichen Trixi und Toto auf Zehenspitzen ins Haus. Dabei war Olivier natürlich noch auf! „Bist Du's, ma petite?" rief er besorgt aus dem Wohnzimmer, während das Mädchen Chocolat in die Arme schloß und seine dicken Neufundländerbäckchen knuddelte. „Ja, wir sind's!" entgegnete Trixi und tätschelte Umbras Hinterteil. „Du bist noch wach!?" „Oui, naturellement. Isch 'abe dosch gewartet auf Disch." „Wäre doch nicht nötig gewesen. – Wann reiten wir morgen aus? In der Früh?" „Mais, non, non!" protestierte Olivier energisch. „Demain matin, Du mußt ausschlafen, ma petite! Après-midi ist besser." „Gut, wie du meinst. Dann geh' ich jetzt schlafen", erwiderte Trixi gähnend und gab ihm einen Kuß auf die Wange. „Bonne nuit, Olivier. – Umh! Du mußt Dich rasieren, Du kratzt!" „Ein Kuß ohne Bart ist wie eine Suppe ohne Salz. – Das wirst Du nosch lernen, aussi!" entgegnete Olivier weise und gab ihr einen liebevollen Klaps auf den Allerwertesten. „Haha", machte Trixi. „Komm, Choco, schlafengehen!" „Dors bien!" rief er ihr schmunzelnd nach.

Am nächsten Nachmittag – Sonntags hatte schließlich auch der arme Olivier einmal einen freien Tag verdient – holten Trixi und er ihre Pferde von der Koppel, putzten und sattelten sie. Neben dem großen, kräftigen, pechschwarzen Friesenwallach mit seinem dichten Fesselbehang, der buschigen Mähne und dem üppigen Schweif wirkte die kleine, nußbraune Traberstute Florinda mit ihren schlanken Vollblüter-Beinen besonders zart und zierlich. „Das Lustige ist ja, daß meine kleine Freche immer ihren großen schüchternen Freund verteidigt", meinte Trixi lachend und schwang sich – einen günstigen Augenblick abpassend – rasch in den Sattel. „Hab' ich Dir das schon erzählt , als Maurice seinen Geronimo in den Osterferien zu unseren auf die Koppel gelassen hat?" „Si, je pense ...", erwiderte Olivier belustigt. „Etoile ist gegen den Stromzaun gestoßen und dann 'at Deine Florinda Geronimo über die ganze Koppel gejagt, weil sie daschte, er wäre es gewesen, n'est-ce pas?" „Genau. – Wo reiten wir hin? Zum Strand, wie immer?" „Non, pas aujourd'hui", antwortete Olivier. „Aujourd'hui, wir reiten ins Landesinnere, isch möschte Dir zeigen ein paar 'übsche, kleine Kapellen, die 'ier in der Gegend sind. Maintenant, Du bist so lange 'ier und 'ast sie nosch nie gesehen! C'est impossible!" „Stimmt, da hast Du Recht, das Innland kenne ich noch überhaupt nicht", überlegte Trixi, während sie nebeneinander im Schritt am langen Zügel vom Hof ritten und – nachdem sie ein Stück der Landstraße gefolgt waren – in einen breiten Sandweg einbogen. „Nicht mal die nähere Umgebung – immer nur Strand und Meer. – Ich galoppier' mal, okay?" Ohne eine Antwort abzuwarten, gab das Mädchen der freudig erregt tänzelnden Florinda den Kopf frei, so daß die zierliche Vollblutstute einen Kavaliersstart hinlegte, der jedem Formel-1-Wagen Ehre gemacht hätte. Tief duckte sich Trixi im leichten Sitz hinter Florindas Hals, deren flatternde schwarze Mähne ihr heißes Gesicht peitschte. Das Mädchen fühlte die geschmeidigen Muskeln unter sich arbeiten und spürte, wie das Blut im Rausch des wilden Galopps durch die Adern der kleinen Stute pulsierte.

Plötzlich endete der Weg abrupt an einem steilen – ebenfalls sandigen – Absturz, an dessen Fuß sich zu allem Übefluß auch noch eine – zum Glück sehr niedrige – Steinmauer befand. Aus ihrem viel zu hohen Tempo heraus konnte Florinda natürlich nicht rechtzeitig bremsen, so daß ihr nur die einzige Möglichkeit blieb, sich auf ihr Hinterteil zu setzen und den Hang – in eine riesige Staubwolke gehüllt – hinunterzurutschen. „Los! Spring!" schrie Trixi und hob sich leicht aus dem Sattel, so daß es der nußbraunen Stute gelang, blitzschnell ihre Beine zu sortieren – und sie mit einem gewaltigen Sprung über die Mauer setzte. „Danke, Fifi! Du bist genial!" flüsterte das Mädchen ergriffen und klopfte Florinda den schweißnassen Hals, bevor es die Stute ein paar Meter weiter einen schmalen, erdigen Trampelpfad, der in einer Art Serpentinen die Böschung emporführte, erklimmen ließ.

Oben wartete schon der völlig aufgebrachte Olivier. „Spinnst Du?" rief er erschrocken. „Ist ja nichts passiert. Beruhige Dich!" erwiderte Trixi betont cool, obwohl ihr jetzt doch die Knie zitterten und sie Florindas raschen Herzschlag durch den Sattel spürte. „Misch beruhigen!?" erregte er sich nur noch mehr. „Du bist gut! Isch galoppiere die ganze Zeit 'inter eusch 'er und rufe, daß der Weg nischt weitergeht ... und was mascht ihr!? ... aber ihr zwei Wilden seid ja nischt mehr einzu'olen! Was 'ast Du Dir nur dabei gedascht, ma petite?" „Es tut mir leid, wenn ich Dir so einen Schrecken eingejagt hab', aber ich konnte doch nicht wissen, daß so ein schöner, ebener, schnurgerader Sandweg ganz plötzlich aufhört – und wir konnten einfach nicht mehr bremsen! Wenn der Weg nicht so schön gewesen wäre, sondern mit Kurven, oder so, wäre ich ja gar nicht galoppiert, aber das konnte ich ja nicht wissen!" „Oui, ist schon gut, aber Du 'ättest misch dosch fragen können!" „Ja", entgegnete Trixi kleinlaut. „Tut mir leid." Langsam ritten sie im ruhigen Schritt weiter. „Mal davon abgesehen, daß es formidable war ...", meinte Olivier nach einer Weile nachdenklich. „Wirklich? Weißt Du, ich glaube, Military würde mir echt Spaß machen", überlegte Trixi. „Ich würde gerne mal bei einer Military mitmachen." Nachdem er ein paar Minuten geschwiegen hatte, erwiderte Olivier: „Wenn Du das wirklisch maschen willst, – meinetwegen! Aber versprisch mir eines: üb nischt mehr allein." „Wie meinst Du das? Allein?" „Je veux dire, Du sollst nischt einfasch so üben, daß ist viel zu gefährlisch und nischt gut für Florinda, aussi! Lieber susche isch Dir einen Lehrer! – Und bis da'in unterläßt Du solsche Scherze in Zukunft, s'l te plaît." „Versprochen! – Und, danke, Olivier!" „Bien. Dann laß uns mal ein Stück traben – aber ganz ruhig und locker. C'est claire?" „Ja, ja, schon gut."

Mit seinem heidekrautartigen Bewuchs, den blühenden Erika, durchsetzt mit Viehweiden, auf denen die weißen Kühe mit ihren neugeborenen Kälbern grasten, und andersfarbigen Feldern, auf denen Kohl, Kartoffeln, Zwiebeln und Artischocken mit ihren fleischigen, seltsam sternförmigen Blättern angebaut wurden, war auch das bretonische Hinterland sehr reizvoll. Die drei kleinen, aus grob gehauenem Naturstein errichteten Kapellen, die sich – umgeben von niedrigen blühenden Weißdornhecken – inmitten der Wiesen und Äcker befanden, waren genauso hübsch, wie Olivier versprochen hatte. In ihrem Inneren war gerade Platz für einen schmalen, mit Ornamenten verzierten Altar, den fromme Gläubige mit frischen Blumen geschmückt hatten.
„Oui, die Leute 'ier sind sehr religiös", sagte Olivier, als er Trixis erstaunten Blick bemerkte. „Besonders natürlisch die Alten. Du müßtest einmal unsere Wallfahrten – ‚Pardons' – miterleben,

wirklisch sehr eindrucksvoll. Die Leute tragen die alten Traschten ihrer Gegend – mit verschiedenen Spitzen'auben bei die Frauen. Très belle. – Über'aupt sollten wir mal ins rischtige Landesinnere fahren, isch könnte Dir nosch viele schöne Saschen zeigen, ma petite." „Wann denn?" fragte Trixi bedrückt. „Ich bin doch nicht mehr lange hier. – Ach, Olivier, ich will doch überhaupt nicht mehr weg!" stieß sie mit einem traurigen Seufzer hervor. „Je sais, ma petite, wie würden Disch ja gerne 'ierbe'alten, aussi!" meinte er und drückte das Mädchen fest an sich.

„Toto! Heh, wo bist Du denn?" Atemlos stürmte Trixi in die Stallgasse, wo der junge Afrikaner die schöne Fuchsstute Belle, die seit kurzem wieder trächtig war, zum Putzen angebunden hatte. „Was ist?" Erstaunt blickte er auf. „Komm, schnell! Gerade sind neue Gäste angekommen, vier englische Ehepaare mit ihren Wohnmobilen. Und stell Dir vor, sie haben schon gleich gesagt, daß sie alles Mögliche anschauen wollen! Das heißt, Olivier kann sie mit der Kutsche rumfahren – ist das nicht super! Aber jetzt los, Du mußt ihnen helfen, mit dem Strom und so! Komm!" „Oui, oui, nur keine Hektik! Komm schon. Mackst Du weiter?" Trixi, die sich wegen seiner dummen Sprüche wieder einmal das Lachen verbeißen mußte, nickte und griff nach Striegel und Kardätsche. „Ja, klar! Was hattest Du noch vor mit ihr?" „Longieren, mais ..." „Ja, ja, ich weiß schon, Du willst es selbst machen, stimmt's? Aber ich hab' sowieso keine Zeit, Monique kommt nachher vorbei, die kleinen Kinder von den Berges wollen schon wieder reiten. Außerdem muß ich später noch mit Olivier zu Patienten fahren. – Also beeil Dich, okay?" „Oui, oui, d'accord." Liebevoll klopfte Toto „seiner" schönen Vollblutstute den kupferroten Hals zum Abschied, bevor er rasch zum Campingplatz hinüberlief.
Gerade hatte Trixi Belle auch noch die Hufe ausgekratzt, als Toto auch schon zurückkam. „Und? Alles klar?" „Oui, naturellement. Übrigens ist Monique da. Und Kinder warten." „Das denk' ich mir", lachte das Mädchen. „Vor allem Anne wieder, die kann gar nicht genug kriegen! – Also, dann, bis später, grand frère!" „Oui, oui. Viel Spaß!"
„Spaß ist gut", dachte Trixi eine Viertelstunde später seufzend, als sie verzweifelt versuchte, die heftig schluchzende Ina zu beruhigen, die bei einem Streit mit den anderen den Kürzeren gezo-

gen hatte. „Laß Dich doch einfach nicht ärgern, Ina. Schau mal, wenn Du einfach sagst, daß es Dir gar nichts ausmacht, dann ärgern Rolf und Moritz sich. Hm? – Guck mal, da kommen die Ziegen! Sind die Kleinen nicht süß? Der Flecki kriegt schon richtig kleine Hörner, siehst Du das?" „Wirklich?" fragte Ina ungläubig. „Wo denn?" „Na, da, die zwei ‚Hubbel' auf seinem Kopf, das werden mal so schöne große Hörner, wie sein Papa, der Struppi, sie hat." „Wirklich?" fragte die Kleine wieder. „Wann denn?" „Och, das dauert schon noch eine Weile." „Morgen?" „Nein, Schätzchen ...", lachte Trixi. „... ein oder zwei Jahre!" Ina machte ein nachdenkliches Gesicht, mit „ein oder zwei Jahren" konnte sie nichts anfangen. „Kriegt Schecki auch Hörner?" „Nein, die kriegt keine Hörner, die ist ja ein Mädchen", erklärte Trixi geduldig. „Warum nicht?" „Ja, äh ..." „Heh, Ina, komm schnell!" rief der strohblonde Rolf mit hochrotem Kopf. „Moni will mit uns Verstecken spielen! Beeil Dich!" „Aujah!" Rasch lief Ina auf ihren kurzen Beinchen zu den anderen Kindern hinüber.
„Uff!" stöhnte Trixi. Schließlich hatte sie heute noch anderes zu tun – die Patienten, dann die Kutschfahrt mit den Engländern ... – „Also, Monie, ich geh' jetzt, okay?" „'alt, warte mal!" Völlig außer Atem kam die Zwölfjährige angerannt. „Was ist denn? Mensch, ich hab's wirklich eilig!" erwiderte Trixi ungeduldig. „Gut, dann geb' isch Dir den Brief eben nischt, wenn Du ihn nischt willst!" sagte Monique beleidigt. „Brief!? Welchen Brief!? – Oh, bitte, Monie, Entschuldigung, gib her, tut mir leid ..." stammelte Trixi. Mit einem frechen Grinsen zog die Kleine ihre sommersprossige Stupsnase kraus. „Was krieg' isch dafür?" „Egal! Was Du willst! Aber gib her!" „Naja, isch will ja nischt so sein ...", sagte Monique gnädig und reichte Trixi mit einer galanten Verbeugung einen kleinen, weißen Umschlag. „Aber denk' dran, isch werde bei Gelegenheit auf Dein Verspreschen zurückkommen!"
Doch Trixi hörte gar nicht mehr zu. Während sie zur Praxis hinüberging, um Olivier abzuholen, riß sie erwartungsvoll den Umschlag auf. Zum Vorschein kam ein Blatt Papier, auf dem nur drei Worte standen: Ich liebe Dich!

Die Abschlußfeier

Als Trixi eines Abends zu Olivier in die Praxis kam, um ihn zum Essen zu holen, sagte er mit feierlicher Miene: „Isch bin sehr stolz auf Disch, ma petite." Erstaunt blickte das Mädchen ihn an. „Aujourd'hui, als Du in der Schule warst ...", erklärte Olivier, über ihr verdutztes Gesicht schmunzelnd, „... kam ein Ehepaar mit einem präschtigen Schäfer'und zu mir. Und rate mal, warum dieser nur so präschtig war ..." „Ach! Der mit der Schußwunde! Hat er es geschafft!" rief Trixi erfreut. „Oui, dank Deiner 'ilfe ist er wieder ganz gesund geworden." „Quatsch, ich hab' doch nur einen Notverband angelegt, die in der Klinik haben das gemacht", wehrte das Mädchen bescheiden ab. „Non, ma petite", sagte Olivier entschieden. „Wenn Du nischt genau das Rischtige getan 'ättest, wäre es zu spät gewesen. Und isch meine Ernst, was isch vor'in gesagt 'abe. Isch bin wirklisch stolz auf Disch! – Oh, beinahe 'ätte isch's vergessen – das 'ier 'aben sie für Disch abgegeben!"
Lächelnd reichte er Trixi eine Schachtel Pralinen und eine Karte, in der ein Geldschein lag. „Aber nein! Ich will dafür doch kein Geld!" „Du kannst es ruhig nehmen, ma petite, Du 'ast es Dir wirklisch verdient! – Übrigens, der Oberarzt in der Tierklinik wollte wissen, wer den 'und so faschmännisch verbunden 'at." „Naja, wenn Du meinst. Gebrauchen kann ich's schon." „Na also! Komm, gehen wir Abendessen!" Väterlich legte er ihr den Arm um die Schultern und schob sie zur Tür hinaus. „Was mascht eigentlisch Dein Maurice?" „Diese Woche schreibt er Abi." „Oh, der Arme. Dann drück ihm 'mal fest die Daumen!" „Und wie ich das tu! Ich kann schon an gar nichts anderes mehr denken! Wahrscheinlich bin ich viel aufgeregter als er." „Es 'ilft ihm bestimmt, wenn er weiß, daß Du an ihn denkst, ma petite", meinte Olivier und drückte Trixis Hand. „Das hast Du schön gesagt!" stellte Julia fest, die gerade die Treppe hinunter kam und den letzten Satz ihres Mannes gehört hatte. Trixi wurde rot.
„Jetzt kommt, meine beiden 'übschen!" rief Olivier energisch und legte den anderen Arm um seine Frau. „Isch 'abe einen Bären'unger!" Lachend schob er die beiden in die Küche, wo Mathilde schon ungeduldig mit dem Essen wartete.

Bäuchlings lag Trixi auf ihrem Bett und lernte Lateinvokabeln. Mit der linken Hand kraulte sie Chocolat, der sich auf dem Bettvorleger ausgestreckt hatte – während es sich der schwarze Kater Minuit auf ihrem Rücken bequem gemacht hatte – , als plötzlich jemand ins Zimmer stürmte. Erschrocken blickte das Mädchen auf. „Ja, sag 'mal, hörst Du schlecht!"
schimpfte Julia. „Ich ruf' und ruf' . . ." „Was ist denn los?" „Telefon für Dich! – Maurice." „Was!? Warum sagst Du das denn nicht gleich!?" Wie der Blitz sprang Trixi auf und rannte die Treppe hinunter zum Telefon. Kopfschüttelnd folgte Julia ihr, um wieder ins Wohnzimmer hinüber zu gehen.
„Maurice?" – „Salut, Trixi, ca va?" rief er fröhlich. – „Jetzt geht's mir gut!" – „Bien. Moi aussi, mon amour. Isch 'abe es geschafft!" jubelte er. „Als Fünftbester!" – „Super! Gratuliere!" – „Merci. Das 'abe isch nur Dir zu verdanken, weil Du mir die Daumen gedrückt 'ast! . . ." – „Blödsinn!" – Maurice lachte. „. . . Weswegen isch eigentlisch anrufe: isch wollte Disch fragen, ob Du Lust 'ast, mit mir zur Abschlußfeier zu gehen. Und?" – „Ob ich Lust hab'!? Natürlich hab' ich Lust! Wann denn?" – „Am Freitag um 17 Uhr. . ." – „Um fünf schon!?" – „Oui, weißt dosch, wie so etwas immer ist! Erst kommt der offizielle Teil, wo wir unsere Zeugnisse überreischt kriegen, und so, dann gibt's ein kaltes Buffet, und dann . . ." – „. . . kommt der inoffizielle Teil!" ergänzte Trixi kichernd. – „Biest! – Dann wird getanzt und gefeiert . . ." – „Und dann?" – „Nischts und dann! Dann ist Schluß!" – „Meinst Du!" – „Paß bloß auf, gleisch komm' isch rüber!" – „Bitte, bitte, tu Dir nur keinen Zwang an!" – „Nein, im Ernst: morgen komme isch, d'accord?" – „Ja, bitte, um vier bin ich zuhause. Reiten wir aus?" – „Bonne idée." – „Gut, dann . . .", Trixi gähnte. „. . . ich geh' jetzt schlafen, im Gegensatz zu Dir hab' ich ja morgen Schule." – „Sei froh, daß du nosch in die Schule gehen darfst!" bemerkte Maurice weise. – „Bäh, bäh, bäh! Bild ' Dir bloß nichts ein – Opa!" – „Bonne nuit, mon amour! Schlaf schön", sagte er zärtlich. – „Gute Nacht, Maurice, bis morgen, ich liebe Dich!" – „Isch Disch ausch. 'ast Du meinen Brief bekommen?" – „Natürlich. Er liegt unter meinem Kopfkissen." – „Schön, gute Nascht!" – „Gute Nacht!"

Pünktlich um halb fünf hielten die Coubertins am Freitag vor dem Anwesen der Lapins. „Ich geh' sie holen!" sagte Maurice

auf französisch zu seiner Familie und stieg aus. „Bin gleich wieder da!" „Haha!" machte Monique. „Wer's glaubt, wird selig!" „Monie!" tadelte Mme Coubertin ihre Tochter. „Nun laß ihn doch, heute ist doch sein großer Tag!"
Aber Maurice lachte ohnehin nur, ihm konnte heute nichts und niemand seine gute Laune verderben. Heftig drückte er auf die Klingel, so daß Umbra und Chocolat, die beiden Neufundländer, aufgeregt zu bellen begannen. Julia öffnete die Tür. „Bonjour, Mme Lapin, wie geht es Ihnen?" „Oh, hallo, Maurice, grüß Dich! Gut, gut, danke der Nachfrage. Du willst Trix abholen, stimmt's ? Komm doch rein, ich ruf' sie mal." „Merci, madame." „Tri-xi! Beeil Dich!" brüllte Julia in einer Lautstärke, die man der zierlichen, kleinen Frau gar nicht zugetraut hätte. „Jaa, komme gleich!" tönte es von oben etwas gedämpft zurück. „Sie kommt gleich", bemerkte Julia überflüssigerweise. „Achja, ehe ich's vergesse: ich wollte Dir ja noch zum bestandenen Abi gratulieren!" „Oh-dankeschön!" „Übrigens – très chique –" fügte sie lächelnd hinzu und deutete auf seinen Anzug und die Fliege. „Schon. Obwohl isch zugeben muß, daß isch misch in Jeans wesentlisch wohler fühle", erwiderte er grinsend. „Kann ich verstehen!" lachte Julia und sah an Oliviers altem Hemd hinunter, das sie immer zum Malen trug.
Im selben Moment kam Trixi die Treppe herunter. Sie trug ein kurzes dunkelblaues Cocktailkleid mit weißen Punkten und darüber ein gleichfarbiges Bolerojäckchen. Ihr langes, dichtes, weißblondes Haar war frisch gewaschen und fiel ihr in leichten Wellen über die Schultern fast bis zur Hüfte. Maurice, der eigentlich gerade etwas zu Julia hatte sagen wollen, schluckte. „Also, viel Spaß ihr beiden!" brach Julia das entstandene Schweigen. „Ich verzieh' mich. Wann und wie kommst Du heim, Trix? Damit der arme Olivier nicht wieder vergeht vor Sorge?" „Isch weiß nosch nischt genau, wann, aber mein Freund, der ein Jahr älter ist als isch, fährt uns dann nasch 'ause", sagte Maurice, nachdem er sich kräftig geräuspert hatte. „Meine Eltern müssen ja schon frü'er zurück, wegen Monique", fügte er erklärend hinzu. „Weil sie früher ins Bett muß. Okay, alles klar! Kommt, wann ihr wollt – aber spätestens zum Frühstück", witzelte Julia. „Und Du paßt mir gut auf Oliviers Goldstück auf, verstanden? Sonst krieg' ich wieder Ärger." Maurice nickte eifrig. „Versproschen. Ehrenwort." „Gut, dann haut endlich ab, sonst kommt ihr zu spät!

Tschüß!" „Tschüß!" riefen Trixi und Maurice im Chor. Als Julia verschwunden war, sagte Maurice: „Komm her!" und breitete die Arme aus, um das Mädchen aufzufangen. „Ich dachte, der inoffizielle Teil kommt später!" alberte Trixi, bevor sie sich innig küßten. Hinter ihnen räusperte sich jemand übertrieben. Erschrocken fuhren die beiden herum. Natürlich Monique schon wieder! „Kommt ihr jetzt vielleischt endlisch 'mal!" beschwerte sie sich ungeduldig. „Beeilt eusch 'mal – anstatt 'ier dauernd 'rumzuknutschen!" Wortlos packte Maurice seine freche kleine Schwester am frisch gestärkten Spitzenkragen und schob sie nach draußen zum Auto.
„Bonjour, Mme et M. Coubertin, vous allez bien?" grüßte Trixi fröhlich. „Entschuldigen Sie bitte, daß es so lange gedauert hat, aber ich war noch nicht ganz fertig, ich ..." „Sie 'a ...", rief Monique vorlaut dazwischen, bevor Maurice ihr rasch den Mund zuhielt. „Sie ist ja erst um vier aus der Schule gekommen", ergänzte er eifrig. „Oui, c'est claire." Seine Eltern lächelten wissend und zwinkerten sich zu. „Bien, fahren wir endlisch!" sagte M. Coubertin abschließend und startete den Wagen. „Genau, sonst schmeißen sie Maurices Zeugnis in den Papierkorb, weil er es nischt ab'olen kommt!" rief Monique entsetzt. „Und er muß sein ganzes ‚bac' noschmal maschen!" Die anderen lachten.
Auf dem Parkplatz des Lycées standen bereits zahlreiche Autos und eine Menge Leute drängten sich durch die Eingangstür der alten Turnhalle, auf deren antiken Holzparkett eine kleine Rednerbühne, ein Platz für die Band, das kalte Buffet und numerierte Sitzreihen für die Gäste aufgebaut waren. Die Geländer waren mit dicken Blumengirlanden üppig geschmückt worden, und alles erstrahlte im Glanz der verschwenderisch eingesetzten Festbeleuchtung. Da es schon fast 17 Uhr war, nahmen die Coubertins und Trixi gleich Platz, während Maurice noch kurz mit ein paar Klassenkameraden sprach. Dann trat der Direktor ein und hielt eine Rede, die die meisten Zuhörer – vor allem seine frischgebakkenen Abiturienten – etwas langatmig fanden. Nach dem Alphabet geordnet, rief er die Absolventen einzeln auf, übereichte ihnen mit feierlicher Gebärde ihre Abschlußzeugnisse und gratulierte herzlich zum bestandenen Abitur, bevor zur Freude aller „der Sturm" auf das kalte Buffet eröffnet war.
„Non, non, der Alte ist zwar vielleischt etwas schrullig ...", entgegnete Maurice auf Trixis Frage. „... aber schwer in Ordnung!

Was meinst Du, wem wir die tolle Abschlußfete zu verdanken 'aben!? Ausch, daß wir nasch'er nosch ganz inoffiziell weiterfeiern dürfen, das ist nischt in jeder Schule so! – Non, Monique, Du kriegst keinen Sekt, Du spinnst wohl!" rief er plötzlich und nahm seiner kleinen Schwester das Glas weg. „Bitte! Nur einen Schluck!" bettelte diese. „Isch muß dosch auf Disch anstoßen." „Na gut, aber nur einen ganz kleinen, klar!" „A ta santé, grand frère!" sagte Monique und hustete. „Siehst Du, daß 'abe isch Dir ja gleisch gesagt! 'ol Dir dosch lieber ein Glas Saft!" „Ja, ja, Du weißt immer alles besser!" Schmollend verzog sich die Kleine, um ihre Eltern zu suchen.
„Boff!" stöhnte Maurice. „Sie ist 'eute wieder mal unerträglisch." „Sei doch nicht so herzlos!" meinte Trixi. „Außerdem sind wir sie ja sowieso bald los!" „Ein Glück! – Übrigens", fügte er bewundernd hinzu. „Du siehst fabelhaft aus! Wo 'ast Du das Kleid 'er?" Trixi lächelte verschmitzt. „Tanzkurs." „Oh – oui ...", lachte er. „Moi aussi. – Möschtest Du nosch 'was?" „Hm." Unschlüssig blickte sie zum kalten Buffet hinüber. „Ohja, so'n leckeres Käsebrötchen dahinten!" „D'accord, isch 'ole es Dir, bin gleisch wieder da!" „Merci. Ich warte hier."
Neugierig sah Trixi um sich, sie beobachtete gerne andere Menschen. Am anderen Ende des Saals waren die Coubertins mit dem Direktor in ein Gespräch vertieft, während Monique gelangweilt danebenstand und ungeduldig von einem Fuß auf den anderen trat. Plötzlich kam ein fremder blonder Junge direkt auf Trixi zu, ging langsam um sie herum und betrachtete das Mädchen prüfend. Erstaunt sah Trixi ihn an und drehte sich mit, um ihn im Auge behalten zu können. Als der Blonde seine Inspektion beendet hatte, pfiff er bewundernd durch die Zähne und sagte auf französisch: „Nicht schlecht! Maurice hat einen guten Geschmack!"
„Wie bitte!?" erwiderte Trixi – ebenfalls auf französisch – etwas pikiert. „Du bist also die edle Dame, die ich die Ehre habe, später nach Hause zu fahren!" „Achja!? Und wer bist Du, wenn man fragen darf!?" „Oh, pardon, mademoiselle, ich vergaß, mich vorzustellen", entgegnete er übertrieben höflich mit einem tiefen Bückling, so daß Trixi sich das Lachen verbeißen mußte. Das war vielleicht ein ulkiger Kerl! „Pascal ist mein Name, Pascal ..." „... der Clown!" rutschte es Trixi heraus, so hatte Maurice seinen besten Freund nämlich meistens genannt, wenn er von Pascal

erzählt hatte. Erschrocken schlug sie sich die Hand vor den Mund. Aber Pascal lachte nur. „Ja, der auch! Aber eigentlich heiße ich Rocher – wie die kleinen Schokoladekugeln." Trixi lachte. „Ich bin Trixi – Beatrice Reuter." „Ja, ja, ich weiß. Ich weiß wahrscheinlich mehr über Dich als Du selbst!" Erstaunt blickte das Mädchen ihn an. „Naja, was meinst Du, was ich mir schon alles über Dich anhören mußte! – Sie ist ja so hübsch und so süß, und sie liebt mich wirklich. Und sie kann ganz toll reiten und super mit Tieren umgehen und ... und ... und ...", ahmte er trefflich Maurices Stimme nach, so daß Trixi wieder lachen mußte und ein wenig rot wurde. „Und was ich jetzt hier so beurteilen kann", fügte er mit normaler Stimme hinzu, „stimmt es sogar!" „Was redet ihr da!?" drängte Maurice sich zwischen die beiden und reichte Trixi einen kleinen Teller. „ 'ier, Dein Käsebrötschen! Es war das letzte." „Oh, merci, das hatte ich ganz vergessen. – Mmh! Lecker! – Probier mal, Maurice! – Heh, das Käsebrötchen, nicht meine Finger!" In diesem Augenblick begann die Band, Tanzmusik zu spielen. „Darf ich bitten?" forderte Pascal Trixi auf. „Ja, gut, aber nur einen, weil ..." „Oui, oui, je comprends."

„So, jetzt geb' isch Disch aber nischt mehr 'er!" sagte Maurice, als endlich sie beide miteinander tanzten. „Doch, einmal noch!" widersprach Trixi. „Nein!" „Doch! Einen Tanz hab' ich noch Deinem Vater versprochen – einen Walzer." „Na gut, meinetwegen, da wird mir sowieso immer so schwindlig – aber sonst keinen mehr!" „Nein, mein Schatz!" lachte Trixi. „Alle anderen gehören Dir!" „Schön. – Wie findest Du Pascal?" „Lustig. So ein Clown! Hast Du gesehen, wie er ankam!?" „Nein. Während Du Disch mit meinem besten Freund vergnügt 'ast, 'abe isch Mme Clavel, unserer dicken Französischlehrerin, das letzte Käsebrötchen, das sie schon in ihren gierigen Klauen 'atte, aussi, für Disch entrissen!" „Ooh! Mein armer, armer, armer Maurice! ... – Oh nein! Guck mal da drüben, Mèlanie, die blöde Kuh! Warum muß sie nur überall, wo ich hingeh', auch sein!? Ich kann sie nicht ausstehn!" „Trixi! Jetzt reg Disch dosch nischt so auf! Sie wohnt eben ausch 'ier und kennt die Leute aus meiner Klasse – isch glaube, Martin geht sogar mit ihr, der wird sie wohl eingeladen 'aben." „Der leidet wohl unter Geschmacksverirrung!" „Jetzt 'ör aber auf! Du bist ungerescht! Vielleischt ist sie in Wirklischkeit ja ganz nett. Sie 'at es nämlisch ausch nischt so einfasch: sie

kriegt zwar alles, was sie will, egal was es kostet, aber ansonsten kümmern sisch ihre Eltern einen Sch. . .dreck um sie! Und sie 'at keine Julia und keinen Olivier und . . ." „. . . keinen Maurice", fügte Trixi leise hinzu. „Du hast ja Recht!" „Den 'ast ja ausch Du!" „Was?" „Na – misch!" „Stimmt! – Gehen wir 'was trinken? Ich hab' einen Wahnsinnsdurst!" „D'accord."
Und tatsächlich! Mélanie grüßte sogar freundlich, als sie einmal zufällig mit Martin an Trixi und Maurice vorbeiging. „Hallo, Mélanie." entgegnete Trixi lächelnd.
Nachdem das Mädchen mit Maurices Vater den versprochenen Walzer getanzt hatte – er führte übrigens hervorragend –, verabschiedeten die Coubertins sich mit der Begründung, daß es schon spät sei und Monique, die natürlich lautstark protestierte, ins Bett müsse. „Dabei seid ihr dosch nur selber müde!" schimpfte die Kleine wütend. „Aber isch nosch über'aupt nischt!"
Nach und nach machten sich auch die anderen Eltern mit den jüngeren Geschwistern auf den Heimweg, und die Lehrer zogen sich ebenfalls zurück, bis – „die Jugend ganz unter sich war" –, wie der Direktor es ausdrückte. Voller Elan ging die Band von den Klängen der Ballmusik zum Discosound über, und genauso unermüdlich tanzten die Jugendlichen ohne Unterlaß.
Mitternacht war längst vorüber, als die Musiker sich einmal eine halbe Stunde Pause gönnten. „Puh!" stöhnte Trixi. „Ich bin total fertig – soviel hab' ich schon lang nicht mehr geschwitzt! Gehen wir 'mal kurz raus an die frische Luft?" „Bonne idée. Komm, 'ier entlang!"
Durch eine kleine Hintertür strömte ein kühler Luftzug, fürsorglich hängte Maurice Trixi sein dunkles Jackett um die bloßen Schultern. „Sonst erkältest Du Disch nosch!" meinte er. „Danke. Du bist schon genauso wie Olivier!" kicherte das Mädchen. „Und Du 'ast wohl zuviel Sekt getrunken, eh!?" „Was!? Ich!?" protestierte Trixi energisch. „Nur ein Glas, er schmeckt mir sowieso nicht besonders! Überhaupt trinke ich eigentlich so gut wie keinen Alkohol, ich . . ." Lachend legte Maurice den Arm um sie. „'abe isch Disch wieder drangekriegt!" „Ach Du, Du willst mich nur immer ärgern! Aber warte nur, das werd' ich Dir heimzahlen!" „Wie denn?" „Mir fällt schon noch 'was ein!" „Was denn?" „Das wirst Du schon noch sehen!" „Na, da bin isch ja 'mal gespannt!" „Paß bloß auf, sonst hängen Florinda und ich Geronimo und Dich ab, wenn wir das nächste Mal zusammen ausreiten,

und warten nicht mehr auf euch!" „ 'ör mir bloß mit Deinem kleinen Biest auf!" „Ha, oder Pascal und ich fahren nachher alleine heim und lassen Dich hier! Pascal und ich, allein in seinem Auto!" triumphierte Trixi siegessicher und blickte Maurice von der Seite an. Der aber brach in Gelächter aus. „Was lachst Du da so blöd!? Du meinst wohl, nur Du findest mich hübsch!" „Isch meine über'aupt nischts ..." lachte Maurice. „... aber Pascal 'at 'nen Kleinbus! Und des'alb muß er ausch alle Leute 'eimfahren." „Na gut." Trixi begann ebenfalls zu lachen. „Du hast gewonnen!"

Kichernd wandte sie sich ab, um weiterzugehen. „Stop!" rief Maurice. „Wo bleibt mein 'auptgewinn?" Folgsam drehte das Mädchen sich wieder um und gab ihm einen Kuß. „Was!? Das soll der 'auptgewinn gewesen sein!? Isch werde misch beim Chef des Unternehmens beschweren!" „Tut mir leid, mein Herr, der hat Ausgang", erwiderte Trixi schnippisch. „Tja, wenn das so ist, dann muß isch mir meinen 'auptgewinn wohl selbst ab'olen!" sagte Maurice und zog sie an sich.

Fast eine Viertelstunde später tauchten die beiden wieder in der Turnhalle auf. „Wo wart ihr denn so lange?" fragte Martine, das Mädchen, das gerade mit Pascal tanzte, nicht sehr intelligent. „Pilze suchen", kicherte Trixi schlagfertig. Die anderen lachten. „Heh, Du!" sagte Pascal auf französisch und tippte ihr mit dem Finger auf die Nasenspitze. „Mach mir nicht Konkurrenz!"

Die meisten von Maurices Kameraden waren sehr nett, fand Trixi, und so hatten alle noch viel Spaß in dieser Nacht. Aber einmal mußte Schluß sein! Gegen halb vier wurde die Band wirklich langgsam ungeduldig. „Allez, enfants!" brüllte Pascal in die Menge. „Je conduis maintenant! Venez, vite!" Ein paar Leute packten ihre Sachen und scharten sich um ihn. „Tout le monde est là? Un, deux, trois, quatre, cinq ... Où est Sebastien?" „Bestimmt 'at er wieder zu viel getrunken", meinte Maurice besorgt. Schluchzend kam ein Mädchen angerannt. „Was ist los, Annick?" fragte Pascal auf französisch. „Weißt Du zufällig, wo Sebastien ist?" „Das ist es ja", schniefte die Brünette. „Er hat wieder viel zu viel getrunken. ... Und dann mußte er sich übergeben ... und jetzt ... jetzt... liegt er vor der Seitentür und kann nicht mehr aufstehen ..." „Ist schon gut, wir holen ihn", sagte Maurice und reichte Annick ein Taschentuch. „Komm, Pascal!"

„Ja, klar!" Aber das Mädchen hörte nicht auf zu weinen. „Wenn er so nach Hause kommt, kriegt er furchtbaren Ärger ... sein Vatr ist sehr streng ... und ...", schluchzte es herzerreißend. Hilflos standen die anderen um Annick herum. „Gut", meinte Pascal schließlich. „Das müßte gehen." „Was?" Die Brünette schöpfte wieder Hoffnung. „Ich nehm' ihn mit in meine Bude und schütt' ihm 'ne Kanne Kaffee rein, dann ist er bis zum Mittagessen bestimmt wieder soweit hergestellt. Entweder bemerken seine Eltern es gar nicht, oder er hat eben bei mir übernachtet, weil er den Schlüssel vergessen hatte und sie nicht wecken wollte." „Oh, danke, Pascal, Du bist der Größte!" „Ja, ja, schon gut", wehrte „der Clown" verlegen ab. „Also komm, Maurice, holen wir Sebastien und tragen ihn ins Auto. Nimmst Du seine Jacke, Annick?" Das Mädchen nickte und putzte sich die Nase. „Achja, hier sind die Schlüssel, Trixi, sperr schon mal auf!" „Aye, aye, Sir!"

„So, und hopp, rein mit Dir, Sebastien!" Mit vereinten Kräften hievten Maurice und Pascal den schnarchenden Jungen auf die Rückbank neben seine Freundin, die mit beschämt gesenktem Kopf in der hintersten Ecke kauerte, bevor sie selbst vorne einstiegen.

„Halt seinen Kopf, Annick", empfahl Trixi dem traurigen Mädchen. „Damit er sich nirgends anhaut. Sonst hat er nachher 'ne Beule."

Nach einer kurzen Beratung brachte Pascal zuerst Sebastien zu sich nach Hause, da er Maurices Hilfe brauchte, um den völlig Betrunkenen die Treppe hochzutragen. Dann lieferte er alle anderen ab, bevor er wieder zu Sebastien fuhr. „Es ist wirklisch eine Tragödie mit den beiden", meinte Maurice, als sie nur noch zu dritt im Auto saßen. „Oui, die arme Annick kann einem wirklisch leid tun", stimmte Pascal ihm zu. „Säuft Sebastien denn immer so viel?" fragte Trixi mitfühlend. „Leider ja", entgegnete Maurice. „Dabei ist er wirklisch der netteste Kerl der Welt – wenn er nüschtern ist." „C'est ca", bekräftigte Pascal. „Wo jetzt?" „Die nächste links und dann rechts in den Feldweg", erwiderte Trixi. „Sag mal, Pascal, was sagen eigentlich Deine Eltern dazu, wenn Du Sebastien so mitbringst?" „Nischts. Isch wohn' allein in meiner Bude." „Ganz allein!?" „Oui. Nur meine alte Tante lebt nebenan, aber die ist ..." „... stocktaub, hört, sieht und merkt absolut nischts", ergänzte Maurice. „Oui, aber sonst,

sie ist sehr lieb, isch mag sie gern. Ihr ge'ört aussi der Bus, parce que, sie sitzt im ..." „Rollstuhl", half Maurice ihm weiter. „Des'alb muß er sie immer rumfahren, zum Einkaufen und so." „Aha. Und was ist mit Deinen Eltern?" „Avec eux, isch bin ..." „Zerstritten." „C'est juste. Mais cela, je te raconte une autre fois, d'accord." „Ja, klar. – Halt! Stop! Hier ist es! Tschüß, ihr zwei. Danke für's Mitnehmen, Pascal. – Rufst Du mich morgen an, Maurice?" „Non." „Wieso nein?" fragte Trixi erstaunt. „Isch komme 'eute Naschmittag mit Geronimo vorbei." „Heute? Wieso heute?" Die beiden Jungen lachten. „Schau 'mal auf die Uhr, mon amour!" „Achso, natürlich!" Mit der flachen Hand schlug Trixi sich an die Stirn. „Ich glaub', ich muß jetzt dringend ins Bett. Gute Nacht!" Sie gab Maurice einen Kuß. „Bis morgen – äh, heute Nachmittag! – A bientôt, Pascal!"
„Sie ist wirklich so, wie Du mir ständig vorschwärmst", sagte Pascal auf französisch zu seinem besten Freund, als Trixi im Haus verschwunden war. „Man könnte Dich glatt beneiden. Gratuliere!" Freundschaftlich knuffte Maurice ihn in den Rücken.

Abschiedsschmerz – oder – ein fester Entschluß

„Yvette macht ja wirklich tolle Fortschritte, Marie!" lobte Trixi die junge Frau, die ihre grau-braune Jährlingsstute ganz ruhig an der Führkette hielt. Yvette stand wie eine Eins – nur ihre kleinen Ohren waren ständig in aufmerksamer Bewegung. „N'est-ce pas!? Wenn es weitergeht so gut, isch kann sie bald nehmen an die Longe." „Mm." Zustimmend nickte Trixi mit dem Kopf. „Sie ist ja auch körperlich schon recht gut entwickelt. – Im Gegensatz zu unserm Bébé." Liebevoll sah das Mädchen zu dem wunderschönen, zarten Fuchsstütchen hinüber. „M. Bernadotte, ihr Besitzer, war stocksauer, als er letztens hier war. Er hat rumgetobt wie ein Wilder und uns beschimpft, wir würden ihr nicht das Richtige füttern, weil sie immer noch so klein ist." „Und? Weiter?" fragte Marie. „Naja. Ich find's logischerweise super! Was Besseres konnte der Kleinen gar nicht passieren: M. Bernadotte wollte sie nämlich schon längst zum ersten Training in' Rennstall schicken. Aber jetzt, da sie so'n Spätzünder ist ..." „Et puis?" „Olivier hat ihm sehr nachdrücklich klargemacht", lachte Trixi „daß Beauté unbedingt erst ausreifen muß – und wenn es zehn

Jahre dauert." „Nachdrücklisch? Olivier?" staunte Marie ungläubig. „Oh, doch – sehr sogar! Ich war selber ganz überrascht." „Oui. Et puis?" „Naja, dann war der Bernadotte schon ziemlich kleinlaut, so daß er sich nicht mehr getraut hat, was dagegen zu sagen, als Olivier meinte, unsere hypernervöse Belle könne nur als Zuchtstute erfolgreich werden, wenn sie – erstens: auf Dauer bei uns bleibt – und zweitens: um nicht überlastet zu werden, nur alle zwei Jahre gedeckt wird – und zwar durch künstliche Befruchtung, weil das am streßärmsten für sie ist. Und stell Dir vor, das Beste kommt noch! Der Bernadotte war zum Schluß nicht nur klein wie ein Mäuschen, sondern hat sogar – wegen Belle – einen Vertrag unterschrieben, der jetzt schon mal über zehn Jahre geht! Ist das nicht klasse!?" „Oui, magnifique!" freute sich Marie. „Wo sisch Belle und meine Yvonne dosch so gut verstehen. Super! 'ätte isch dem sanftmütigen Olivier gar nicht zugetraut." „Kannste 'mal sehen! Ich nämlich auch nicht. – Aber à propos Olivier. . ." Eilig warf Trixi einen Blick auf ihre Armbanduhr. „. . . ich muß dringend weg! Patiententour – Olivier wartet bestimmt schon. Tschüß, bis später, Marie!" „Oui, à bientôt, Trixi, fais bien."

Atemlos stürmte Trixi in die Praxis, in der Erwartung, daß Olivier – seine vollgepackte Tasche in der Hand – schon ungeduldig an der Tür stehen würde. Aber nichts dergleichen! Den Kopf schwer in die Hände gestützt, saß er an seinem Schreibtisch. Mit einem Sprung war Trixi bei ihm. „Ist 'was passiert?" fragte sie erschrokken. Traurig lächelnd blickte Olivier auf und nahm ihre kleinen, schmalen Hände in seine großen, warmen Pranken, bevor er tief Luft holte und sagte: „'eute Vormittag, ma petite, 'aben Deine Eltern angerufen. Sie sind seit gestern wieder zu'ause und. . ." Trixi wurde blaß. Ihr war, als ob ihr jemand den Boden unter den Füßen weggezogen hätte. Wie durch eine dicke Watteschicht drangen Oliviers weitere Worte in ihr Bewußtsein. „. . . und natürlich wollen sie, daß Du wieder zu ihnen kommst." Unaufhörlich hämmerte es in Trixis Kopf: „Deine Eltern sind wieder zuhause, sie wollen, daß Du wieder zu ihnen kommst. . . Deine Eltern sind wieder zuhause, sie wollen, daß Du wieder zu ihnen kommst. . . Deine E. . ." „Ma petite, ist Dir nischt gut?" fragte Olivier besorgt. „W-was?" „Setz Disch erst'mal 'ier'in, während isch meine Tasche packe", sagte er und stand auf. „Wir müssen jetzt nämlisch trotzdem dringend los – die Patienten warten."

Obwohl Trixi es sonst liebte, Olivier zu seinen tierischen Patienten zu begleiten und sie ihm gerne bei deren Behandlung assistierte, bereitete es ihr heute keine Freude. Ständig schweiften ihre Gedanken ab, sie war unkonzentriert und machte einen Fehler nach dem anderen. „Ma petite, Du mußt Disch zusammennehmen!" sagte Olivier ernst zu ihr, als die beiden nebeneinander in seinem Geländewagen saßen und zum nächsten Bauernhof fuhren. „Wenn Du wirklisch einmal Tierärztin werden willst, mußt Du Disch jetzt zwingen, Disch zu konzentrieren und alles rischtig zu maschen. Sonst bist Du leider dosch nischt geeignet für diesen Beruf! Es wird Dir später nosch öfter etwas passieren, aber Du darfst Dir nischts anmerken lassen! Schließlisch 'ängen die Leben – oder zumindest das Wohlergehen – lebender Wesen von Dir ab." Eindringlich sah er das Mädchen an. „Also?" Trixi schluckte. Doch dann nickte sie fest. „Bien. Unser näschste Patient ist eine trächtige Kuh, die schon längst über den Termin ist. Wol ..." „Wollen wir doch 'mal sehen, woran das liegt!" ergänzte Trixi leise. „C'est ca." Liebevoll schlug er ihr auf die Schulter, so daß sie sich den Kopf an der Autoscheibe stieß. „Oh – pardon!" „Ist schon gut. Macht nichts. – Wirst Du ihr ein wehentreibendes Mittel spritzen?" „Vermutlisch, oui. Könnte ja sein, daß das Kalb tot ist, dann muß es auf alle Fälle so schnell wie möglisch raus!" „Stimmt. Warum haben sie Dich nicht schon früher gerufen?" Resigniert zuckte Olivier die Schultern. „Weißt dosch, wie das immer so ist mit den kleinen Bauern: sie 'aben kein Geld und wollen den Tierarzt lieber sparen."

Doch die Kuh hatte Glück, ihr Kalb lebte noch. Und als nach drei Stunden größter Anstrengung aller Beteiligten ein gesundes Kälbchen, dessen feuchtes Fell sich in niedlichen Löckchen kringelte, noch etwas schwach neben seiner Mutter im Stroh lag, konnte Trixi trotz allem wieder richtig lachen. Dies war nun schon mindestens die fünfte Geburt, bei der sie mitgeholfen hatte, aber dennoch war es jedesmal wieder ein großartiges Erlebnis. „Es ist übrigens ein Sohn von Napoleon", sagte Olivier, während er sich die Hände wusch. „Wirklich? – Stimmt, die Ähnlichkeit ist unverkennbar!" scherzte Trixi. „Das muß ich unbedingt Mme Coubertin erzählen!" Inzwischen war Olivier in eine heftige Diskussion mit dem alten Bauern verwickelt. „Was ist los?" wollte das Mädchen wissen. „Isch kann ihn nischt davon ab'alten, das Kälbschen nasch Dir zu nennen – oder zumindest, daß Du ihm einen Namen gibst", schmunzelte Olivier. „Es ist mir eine Ehre, M. Tromelin", wandte Trixi sich auf französisch an den alten Mann. „Ich hab' auch schon eine Idee: ich heiße Beatrice – wie wäre es mit ‚Beatus', das ist lateinisch und heißt ‚der Glückliche'?" „Bien." freute sich M. Tromelin. „Très bien, Mademoiselle. Merci." Währendessen hatte Beatus es geschafft, auf die Beine zu kommen und das Euter zu finden, wo er nun gierig zu saugen begann.

Als Olivier und das Mädchen kurze Zeit später wieder im Auto saßen, um zurück nach Hause zu fahren, wurde Trixi plötzlich erschreckend klar, daß ihr Jahr in der Bretagne um war. Den ganzen Abend saß sie traurig in „ihrem" Zimmer, das ihr auf einmal fremd vorkam, und grübelte herum, wie es nun weitergehen sollte. Auch als sie später im Bett lag, konnte sie einfach nicht einschlafen. Seufzend drehte sich das Mädchen von einer Seite auf die andere, so daß Minuit, der schwarze Kater, beleidigt fauchend seinen Platz auf der Bettdecke verließ und sich in den Sessel zurückzog. Immer wieder kreisten Trixis Gedanken quälend um den Anruf ihrer Eltern – und dessen absehbare Folgen. Was Maurice wohl sagen würde, wenn er es erfuhr? Heute hatte sie noch nicht gewagt, ihm die traurige Nachricht zu erzählen.

Plötzlich warf Trixi die Steppdecke zurück und stand auf. Chocolat, der wie immer unter ihrem Bett lag, hörte auf zu schnarchen und blickte sie fragend an. „Schon gut, mein Bärchen, schlaf nur schön weiter, Frauchen kommt gleich wieder! Sei still!" Liebevoll strich Trixi dem Neufundländerrüden über den Kopf, bevor sie leise ins Bad hinüberging und ihre Reithosen und einen warmen Pullover über ihren kurzen Schlafanzug zog. Dann schloß sie geräuschlos ihre Zimmertür hinter sich und schlich vorsichtig die knarrende, alte Treppe hinunter. „Pst, Umbra! Platz!" zischte das Mädchen, bevor die Hündin einen Laut von sich geben konnte.

Mit dem Schlüssel in der Hosentasche verließ Trixi leise das Haus und huschte zum Stall hinüber, wo Florinda ihre junge Besitzerin mit einem sanften Wiehern begrüßte. „Hallo, meine Süße. Pst! Sei still!" Rasch streifte Trixi der zierlichen Stute das Hackamore über, legte ihr den Sattel auf und führte sie vorsichtig vom Hof. Im selben Augenblick kam der Vollmond hinter einer Wolke hervor und beleuchtete den Boden mit seinem fahlen Licht. Florinda schien zu verstehen, daß dies hier etwas Besonderes war, denn entgegen ihrer sonstigen Gewohnheit blieb sie brav stehen, als das Mädchen aufsaß. Wie von selbst schlug die kleine Traberstute den Weg zum Strand ein und fiel wie immer, sobald sie den weichen Sand unter ihren Hufen spürte, in Galopp. Es war gerade Flut, kraftvoll rollten die Wellen heran. Wie der Wind jagte Florinda den Strand entlang. Schluchzend vergrub Trixi ihr Gesicht in ihrer flatternden schwarzen Mähne. Als die beiden nach einer Weile Maurices Lieblingsstelle erreicht hatten, zügelte das Mädchen die Vollblüterin und stieg ab, bevor es sich auf einen Felsen setzte und lange auf das dunkle Meer hinausblickte.

Traurig dachte Trixi an alles – und vor allem an alle – das – und die – sie hier liebgewonnen hatte: das Meer, den Strand, die urwüchsige Landschaft – eben überhaupt den rauhen Charme der Bretagne –, den Hof der Lapins, ihren ganzen „Zoo", die Arbeit in der Praxis und auf dem Campingplatz – und dann die Menschen: die gute, alte Tante Mathilde, Toto, ihren „grand frère", Julia, meistens fröhlich und immer etwas verrückt, und ihr lieber, sanfter Olivier, der stets um „ma petite" besorgt war – und natürlich Maurice, den sie liebte ... Plötzlich mußte Trixi lachen. Auf einmal sah sie alles so klar, wie noch nie zuvor in ihrem Leben, ihr Entschluß stand fest: sie würde hierbleiben!

„Komm, Fifi!" sagte das Mädchen liebevoll und schwang sich in den Sattel. „Reiten wir endlich nach Hause – Zeit zum Schlafengehen!"

Die Serie wird fortgesetzt

Die Autorin **Iris Osterried** wurde am 12 Dezember 1977 in Roth / in Mittelfranken geboren.

Neben Hunden , mit denen sie aufgewachsen ist, waren Pferde schon immer ihre große Liebe.
Vor bald vier Jahren konnte sie sich mit dem kleinen Wallach "Chianti " endlich diesen Traum verwirklichen. Kurz vorher hatte sie während eines Urlaubes in der Bretagne begonnen, eine Geschichte über das Mädchen Trixi zu erfinden, die sie in den folgenden Jahren neben der Schule und dem Reiten mit großer Freude weitergeschrieben hat..

Nach ihrem Abitur wird sie eine Ausbildung zur Hotelfachfrau starten - aber sie will, nicht nur für ihre geliebten Vierbeiner, sondern auch für die Fortsetzung von "Ein Jahr in der Bretagne" , genügend Zeit finden .